GUANG HUA LAW REVIEW

光華法学

第十一辑

《光华法学》编委会　编

法律出版社
LAW PRESS · CHINA

点点滴滴
聚为精华

西南财大经济学院
光华经学题之

2005
12月

西南财经大学法学院简介

西南财经大学法学院是学校“211 工程”和“985 工程”优势学科创新平台重点建设学院。

西南财经大学前身院校之一的正阳法商学院，其前身是创建于 1946 年的重庆朝阳学院，1949 年更名为私立重庆正阳法商学院。当时的院长、院董事长均为国民政府“司法院”院长居正兼职，副院长由国民政府“司法行政部”次长、“最高法院”院长夏勤担任。同样为西南财经大学前身院校之一的、创建于 1946 年 8 月的相辉文法学院也设有法律专业。1987 年 5 月，在原学校基础部经济法教研室和人口研究所基础上组建法学系，开设经济法专业和人口学专业。1992 年，西南财经大学法学系在企业管理专业下招收经济法方向硕士研究生；1998 年，法学系本科经济法专业调整为法学专业；2001 年 10 月，组建法学院。

西南财经大学法学院是学校“211 工程”重点建设学院，经 2010 年国务院学位委员会第二十八次会议审议获批成为法学一级学科博士学位授权点，招收民商法学、经济法学、刑事法学、理论法学专业博士研究生；拥有法学一级学科硕士学位授权点，有权招收法学各专业硕士研究生，目前招收民商法学、经济法学、刑事法学、国际法学、法律经济学、法学理论、诉讼法学和法律硕士专业学位(J. M) 8 个专业硕士研究生。法学学科整体实力连续多年稳居全国财经院校前列，在 2012 年教育部公布的学科评估排名中，法学一级学科在全国 600 多所法学院中并列排名第 21 位。学院先后获得教育部应用型复合型卓越法律人才培养基地、国家级大学生校外法学实践基地、教育部法学专业综合改革试点项目和国家级特色专业(法学)等一系列省部级以上教育教学改革项目。2014 年，据武汉大学中国科学评价研究中心(RCCSE)和中国科教评价网评级，法学院在 2014 ~ 2015 年中国法学类专业大学竞争力排名第 16 位。

西南财经大学法学院的法学专业为国家级特色专业、省级教学质量工程项目及省法学本科人才培养基地，法学一级学科是省级重点学科，经济法教学团队为省级优秀教学团队。法学院拥有经济法、民法、刑法、国际经济法、商法五门四川省精品课程。学院现有学生 1400 余人，其中，全日制在校本科生 700 余人，硕士研究生700余人，博士研究生60余人。二十年来，学院累计培养毕业生近四千人，并为全国党政系统和金融系统完成研究生课程等各类培训上万人。

西南财经大学法学院一贯坚持“人才兴院”的发展战略，大力引进海内外优秀人才。截至2016年5月，有专职教师51名，其中教授21人，副教授29人；有博士生导师20人；50岁以下的中青年教师占教师总人数的90%；已获得博士学位及在读博士的占全院教师的85%左右。学院教师中有数名教师分别担任国务院部委的顾问、教育部高等学校法学学科教学指导委员会委员，以及中国商法研究会、中国刑法学研究会、中国经济法学会、中国国际经济法研究会和中国劳动法学研究会的常务理事、理事等学术职务。同时，法学院还聘请了二十多名国内外知名的法学专家担任特聘教授或兼职教授。

西南财经大学法学院设有法学系、法经济学研究所、经济法学研究所、民商法学研究所、刑事法学研究所、国际法学研究所、欧盟法律研究中心。此外，学院与教育部人文社会科学重点研究基地西南财经大学中国金融研究中心、财税学院合作设立金融法研究所、中国税法研究中心。西南财经大学法学院还成立了全国首家以信息工程学和统计学进行法治理论与应用研究的四川省高校“法治量化与信息工程重点实验室”，国内唯一的金融法省部级哲学社会科学重点研究基地“中国金融法研究中心”，四川省高校人文社会科学重点研究基地“中国经济法治研究中心”，四川省高校“环境与资源法学”科研创新团队。

西南财经大学法学院始终坚持“科研强院”的科研发展思路，实施科研精品工程，强化科研激励机制，学院教师科研水平和科研成果质量稳步提高。截至目前，学院教师在《中国社会科学》《法学研究》《中国法学》《经济研究》《管理世界》及 *Economic Inquiry* 等中外权威期刊发表论文600多篇，并在中国、德国、日本等中外知名出版社出版专著90余部（并在法律出版社等知名出版社出版专著80余部）。迄今为止，本院教师主持国家社科基金重大招标课题、国家社科基金重点课题及省部级社科课题百余项，获得省部级以上奖励70余项，先后获得中宣部“五个一工程”奖、全国青年优秀社科成果奖、教育部、司法部以及四川省哲学社会科学优秀成果奖等省部级以上奖励，学院教师的博士论文还成为全国首篇获得优秀博士论文提名的经济法博士论文。

Introduction of SWUFE Law School

The development of the Law School has been a key effort of Southwestern University of Finance and Economics (SWUFE) since it was listed in both "Project 211" and "Project 985" of the Chinese government as part of the national endeavor to build world-class universities in the 21st century.

The predecessor of SWUFE Law School was the former Chongqing Sunrise College founded in 1946 which later changed its name into Zhengyang Business and Law School in 1949. The president and director of the college at that time was Ju Zheng, President of Judicial Department of the Republic government and the deputy president was Xia Qin, the vice minister of the Judicial and Administrative Ministry. Xianghui College of Humanities and Law, which was one of the predecessors of SWUFE, also had its own law department. In May 1987, the Department of Law was established with staff from the Teaching and Research Office of Economic Law and Institute of Demographics from the university and it offered two bachelor's degree programs, i. e. —Economic Law and Demographics. In 1992, a master's degree program in Economic Law was offered as a branch of the Corporate Management major. In 1998, the bachelor degree program of Economic Law was adjusted into a bachelor degree program in law. In October 2001, the SWUFE Law School was formally founded.

SWUFE Law School was the key part of the university's endeavor in the "Project 211". It was authorized, by the Degree Commission of The State Council in its 28th annual meeting in 2010, to award doctoral degrees in four disciplines. At present, SWUFE Law School enrolls doctoral candidates in Civil and Commercial Law, Economic Law, Criminal Law and Jurisprudence. It is also authorized to award master's degrees in eight disciplines [that is, Civil and Commercial Law,

Economic Law, Criminal Law, International Law, Jurisprudence, Law and Economics, Litigation Law and a Jurist Master (JM) program]. For years, it has been ranked as one of the best law schools in universities and colleges of finance and economics. In the Discipline Assessment Rankings released by the Ministry of Education in 2012, the discipline of law was ranked 21st among more than 600 law schools throughout the country. In January 2013, SWUFE Law School was selected into the first batch of National Education and Training Base for Outstanding Legal Talents. Update in 2014,SWUFE Law School increased by 16th among law school in China according to RCCSE of Wuhan University.

Law discipline in SWUFE Law School was accredited as the National-Level Featured Major. It is also a provincial-level key talent training base for educating and training undergraduate law majors in Sichuan Province. Its courses of Economic Law, Civil Law, Criminal Law, Commercial Law and International Law are among the best college courses of Sichuan Province. At present, it has an enrollment of more than 700 undergraduates, more than 700 post-graduates and more than 60 doctoral candidates. For twenty years, SWUFE Law School has trained nearly four thousand graduates, and also has offered master level training courses to tens of thousands of people for the national party and government system and the financial system.

SWUFE Law School always sticks to the strategy of development through Human Talents and brings in talents from home and abroad. By May 2016, among the total 51 faculty members, 21 are professors and 29 associate professors, 20 doctoral advisors. Over 90% faculty members are below 50 years of age and about 85% of them have obtained or are studying for doctoral degrees. Several faculty members are advisors of different ministries of the State Council, commissioners of the Guidance Commission on Legal Education of Law Schools under Ministry of Education of P. R. C, executive members of China Commercial Law Association, China Criminal Law Association, China Economic Law Society, China International Economic Law Association, and China Labor Law Association. In addition, SWUFE Law School has invited over 20 famous experts of law from home and abroad and lawyers with high theoretical levels and extensive practical experiences as visiting professors or guest professors.

SWUFE Law School has established the Department of Jurisprudence, Institute of Law and Economics, Institute of Economic Law, Institute of Civil and

Commercial Law, Institute of Criminal Law, Institute of International Law, Institute of European Union Law. Through cooperation with China Financial Research Center (which is a key research base in social sciences and humanities as recognized by the Ministry of Education) and the College of Finance and Taxation, SWUFE Law School established Institution of Financial Laws and China Research Center of Taxation Laws. As a pioneer of empirical legal studies and justice statistics, Quantitative Law and Information Technology Laboratory was created and sponsored, which is the first in the nation to study legal theories and applications using information engineering and statistical methods. What's more, it's famous for the China Financial Law Research Center, which is the only provincial and ministerial level key research base in the field of philosophy and social sciences, and the China Economic Law Research Center, which is a provincial level key research base for Social Sciences and the Humanities. SWUFE law school also established the the Scientific Research and Innovation Team of Environmental and Resources Law.

SWUFE Law School has always adhered to the principle of "emphasizing research" and gives great effort to the development of outstanding projects. It has strengthened the incentive mechanism for research. As a result, the scientific research level and the quality of Law School faculty have been making steady progress. Up to now, over 600 thesis have been published in such authoritative periodicals as *Social Science in China*, *CASS Journal of Law*, *China Legal Science*, *Economic Study*, *Management of the World*, *Economic Inquiry* and over 90 books have been published by such well-known press as the Law Press. Since 2000, faculty members of Law School have organized 100 research projects of national and provincial levels. They have won the Award of "Five Ones" Project, the Award of Outstanding Social and Scientific Research Result, Outstanding Philosophy and Social Science Research Result of the Ministry of Education and the Ministry of Justice, National Outstanding Social Scientific Research Award for Young Scholars and other 70 some provincial and ministerial level awards. The doctoral thesis of one of Law School teachers was the first on economic law to be nominated for National Excellent Doctoral Theses award.

寄 语

《光华法学》是法学院老师和研究生共同编辑的出版物。在世界上,法科学生编辑高水平的学术出版物已不乏其例,饮誉全球并成为世界法学研究水平代表的《哈佛法律评论》就是其中的佼佼者。就这些出版物为法学研究所做的卓越贡献而言,它们至少是世界法律学说与法律制度发展历史的一个见证。在各种数据与现实面前,人们已经相信法科学生完全有能力办好一份学术出版物。西南财经大学法学院经过二十年的开拓与发展,或许也应该有一份法科学生自己编辑的出版物。但是,由于众所周知的各种原因,创办《光华法学》这项工作是难能可贵的。

在首卷的编辑过程中,主持编辑的老师和我谈及了他们办《光华法学》的思路、其所承载的学术理想、具体的制度建设等方面的设想,我觉得他们对《光华法学》的出版已经做好了准备,并且非常重视《光华法学》的发展。创办之后,在老师和学生编辑的辛苦努力下,《光华法学》已经顺利出版了10辑,取得了良好的社会评价。本辑也经过艰辛的组稿和编辑工作,即将在法律出版社出版,我希望《光华法学》能越办越好!

令人欣慰的是,我在交谈中发现同学们以能成为一名《光华法学》的编辑而自豪,并深深感受到了责任感。我既为他们这些初生牛犊所特有的创新精神与严谨的工作态度而高兴,也为他们高涨的学术热忱与踏实的工作作风而感动。我相信学子们的这种自豪与追求是发自内心的,也坚信他们能够以学术为乐趣,以《光华法学》为寄托,珍惜自己的"羽毛",呵护《光华法学》。

西南财经大学法学院已成为首批国家卓越法律人才培养基地,我相信我们的学生编辑团队能发扬学院的学术和科研精神。学生编辑具有流动性,《光华法学》可以经常获得新鲜的"血液"补充,而有利于保持学术与"世俗"之间的适当距离,从而有利于学术的净化与健康。与此同时,每届编辑部都有可能出于对学术的高尚情感而产生超越前辈的思想,从而为《光华法学》的发展提供了源源不断的动力。如若达此境界,学子们便在编辑《光华法学》的过程中实现了自我价值与社会价值的统一,这正是法学教育的基本诉求。从而,《光华法学》的问世对于提升西南财经大学法学院的研究水准和学术影响，对于进一步提高法学院的教育水平都具有重要的意义。

《光华法学》的编辑一再要求我在首卷为他们写点东西，我却唯恐自己的语言给《光华法学》造成某种选择的偏好，而一直有所踌躇。然而，内心的感动使我不能自已，很想借此对学子们创办《光华法学》的努力和精神表达鼓励与赞赏，于是应允下来。“千里之行，始于足下”，我希望《光华法学》在不断的学习与反思中创造奇迹，在不懈的努力中追求卓越，我更期待《光华法学》最终能够为中国的法治建设与社会进步作出应有的贡献。

高晋康

卷首语

自英伦以利器叩开中国大门以来，泱泱大国竟为列强争相鱼肉，令人黯然神伤。炎黄子孙为中华之崛起而上下求索，从救亡图存到求富求强，“革命”、“改革”与“社会转型”简约为中国近代的符号。民族革命的胜利开辟了华夏复兴的道路，制度变迁与社会转型迎来了中国空前的繁荣。尤其是随着市场经济理念与法治精神的传播，社会、政治与经济所取得的进步更今非昔比，这为中国法学研究带来了前所未有的机遇，但挑战更甚。公平与效率、个人与社会、国家与市民、本土与国际化这些问题日益成为国人关注的焦点，亟需更多的志士努力以解决此中冲突、争端。

中国正重新赢得世界尊重，现代化、全球化与本土化的激荡编织成当下的语境，为学术研究提供了丰富的场域，也是我国学术繁荣的契机。因为社会转型和制度变迁为我们的研究提出了许多新的课题，为解决这些重大问题而进行的探究注定会为知识积累作出贡献，并由此推动法学理论的进步。

法学的语境依赖性决定了法学研究需要对社会现实更为密切的关注。作为法学灵魂的公平与正义，也只能在特定的语境中才获得实效。但是法学精神时刻以特有的保守消解着所在语境的不谐音符，并最终消融于该语境中。或许，法学由此而有别于其他学科，我们大抵也由此找到了法学研究分为自然法学、纯粹法学与实证法学等诸多学术之根源。这或许还是法学富有吸引力而值得我们为之倾洒热血的重要缘由。

然而，由于众所周知的一些原因，中国法学在相当长时期内对社会现实的回应不够，法学的特性没有得到很好的彰显，甚至在一段时期仅为注脚。法学研究受到了或多或少的束缚，甚至法学本身的独立性都曾受到质疑。是故，致力于中国法学进步的学人理应承担更多的责任，在回应中国现实需求的基础上不断夯实法学之基础，张扬法学之特质，推动法学研究方法之创新。

《光华法学》以此为宗旨，“点滴之光、聚而为华”，以期在社会进步的大潮中略尽绵薄之力。我们感念于“图大学问、治万世平”，以积累知识、解读社会与关涉民生为目标。为此，我们将格外关注现实与前沿的法学理论，积极倡导多种学科的融合与方法的创新，力求为法学研究方法与学术范式的转换和积淀提供一块兼容并蓄的“试验田”，并在同仁的宽容与支持中获得进步，共同为推进中国法学研究的鼎兴作出应有的贡献。

《光华法学》编辑部　谨记

编者按

在改革进入“精装修”的新时代,法律体系、司法制度和程序运行中“难啃的骨头”已经逐步凸显出来,并成为当前中国法治完善的重点和难点问题之一。美国著名法学家波斯纳曾言,“法律更需要科学和社会科学”。目前我国的法学理论、部门法学和司法制度研究,都太缺乏科学和社会科学,太缺乏经验研究。法律理论和司法改革中的路径完善和智识更新,需要真正的思想开放,必须对一切未知开放,突破任何标签的限制。法律人作为行动者,由于其职业行为关涉他人,必须审慎甚至保守;但作为思想者和研究者,由于思想活动仅关涉自己,他必须开拓进取勇于尝试。

在本辑中,编辑部特邀了中国台湾地区中正大学的卢映洁教授,就中国台湾地区“司法院”所公布的“犯罪被害人诉讼参与制度及保护规定草案初稿”进行论述分析。在《论中国台湾地区犯罪被害人的诉讼参与制度》一文中,作者指出在中国台湾地区正处于引进犯罪被害人诉讼参与制度,进行“政策规划”“政策评估”和“政策形成”的关键阶段,对该制度的设计及运作进行详尽探究具有十分重要的理论和现实意义。同时,该文参酌了德国与日本就犯罪被害人诉讼参与的相关制度,对于犯罪被害人诉讼参与制度之目的、如何规划被害人的参与诉讼权利等提出了独到的见解。

在“专题(一)司法改革新路径”中,我们选取了两篇涉及不同主题的司法改革文章,既有基于实证分析的地方探索改革经验研究,又有思想开放意义上的通过权利法理深入分析再审改革问题的创造。彭世忠教授和杨继文博士后的论文《基层法律援助改革实证研究——以温江区司法局的地方探索为例》,通过对成都市温江区司法局地方探索为实证分析对象,得出基层法律服务制度体系建设缺乏统一规划、服务平台建设滞后、保障措施有待加强等结论。文章鲜明地提出,我国基层公共法律服务制度的改进和完善,需要明确基层公共法律服务体系的总体设计;加快基层公共法律服务的线上、线下平台建设;落实基层法律服务保障机制;培养基层公共法律服务体系的人才队伍;重视基层欠发达地区的公共法律援助服务;健全基层公共法律服务管控体系。宗来的论文《基于权利构造的再审程序改革》则是从权利实现三阶构造的视角——“客观法(权利)”向“主观权利”的涵摄,以及“主观权利”再向“裁判权利”的适用,对民事再审程序改革进行分析;进一步提出再审的本体应当是实体性的形成权;其程序本身实质上是规范权利人行使并实现其再审形成权的一项独立的民事诉讼制度。

“环境法治”已经逐渐成为当前中国法治建设与国家治理的核心议题。绿色发展理念、生态文明建设对经济社会各领域具有全方位的价值统领与意蕴涵摄。在此背景之下,环境法学研究近年来突飞猛进的发展,已经不再是一种“想象的繁荣”,而更多地表现为对实践的认识、回应、检讨与推动。其中,“就环境法而言环境法”固然是研究的根基与必需,然而环境理念与生态价值与其他法律制度间的关联与互动,也渐次为研究者所关注,甚至成为一种理论自觉。在涉环境要素的各个领域联通法治的精神内核,成为这类研究的根本出发点。

在“专题(二)环境法治新视野”中,作为主持人的赖虹宇博士后无私而认真地进行组稿、约稿,选取了两篇跨学科分析的理论文章。马一心老师和赖虹宇博士后的论文《防灾减灾法治化背景下的政府灾害应对能力建设——以“7·19邢台洪灾”的个案反思为视角》则将视野聚焦在“灾害法治”这一领域。通过法治化推动“防灾减灾救灾”取得真正实效,减小灾害影响,维护生态秩序与社会秩序的安全与稳定,是环境与生态法治中的必要环节。其中,政府法治化的灾害应对能力建设至关重要。作者以2016年的邢台洪灾为个案样本,系统分析了灾害预警、灾害救援、人为致灾性等各个环节的制度疏漏,提示应在制度上实现综合性的灾害防救,并以法治化作为检视标准与改进目标。罗娟与余嘉勉的论文《生态文明体制改革视角下我国生产者责任延伸制度研究》,关注生产者责任延伸制度在当前我国遭遇的实施困境,并通过比较分析与理论阐释,试图寻找突破的可能路径。该文章意在强调,通过制度的细节优化,生产者责任延伸制度要在生态文明体制中占据应有位置。

延续之前的板块设计,我们设置了“法律制度与理论”和“实证法学”两个专栏。

在“法律制度与理论”专栏中,胡选洪副教授在《刑事习惯与处罚优待的教义学体系》一文中,明确了刑事习惯的基本内涵,并从体系性构建的视角出发,认为刑事习惯可以作为超法规违法阻却事由、实质解释观和犯罪论体系建构的考量要素。罗维鹏博士在《民事诉讼中行为保全的操作难题与应对》一文中,从我国民事诉讼中的行为保全问题出发,对“启动难”“审查难”“执行难”和“救济难”等难题进行了精细的理论分析,并提出了具有操作性的完善方案。钱宁在《治愈机会丧失侵权案件救济路径研究》一文中则从医患关系出发,来探讨医疗侵权领域新出现的治愈机会丧失侵权案件的具体困境,并鲜明地提出应当结合借鉴域外既有的相关理论与判例解决模式,对因果关系判断等难题进行完善。

陈雨在《认罪认罚从宽的路径探索——基于程序与实体的双重视角》一文中从实体和程序的双重视角，分析认罪认罚从宽制度的具体运行机制，并提出该制度的完善路径在于应摒弃“效率优先”理念，回归程序与实体并重的应然理念，分别从程序与实体两个维度做出不同的安排。

在“实证法学”专栏中，周春光在《董事勤勉义务的司法审查标准探究——以实证与比较分析为视角》一文中，从公司治理机制中董事勤勉义务之司法审查标准问题出发，以法社会学中的实证方法为理论工具，对董事违反勤勉义务之责任承担方式、范围与法律后果等进行了较为详尽的梳理，并提出了审查标准的制度、文化和细则三个维度建构，进行实现公司治理过程中董事行为激励与失职问责之价值平衡。魏大平在《网络人格侵权的法律保护路径探析——基于204份判决书的实证分析》一文中，则从互联网时代的网络人格侵权问题出发，以204份网络人格侵权纠纷判决书为分析样本，借鉴国内学者的研究成果和国外相关立法经验，对网络人格侵权的有关理论进行分析，进而提出对于我国网络人格侵权救济和人格权保护的建议。

本辑刊发的十一篇文章，分属不同的研究领域，但各具特点。有的重在使用法经济学研究方法进行制度阐释，有的则重在通过个案研究的方法进行社会学意义上的深描，有的重在对法律规范问题进行深入实证分析。我们相信，跨学科范式的分析和探讨，将为法学研究提供“科学和社会科学”的滋养，并逐步实现中国学者所特有的理论贡献和学术标识。

最后，衷心感谢广大读者、各位作者对《光华法学》的大力支持。

学术研究的精进和探索，永远在路上！

《光华法学》执行主编　杨继文

2019年1月6日凌晨于光华村

目　录

Contents

(第十一辑)

特　稿

论中国台湾地区犯罪被害人的诉讼参与制度*

■ 卢映洁** 徐承荫***

[内容摘要] 时值台湾地区对引进犯罪被害人诉讼参与制度进行“政策规划”、“政策评估”及“政策形成”的阶段,对该制度的设计及运作应有详加探究的实益。因此,本文从中国台湾地区“司法院”所公布之“犯罪被害人诉讼参与制度及保护规定草案初稿”为出发点,并参酌德国与日本就犯罪被害人诉讼参与的相关制度,对于犯罪被害人诉讼参与制度之目的、如何规划被害人的参与诉讼权利,尤其以犯罪被害人的声请调查证据权与上诉权为探讨,提出本文意见。

[关键词] 犯罪被害人 诉讼参与

* 基于学术伦理和学术规范,在征得作者同意的基础上,编者对本文进行了技术性修改完善,作者文责自负,不代表编辑部观点,特此说明。——编者注

** 卢映洁,中正大学法律系教授。

*** 徐承荫,中国台湾地区执业律师、律师公会联合会刑事程序法委员会副主任委员。

一、前言

在犯罪学领域的研究上，多半聚焦于犯罪人，然而若仅有犯罪人的研究，尚不足以正确把握犯罪发生原因，因而兴起被害者学的研究，尤以1947年以色列法学家孟德逊（Benjamin Mendelsohn）首创“被害者学”（Victimolgy）为要。所谓被害者学，系指以科学方法，研究被害现象、原因及危险情境，并提供被害补偿、被害保护及被害预防对策之学门，近年此成为刑事政策另一重要课题。[①] 同样地，欧洲近代时期之刑事程序亦是建构在对被告们国家刑罚权之基础上，以检察官进行犯罪的诉追，从而刑事诉讼程序即定位在“国家与犯罪行为人之基本冲突”（Grundkonflikt“Staat gegen Täter”）。[②] 在此背景下，即使被证明有罪之犯罪者，无可避免地成为关注之焦点。循此而论，国家仅是将犯罪被害人视为“客体”，刑事程序之进行无需犯罪被害人。因而刑事诉讼程序之立法制度设计与司法实务运作，亦较着重在被告诉讼防御权之保障，相较于此，犯罪被害人于刑事程序之地位及权益保护则较少被论及，犯罪被害人宛如处于“被遗忘的隐形人”状态。[③]

然而，犯罪是被害人的生命、身体等法益受到侵害的关键当事者，犯罪被害人乃犯罪之“当事人”，但刑事诉讼程序上却不是将其定位为“当事人”，这可能会造成包括被害人等一般市民的需求受到漠视，将使人民对于刑事司法丧失信任。因而，为了提升司法可信赖性，并包容多元意见，以架构具开放性的司法制度，应将被害人观点与立场引进刑事诉讼程序。[④] 国际上自20世纪70年代起，在国际公约或各国立法上即发展出刑事诉讼程序中“被害人参与”的规范依据与相关制度。例如，联合国于1985年通过的《犯罪被害人及权力滥用被害人之司法基本原则宣言》（Declaration of Basic Principles of Justice For Victims and Abuse of power）、[⑤]联合国1998年颁布并于2002年生效的《国际刑事法院罗马规约》，《国际刑事法院罗马规约》第68条有明文关于被害人、证人之保护及其参与审判之规定。[⑥] 另外，在欧盟方面有2001年《刑事程序之被害人地位》框架

① 许福生：《台湾犯罪被害人保护之回顾与展望》，载犯罪被害人保护协会台湾台中分会主编：《犯罪被害保护政策论文集》，元照出版有限公司2017年版，第230～255页。

② Hans-Jürgen Kerner著：《德国刑事追诉与制裁：成年刑法与少年刑法之现状分析与改革构想》，许泽天、薛智仁译，元照出版有限公司2008年版。

③ 陈运财：《论犯罪被害人于刑事公诉程序之地位及其权利》，载犯罪被害人保护协会台湾台中分会主编：《犯罪被害保护政策论文集》，元照出版有限公司2017年版，第3～82页。

④ 林裕顺著：《基本人权与司法改革》，新学林出版股份有限公司2010年版。

⑤ 该宣言原文载http://legal.un.org/avl/ha/dbpjvcap/dbpjvcap.html。

⑥ 国际刑事法院罗马规约原文载https://www.icc-cpi.int/NR/rdonlyres/ADD16852-AEE9-4757-ABE7-9CDC7CF02886/283503/RomeStatutEng1.pdf。

决议等，乃至2002年10月25日《犯罪被害人权利、支援及保护之最低标准之指令》，成为欧盟各国周详且全面保护犯罪被害人之主要法律依据。① 在欧美国家方面，有美国《1982年被害人及证人综合保护法》(Omnibus Victim and Witness Protection Act)与《1984年犯罪被害人法》(The Victim of Crime Act)、法国《1983年强化犯罪被害人保护法》(loi renforcant la protection desvictimes d'infractions)。② 以中国台湾地区法学界较熟悉的德国与日本法制而言，德国刑事诉讼程序几经重新建构，现有《德国刑事诉讼法》第395条以下的"附属诉讼"(Nebenklage)制度，使犯罪被害人在检察官起诉后得参与刑事诉讼程序，藉此达到保护犯罪被害人以及监督国家行为之功能，于"保障被告诉讼防御权"与"保护犯罪被害人权益"之间求得制度的衡平。③ 而日本有鉴于犯罪被害人在刑事案件程序地位仍属消极被动，于2007年增修该国《刑事诉讼法》《犯罪被害人权益保护刑事程序附随措施法》等条文规范，新订定被害者参与制度(称为被害人等得直接参与刑事裁判)与损害赔偿命令(利用刑事裁判结果请求损害赔偿)，以及扩充被害人声请审判记录之阅卷范围等强化相关被害人信息保护之刑事程序机制。④

中国台湾地区近期关于犯罪被害人参与刑事诉讼程序的议题讨论，乃属2017年"司法改革'国是'会议"最具注目性。于2017年5月13日该会议第一分组第三次增开会议决议提及："犯罪被害人乃身心受苦、权利受害之'案件当事人'，但于刑事程序条文规范却非'诉讼当事人'(中国台湾地区'刑诉法'第3条：当事人仅限检察官、自诉人及被告)。其中属于生命、身体等受到重大侵害的犯罪被害人，在司法程序中尤其有特别保护之必要，因为此类被害人面对刑事司法程序'孤立无援'仅能'暗夜哭泣'。为能提升中国台湾地区人民对于司法的信赖，政府不仅有义务协助被害人走出伤痛，刑事程序并应避免被害人'二次'、'三次'伤害可能，同时亦该反映被害人观点意见。"⑤学者对于此项决议宗旨予以肯认，并认为能适当强化刑事程序中被害人权益的维护，不仅可促进刑事诉讼发现真实的目的，亦有助于提升人民对于司法的信赖。⑥

① 何赖杰：《从被害人诉讼参加论刑事诉讼结构与解构》，载犯罪被害人保护协会台湾台中分会主编：《犯罪被害保护政策论文集》，元照出版有限公司2017年版，第58～82页。

② 卢映洁：《我国刑事诉讼程序中诉讼参加制度之刍议——以德国附属诉讼制度为参考》，载《台湾法学杂志》2013年第234期，第82～99页。

③ 连孟琦：《德国被害人诉讼参加(附加诉讼)之引进》，载《月旦法学杂志》2017年第269期，第51～69页。

④ 林裕顺：《日本"诉讼参加"比较研究——审判法庭应设被害人席》，载《月旦法学杂志》2017年第269期，第38～50页。

⑤ 资料来源请见司法改革"国是会议"网，<https://justice.president.gov.tw/meeting/46>。

⑥ 陈运财：《论犯罪被害人于刑事公诉程序之地位及其权利》，载犯罪被害人保护协会台湾台中分会主编：《犯罪被害保护政策论文集》，元照出版有限公司2017年版，第3～57页。

基于“司法改革‘国是’会议”的决议，中国台湾地区“司法院”分别于2017年年底及2018年年初召开公听会，[①]征询学者、实务界代表、民间团体（尤其是被害人保护相关团体）之意见，于2017年12月27日拟订“‘司法院’犯罪被害人诉讼参与修正草案”，并于2018年3月14日发布新闻稿，公布“‘司法院’第166次‘院会’通过修正‘刑事诉讼法’被害人保护措施及被害人诉讼参与制度条文”。依该次发布之新闻稿称：“为落实司法改革‘国是’会议关于‘建构维护被害人尊严之刑事司法’之决议，全面强化被害人于诉讼过程中之保护措施，并就侵害被害人生命、身体、自由及性自主等影响人性尊严至巨之案件，引进被害人诉讼参与制度。爰决议通过在（中国台湾）‘刑事诉讼法’第7编之3增订‘被害人诉讼参与’等相关条文。”[②]依公布之“‘司法院’犯罪被害人诉讼参与修正草案”（请见附件），其内容分别有两部分：“被害人于诉讼过程中之保护措施”及“被害人诉讼参与制度”。而后者之制度目的依“司法院”说明为：“有鉴于疏离被害人之司法程序不足以实现社会期待之公平正义，本次‘司法院’所提出之修正草案即在尽力防免被害人在刑事诉讼程序中受到二度伤害，并强化被害人程序参与之主体地位，肯认被害人于公诉程序中亦得行使部分诉讼权利，让被害人能真正感受到司法的温度。”[③]

基此，时值中国台湾地区对引进犯罪被害人诉讼参与制度进行“政策规划”“政策评估”及“政策形成”的阶段，对该制度的设计及运作应有详加探究的实益。[④] 因此，本文从中国台湾地区“司法院”所公布之“犯罪被害人诉讼参与制度及保护规定草案初稿”为出发，并参酌德国与日本就犯罪被害人诉讼参与的相关制度，对于犯罪被害人诉讼参与制度之目的、如何规划被害人的参与诉讼权利，尤其以犯罪被害人的声请调查证据权与上诉权为探讨，提出本文意见。

二、犯罪被害人在中国台湾地区现行“刑事诉讼法”上的权利概况

在探讨犯罪被害人于刑事诉讼程序中的诉讼参与制度之前，先就中国台湾

---

① 本文两位作者皆曾于2017年1月9日及2018年1月25日出席“司法院”举办《犯罪被害人诉讼参加制度公听会》。

② “司法院”第166次“院会”通过修正刑事诉讼法被害人保护措施及被害人诉讼参与制度条文新闻稿，详见 http://jirs.judicial.gov.tw/GNNWS/NNWSS002.asp?id=320895&flag=1&regi=1&key=%B3Q%AE%60%A4H&MuchInfo=&courtid=(visited May.5,2018)。

③ “司法院”第166次“院会”通过修正刑事诉讼法被害人保护措施及被害人诉讼参与制度条文新闻稿，详见 http://jirs.judicial.gov.tw/GNNWS/NNWSS002.asp? id=320895&flag=1&regi=1&key=%B3Q%AE%60%A4H&MuchInfo=&courtid=(visited May.5,2018)。

④ 连孟琦：《德国被害人诉讼参加（附加诉讼）之引进》，载《月旦法学杂志》2017年第269期，第51～52页。

地区目前刑事诉讼法中对犯罪被害人的权利规范状况加以说明，以呈现建置犯罪被害人诉讼参与制度之必要。依中国台湾地区“刑事诉讼法”第228条第1项规定“检察官因告诉、告发、自首或其他情事知有犯罪嫌疑者，应即开始侦查”，而犯罪被害人系告诉权人，告诉权人提出告诉乃侦查犯罪主体即检察官侦查之开端事由之一。依此，告诉权人提出告诉之后成为告诉人，在刑事诉讼法上始取得一定之权利。

关于告诉人在中国台湾地区“刑事诉讼法”上之权利，学者认为有三个部分：[①]一是接触信息权，类如收受不起诉处分书、[②]起诉书、[③]判决书、[④]审判中委任告诉代理人阅览卷证[⑤]等；二是程序参与权，如再议声请权、[⑥]交付审判声请权、[⑦]请求检察官上诉权、[⑧]提起附带民事诉讼权[⑨]等；三是诉讼权益之保护，如于警询侦查中得由法定代理人等陪同在场、[⑩]证据保全声请权、[⑪]审判期日到场及陈述意见权、[⑫]审判期日委任代理人权[⑬]等。

中国台湾地区“刑事诉讼法”对于告诉人或犯罪被害人所赋予的权利，看似琳琅满目。但有学者指出，刑事程序犯罪被害人权益之维护，长期存有“参与不足”、“保护不周”及“信息不全”等问题。[⑭] 关于犯罪被害人的诉讼权利之立论，中国台湾地区“司法院大法官会议”曾有释字第507号解释理由书略以：“宪法第十六条规定人民有诉讼之权，此项权利自亦包括人民寻求刑事司法救济在内，是故人民因权利遭受非法侵害，加害之行为人因而应负刑事责任者，被害人有请求司法机关予以侦查、追诉、审判之权利，此项权利之行使‘国家’亦应提供制度

---

① 陈运财：《论犯罪被害人于刑事公诉程序之地位及其权利》，载犯罪被害人保护协会台湾台中分会主编：《犯罪被害保护政策论文集》，元照出版有限公司2017年版，第6～7页。

② 参见中国台湾地区“刑事诉讼法”第255条。

③ 参见中国台湾地区“刑事诉讼法”第263条。

④ 参见中国台湾地区“刑事诉讼法”第314条第2项。

⑤ 参见中国台湾地区“刑事诉讼法”第271条之1。

⑥ 参见中国台湾地区“刑事诉讼法”第256条。

⑦ 参见中国台湾地区“刑事诉讼法”第258条之1。

⑧ 参见中国台湾地区“刑事诉讼法”第344条第3项。唯按该条项规定：“告诉人或被害人对于下级法院判决有不符者，亦得具备理由，请求检察官上诉。”也就是说，除告诉人外，若未提出告诉之犯罪被害人，亦有此权利，附此说明。

⑨ 参见中国台湾地区“刑事诉讼法”第487条以降。

⑩ 参见中国台湾地区“刑事诉讼法”第248条之1。又此处系指“被害人”。

⑪ 参见中国台湾地区“刑事诉讼法”第219条之1。

⑫ 参见中国台湾地区“刑事诉讼法”第271条第2项。又此处系指“被害人”。

⑬ 参见中台湾地区“刑事诉讼法”第271条之1。

⑭ 陈运财：《论犯罪被害人于刑事公诉程序之地位及其权利》，载犯罪被害人保护协会台湾台中分会主编：《犯罪被害保护政策论文集》，元照出版有限公司2017年版，第5页。

性之保障。"[①]就此，有学者有认为，本号解释系提供犯罪被害人诉讼权利之宪法论据。[②] 也就是说，犯罪被害人保护，并非仅止于政府的恩惠施予，而是犯罪被害人尊严维护的权利保障。[③]

准此，有关犯罪被害人在中国台湾地区刑事诉讼之权利概况，若站在犯罪被害人为刑事诉讼程序客体之地位以观，或属已足。然而，若肯认犯罪被害人具有刑事诉讼程序主体性之地位来看，则其在诉讼上所得行使的权利，则太过不足也太过被动，无法满足犯罪被害人所需并且不易满足正义之实现。因此，本文接下来即探讨犯罪被害人诉讼参与制度之目的与被害人诉讼地位之界定，进而针对诉讼参与制度中犯罪被害人的各项权利加以讨论，俾呈现诉讼参与制度引入之必要。

三、犯罪被害人诉讼参与制度之目的与被害人诉讼地位之界定

（一）犯罪被害人诉讼参与制度目的之探讨

第二次世界大战后，伴随"被害者学"（Viktimologie）的发展，使刑事政策上对于犯罪被害人保护趋向完整。而关于犯罪被害人之保护的宪法规范基础，原则上系指向人性尊严、生命权与身体权之不可侵犯等基本权的保障。德国联邦宪法法院曾指出，基本权作为客观价值秩序之目的，即根本地强化基本权效力。除为立法、行政及司法提供方针，复于所有法领域，均不得与之抵触。同时也使立法者之形成权力有其客观的界限。由此或许可提供犯罪被害人于刑事诉讼程序之参与权被忽略或被剥夺时，一个重要的"防御"及主张的论证。[④] 申言之，从宪法上基本权客观功能的两个面向或许可以提供犯罪被害人保护之宪法规范基础。此两个面向即为"国家保护义务"与"制度性保障"。前者，如同德国联邦宪法法院认为，基本权作为客观之基本规范价值决定，除了要求国家公权力之行使应消极避免侵害人民之基本权外，并且要求国家应积极的采取措施，防止权利主体遭受来自第三人之侵害。也就是"禁止保护不足"原则或要求国家善尽"保护"人民基本权之义务，始其免于遭受的第三人侵害。[⑤] 后者，则如同前已提及

---

① 释字第 507 号请见"司法院"网，< https://www.judicial.gov.tw/constitutionalcourt/p03_01.asp?expno = 507 >。

② 林裕顺著：《基本人权与司法改革》，新学林出版股份有限公司 2010 年版。

③ 林裕顺：《日本"诉讼参加"比较研究——审判法庭应设被害人席》，载《月旦法学杂志》2017 年第 269 期，第 49 页。

④ 张锟盛：《国家对犯罪被害人保护之责任与蓝图规划》，载犯罪被害人保护协会台湾台中分会主编：《犯罪被害保护政策论文集》，元照出版有限公司 2017 年版，第 199 ~ 216 页。

⑤ 然而，国家保护是否足够，行政权与立法权则保有很大预测及形成空间。德国联邦宪法法院仅在公权力完全没有采取保护措施或显不相当或完全不足以达其保护目的时，始为司法审查范畴。参见张锟盛：《国家对犯罪被害人保护之责任与蓝图规划》，载犯罪被害人保护协会台湾台中分会主编：《犯罪被害保护政策论文集》，元照出版有限公司 2017 年版，第 205 ~ 209 页。

的中国台湾地区“司法院大法官会议”释字第507号解释理由书所揭示“宪法第十六条规定人民有诉讼之权,此项权利自亦包括人民寻求刑事司法救济在内,是故人民因权利遭受非法侵害,加害之行为人因而应负刑事责任者,被害人有请求司法机关予以侦查、追诉、审判之权利,此项权利之行使国家亦应提供制度性之保障”。就此有学者认为,若本于德国学者Carl Schmitt在1938年《宪法学》(Verfassungslehre)一书所揭,提出制度性保障观念,系强调宪法规定所保护之特定制度,立法者不得以法律予以废除。因之,法律制度的保障主要系针对立法者,以限制其权限。而前揭“大法官”所指之“权利之行使国家亦应‘提供’制度性之保障”,似不仅系指“消极”要求国家不得废除既存犯罪被害人请求司法机关予以侦查、追诉、审判之刑事司法救济制度,毋宁比较像系要求应“积极”“形成”(Ausgestaltung)一个与犯罪被害人参与侦查、追诉及审判之刑事司法救济制度。[①] 因此,犯罪被害人诉讼参与制度,其目的应在于实现“犯罪被害人”之人性尊严、生命与身体不受伤害权,乃至司法程序参与权之重要内容。[②]

在德国关于被害人诉讼参与制度(德文为Nebenklage,或译为附属诉讼)之目的,该国学界提出三种观点:其一乃在于提供保护被害人之功能(Schutzfunktion),以免被告卸责推诿到被害人;其二则为满足被害人个人补偿及修复利益(persönliches Genugtuungs-und Restitutions-interesse),基于应报要求被告付出代价之需求;其三则系提供与强制起诉类似监督及澄清功能(Kontroll-und Aufklärungsfunktion),以避免检察官若未尽力诉追之情形。[③] 以诉讼参与之代理人的角色而言,德国学者Schwenn认为,诉讼参与之代理人不至于会成为“检察官竞争者”(Konkurrent des Staatsanwalts),因为其所享有之权利,并不足以与检察官相比,而代理人之功能主要是透过上诉、声明异议等,对国家侦审机关行使“监控权”(Kontrolleecht)。此外,诉讼参与代理人亦常以扮演翻译角色(Dolmetscherrolle),亦即向被害人说明及解释刑事程序,有助于被害人理解及对法院程序判决之接受。[④] 因此,赋予被害人积极参与诉讼,就规范层面而言,不只对法官应不偏不倚、维持客观中立审判不会有所妨害,更可能因被害人参与而

① 张锟盛:《国家对犯罪被害人保护之责任与蓝图规划》,载犯罪被害人保护协会台湾台中分会主编:《犯罪被害保护政策论文集》,元照出版有限公司2017年版,第209~210页。

② 张锟盛:《国家对犯罪被害人保护之责任与蓝图规划》,载犯罪被害人保护协会台湾台中分会主编:《犯罪被害保护政策论文集》,元照出版有限公司2017年版,第212~213页。

③ 连孟琦:《德国被害人诉讼参加(附加诉讼)之引进》,载《月旦法学杂志》2017年第269期,第55~56页。

④ 何赖杰:《从被害人诉讼参加论刑事诉讼结构与解构》,载犯罪被害人保护协会台湾台中分会主编:《犯罪被害保护政策论文集》,元照出版有限公司2017年版,第69~70页。

有助发现真实及妥适量刑。①

在日本关于犯罪被害人诉讼参与制度之法理论据，有学者认为系本于《日本宪法》第13条②规定："全体国民，作为独一个体受到尊重。对于国民生命、自由，以及追求幸福的权利，如未违反公共福祉、立法及其他国家行为，应予以最大限度之尊重。"其意指幸福追求乃全人类共通之基本欲求，而犯罪乃否定人格存在或侵害人格尊严。因此，有关犯罪被害人获得援助之权利，则应理解为宪法上幸福追求权之一环。③

据上，本文认为，犯罪被害人之诉讼参与制度，除了有助于传统刑事诉讼目的之发现真实，更有增进犯罪被害人对于审理程序之认知理解，满足犯罪被害人对于正义之需求，同时也具有对国家侦审机关之监督澄清等之制度目的。此外，犯罪被害人诉诸诉讼程序，往往并非考量在应报或救济，而是在于维护或回复应有之人格尊严，故而使犯罪被害人参与诉讼程序也有助于犯罪被害人之宽恕情怀，藉此可扩大刑事程序中相关之人权保障。④

（二）犯罪被害人之诉讼地位探讨

犯罪被害人之诉讼参与，在刑事诉讼法上必然会讨论到犯罪被害人的地位是否与检察官相同，而视为"（诉讼）当事人"？对此问题，在欧盟2012年《被害人人权指令》第20点提及被害人之当事人地位，依该点所述，是否承认被害人于刑事诉讼有当事人地位，由于欧盟各国规定并不相同，因此依下列标准决定：（1）内国法是否承认被害人有当事人地位；（2）被害人是否有法定义务参与刑事程序；（3）纵法未明文被害人具有当事人地位，唯依法仍有请求主动参与刑事程序之权利，且实际上得行使之。由此可知，欧盟对于被害人刑事当事人地位一节，系由欧盟各国自行决定，盖该议题仍具争议性，尚待国际社会继续讨论。⑤

就日本制度而言，该国制度设计基本构想，并非将诉讼参与之被害人与检察官等同视之为当事人，而仅止于维持现行检察官与被告之当事人进行

① 何赖杰：《从被害人诉讼参加论刑事诉讼结构与解构》，载犯罪被害人保护协会台湾台中分会主编：《犯罪被害保护政策论文集》，元照出版有限公司2017年版，第61～62页。

② 《日本宪法》第13条：「すすべて国民は、個人として尊重される。生命、自由及び幸福追求に対する国民の権利については、公共の福祉に反しない限り、立法その他の国政の上で、最大の尊重を必要とする。」《日本宪法》第13条，请见E-Gov电子政府法令检索，载http://elaws.e-gov.go.jp/search/elawsSearch/elaws_search/lsg0500/detail?lawId=321CONSTITUTION&openerCode=1。

③ 林裕顺著：《基本人权与司法改革》，新学林出版股份有限公司2010年版。

④ 林裕顺：《日本"诉讼参加"比较研究——审判法庭应设被害人席》，载《月旦法学杂志》2017年第269期，第44页。

⑤ 何赖杰：《从被害人诉讼参加论刑事诉讼结构与解构》，载犯罪被害人保护协会台湾台中分会主编：《犯罪被害保护政策论文集》，元照出版有限公司2017年版，第62～64页。

主义前提，于一定限度内，肯认被害人得参与检察官之公诉活动。[①] 然而，尽管未赋予被害人具有刑事诉讼当事人身份，但赋予被害人高度参与诉讼之机会，使其能与检察官密切合作，行使相关权利，可谓对于被害人地位重要的变革。[②]

至于德国，犯罪被害人之诉讼地位是相当确立的。有关德国的附属诉讼（Nebenklage）制度，德国学者 Weigend 认为，虽不能将犯罪被害人诉讼参与解释为被告与被害人对抗之当事人诉讼制度（Parteiprozess），但是，犯罪被害人透过诘问、声请证据调查及上诉等权利，或可影响刑事程序，然则整个程序却仍由法院决定。唯被害人拥有该等权利后，在实质意义上，可将被害人理解为诉讼当事人（Prozesspartei），并无疑义。[③] 此外，在讨论犯罪被害人当事人地位议题，必然遇到被告利益与被害人利益冲突的问题。依德国学者 Riess 见解，其认为刑事诉讼法系优先保护被告利益，而将保护被害人利益则居于次要地位。纵使强化被害人法律地位，亦不得以弱化被告诉讼防御权方法达成。被告行使诉讼防御权，不免对被害人产生不利，此现象虽须忍受，唯在被告与被害人间，于具体个案时，仍应力求实践上之和谐（Praktische Konkordanz）。对此论点，该国学者 Kuehne 则持反对意见，认为被害人不应被视为程序客体，且应尊重其主体地位，此系基于人性尊严与确保人格权自由之宪法原则，而且公平审判原则亦有保护诉讼关系人之功能。[④] 再以诉讼参与人与检察官之关系而言，若依照德国之附属诉讼制度而言，学者认为诉讼参与人对于检察官来说，在对外关系上是为附属，但在对内关系则为独立。对外关系是指必须以公诉提起时存在为前提，对内关系则指彼此间为完全独立。诉讼参与人可完全不考虑检察官或其他诉讼参与人之意思，行使自己之诉讼参与权，类如调查证据声请或提问等。即便与检察官或其他参与人相反或抵触，亦无妨碍，只是采认与否由法院决定之。[⑤]

对于犯罪被害人诉讼参与制度的引进，犯罪被害人的地位是否属“诉讼当事

① 林裕顺：《日本“诉讼参加”比较研究——审判法庭应设被害人席》，载《月旦法学杂志》2017 年第 269 期，第 44 页。

② 彭圣斐：《日本刑事诉讼程序之被害者诉讼参加制度介绍》，载《检察官新论》2017 年第 22 期，第 251 ~ 274 页。

③ 何赖杰：《从被害人诉讼参加论刑事诉讼结构与解构》，载犯罪被害人保护协会台湾台中分会主编：《犯罪被害保护政策论文集》，元照出版有限公司 2017 年版，第 70 ~ 71 页。

④ 何赖杰：《从被害人诉讼参加论刑事诉讼结构与解构》，载犯罪被害人保护协会台湾台中分会主编：《犯罪被害保护政策论文集》，元照出版有限公司 2017 年版，第 60 ~ 61 页。

⑤ 连孟琦：《德国被害人诉讼参加（附加诉讼）之引进》，载《月旦法学杂志》2017 年第 269 期，第 53 ~ 54 页。

人”的问题，在台湾地区有学者曾针对法官及检察官进行问卷调查。[①] 依其调查之结果显示：不同意犯罪被害人于审判中具有当事人地位者计有61%，赞同但无需法院准许亦不必适用案件限制者有20%，赞同但应经法院准许且限于重罪案件或特定案件有5%。而反对之理由有，可能增加法庭对立有26.8%，造成诉讼延宕有25.8%以及犯罪被害人法律素养不足以担任程序主体。[②] 以此调查结果，应系过半数是倾向不赞同赋予犯罪被害人等同于检察官之当事人地位。此外，关于是否赞同犯罪被害人得立于“诉讼参与人地位”而参与公诉程序之问题，前开调查结果显示为，不赞同者为37%，赞同且无需法院准许亦不必适用案件限制者为21%，赞同且无需法院准许但应有案件限制者为10%，赞同且应经法院准许但无适用案件限制者为8%，赞同但应经法院准许且有适用案件限制者为3%。依此，整体而言，赞成犯罪被害人享有诉讼参与机会者，略高于不赞同者之比例。而不赞同犯罪被害人得以诉讼参与地位参与刑事公诉审判程序之理由，基本上与前开理由相同。[③]

据上，对于犯罪被害人于诉讼参与后，其在刑事诉讼审理程序之地位是否为“诉讼当事人”？日本制度予以否定，德国制度则予以肯认，而台湾地区前开调查结果则约有六成为不同意，但是赞成犯罪被害人享有诉讼参与机会是高于不赞成的。就此问题之概念思维，将接着影响犯罪被害人诉讼参与之制度设计与权利清单。本文认为，在刑事诉讼程序中，被害人多仅能扮演消极与被动角色，相较于被告所享有类如缄默权、辩护权、讯问权及诘问权，被害人亦难拥有与之抗衡的追诉权力，在追诉过程中亦常有挫折而感到沮丧，可见被害人在诉讼程序上之处境。然而，犯罪被害人在犯罪行为追诉的结果可说系直接利害关系人，故应赋予犯罪被害人“准当事人”（或类当事人）之法律地位并赋予若干权限，以强化犯罪被害人之权利保护。[④]

---

① 该调查系由陈运财教授针对台湾地区云林地方法院法官、台湾地区台南地方法院法官、台湾地区云林地方法院检察署检察官及台湾地区台南地方法院检察署检察官等进行问卷调查，发放问卷为193份，回收有效问卷为114份。调查成果发表于陈运财：《论犯罪被害人于刑事公诉程序之地位及其权利》，载犯罪被害人保护协会台湾台中分会主编：《犯罪被害保护政策论文集》，元照出版有限公司2017年版，第5页以下。

② 陈运财：《论犯罪被害人于刑事公诉程序之地位及其权利》，载犯罪被害人保护协会台湾台中分会主编：《犯罪被害保护政策论文集》，元照出版有限公司2017年版，第29页。

③ 陈运财：《论犯罪被害人于刑事公诉程序之地位及其权利》，载犯罪被害人保护协会台湾台中分会主编：《犯罪被害保护政策论文集》，元照出版有限公司2017年版，第29页。

④ 许福生：《台湾犯罪被害人保护之回顾与展望》，载犯罪被害人保护协会台湾台中分会主编：《犯罪被害保护政策论文集》，元照出版有限公司2017年版，第242页。

四、诉讼参与制度中犯罪被害人的权利探讨——以声请证据调查权与上诉权为中心

依前揭提及的中国台湾地区"司法院""刑事诉讼法部分条文修正草案总说明",其中关于"增订第七编之三'犯罪被害人诉讼参与'部分相关条文",置于该法第455条之38至第455条之48,计有11条,所述修正要点概有九点,亦即:(1)明定得声请诉讼参与之资格及案件类型;[①](2)声请之程序及裁定;[②](3)得选任代理人及指定代理人;[③](4)信息取得权;[④](5)得于准备期日及审判期日受通知及在场权,[⑤]以及对准备程序事项陈述意见权;[⑥](6)多数诉讼参与人时,得选定或指定代表人之规定;[⑦](7)对证据表示意见及辩论证据证明力之权利;[⑧](8)询问被告之权利;[⑨](9)就科刑范围表示意见之权利[⑩]等。

除了犯罪被害人得参与诉讼的案件范围与程序外,"'司法院'犯罪被害人诉讼参与修正草案"虽然看似赋予犯罪被害人即诉讼参与人诸多权利。然而,若详观该草案赋予之权利,实则与中国台湾地区现行"刑事诉讼法"已规定的犯罪被害人或告诉人的权限相去不远。而前开草案的遗珠之憾即属诉讼参与人之调查证据声请权以及上诉权,因此,本文以下将以诉讼参与人之调查证据声请权以及上诉权为主要讨论重点,俾提供中国台湾地区犯罪被害人诉讼参与修正草案更进一步的参考建议,以反映犯罪被害人诉讼参与制度之目的达成。

(一)调查证据声请权

依中国台湾地区现行"刑事诉讼法"第163条第1项规定:"当事人、代理人、辩护人或辅佐人得声请调查证据,并得于调查证据时,询问证人、鉴定人或被告。审判长除认为有不当者外,不得禁止之。"再参以同法第3条规定:"本法称当事人者,谓检察官、自诉人及被告。"由是可知,中国台湾地区犯罪被害人或告诉人在刑事诉讼程序中并不具有调查证据声请权。而"'司法院'0314犯罪被害人诉讼参与修正草案"就此权利,亦付之阙如。

---

① 参见该草案第455条之38。
② 参见该草案第455条之39、第455条之40。
③ 参见该草案第455条之41。
④ 参见该草案第455条之42。
⑤ 参见该草案第455条之43第1项、第455条之44。
⑥ 参见该草案第455条之43第2项。
⑦ 参见该草案第455条之45。
⑧ 参见该草案第455条之46。
⑨ 参见该草案第455条之47。
⑩ 参见该草案第455条之48。

中国台湾地区“刑事诉讼法”若引进犯罪被害人之诉讼参与制度，犯罪被害人参与诉讼时，应否具有调查证据声请权？对此，有学者认为，因为中国台湾地区“刑事诉讼法”是采取改良式当事人进行主义，故调查证据原则上仍由当事人主导，法院仅处于补充地位，是以即便引进诉讼参与制度，亦不致有所改变。盖诉讼参与人即便取得诉讼主体地位，然于对外关系上，仍附属于公诉，仍由检察官负举证之责；于对内关系上，因诉讼参与人与检察官或诉讼参与人彼此间，仍彼此互相独立，是得各自独立声请或主张，即便意见相反，亦完全委由法院依职权决定之。[①] 亦有学者认为，犯罪被害人仅能促请检察官声请调查证据，盖因若肯认犯罪被害人拥有声请调查证据权利，将有可能干扰或妨碍检察官之举证计划或主导布局，如被害人已为证人应予回避等情形，又认为倘若被害人欠缺法律专业，将使声请调查证据权利流于形式等。[②] 相对地，文献上有认为，犯罪被害人在为犯罪行为追诉结果上，可谓直接利害关系人，故应赋予犯罪被害人准当事人或类似当事人法律地位，有必要制定犯罪被害人诉讼参与制度，使被害人有陈述意见权、在场权、再议及交付审判声请权、调查证据声请权及上诉权等，以强化犯罪被害人之权利保护。[③]

对此揭问题，本文认为，中国台湾地区“最高法院”2012 年 1 月 17 日 2012 年度第 2 次刑事庭会议（一）决议[④]谓：“基于公平法院原则，法院自无接续检察官应尽之责任而依职权调查证据之义务。则‘刑事诉讼法’第一百六十三条第二项但书所指法院应依职权调查之‘公平正义之维护’事项，依目的性限缩之解释，应以利益被告之事项为限，否则即与检察官应负实质举证责任之规定及无罪推定原则相牴触，无异回复纠问制度，而悖离整体法律秩序理念。”换言之，对于被告不利之证据资料，其调查证据之声请，仅限于检察官始得为之。基于此，揭“最高法院”刑事庭会议决议，在刑事诉讼进行中，若检察官就不利于被告之证据资料不向法院为调查证据之声请，基于公平法院原则，法院无接续检察官应尽之举证之责。因而，法院就被告不利益之证据资料不得依职权调查。果此，则对于不利于被告之证据资料，应如何进入法院审理？应如何调查证据？对此“法律漏洞”应如何处理？据此本文认为，若遇有不利于被告之证据资料，而检察官未

① 连孟琦：《德国被害人诉讼参加（附加诉讼）之引进》，载《月旦法学杂志》2017 年第 269 期，第 66 ~ 67 页。

② 陈运财：《论犯罪被害人于刑事公诉程序之地位及其权利》，载犯罪被害人保护协会台湾台中分会主编：《犯罪被害保护政策论文集》，元照出版有限公司 2017 年版，第 47 ~ 48 页。

③ 许福生：《台湾犯罪被害人保护之回顾与展望》，载犯罪被害人保护协会台湾台中分会主编：《犯罪被害保护政策论文集》，元照出版有限公司 2017 年版，第247 ~ 248 页。

④ “最高法院”2012 年 1 月 17 日 2012 年度第 2 次刑事庭会议（一），详见 http://jirs.judicial.gov.tw/FJUD/。

向法院为调查证据之声请时，在引入犯罪被害人之诉讼参与制度中，应参考《德国刑事诉讼法》第 379 条规定，明文赋予诉讼参与人得向法院为调查证据之权，至于法院是否为调查证据，则委由法院决定即可，如此或可解决前开法律漏洞，并俾以公平正义之维护。

（二）上诉权

依中国台湾地区现行“刑事诉讼法”第 344 条第 3 项规定：“告诉人或被害人对于下级法院之判决有不服者，亦得具备理由，请求检察官上诉。”由是可知，台湾地区犯罪被害人或告诉人在刑事诉讼程序中，仅得具备理由请求检察官上诉，并不具有独立上诉权。而“‘司法院’0314 犯罪被害人诉讼参与修正草案”就此部分，亦付之阙如，并未明文。

犯罪被害人之诉讼参与，应否赋予其独立救济权（上诉权）？有学者认为，基于问卷调查结果，不赞成赋予犯罪被害人独立于检察官之上诉权，主要理由为避免犯罪被害人滥诉而浪费诉讼资源，而犯罪被害人并非当事人，避免犯罪被害人与检察官就上诉与否意见分歧，以及避免犯罪被害人过多被害情绪进入上诉审等。又以现行实务运作而言，依问卷调查结果，[1]遇有犯罪被害人请求检察官上诉时，受访检察官“一定会”（37%）或“通常会”占（57%）提起上诉。因此，基于刑事诉讼法以当事人主导证据调查为原则及检察官负实质举证责任之诉讼架构，纵基于维护其权益，或得研议是否修法赋予补充诘问证人及询问被告之权利，但不宜跳跃而赋予独立上诉权。[2] 但有反对看法认为，就强化刑事程序参与权部分，中国台湾地区“刑事诉讼法”向来着重加害人之人权保障，而对于犯罪被害人程序参与之保障，反而较为忽略。中国台湾地区现行“刑事诉讼法”虽有部分规定，类如被害人陈述意见（第 271 条）、请求检察官上诉（第 344 条）及认罪协商同意（第 451 之 1 条），然程序发动权均在法官或检察官。基于此，未来应强化犯罪被害人主动参与诉讼程序之保障，类如被害人独立上诉权。[3] 若以担心增加法官审判上之负担，而牺牲被害人之权益，并非适宜。[4]

对此问题，本文认为，依中国台湾地区“刑事诉讼法”第 344 条规定，告诉人或犯罪被害人仅得请检察官上诉，如检察官未于上诉期间为上诉，别无救济之

---

① 陈运财：《论犯罪被害人于刑事公诉程序之地位及其权利》，载犯罪被害人保护协会台湾台中分会主编：《犯罪被害保护政策论文集》，元照出版有限公司 2017 年版，第 5、31 ~ 32 页。

② 陈运财：《论犯罪被害人于刑事公诉程序之地位及其权利》，载犯罪被害人保护协会台湾台中分会主编：《犯罪被害保护政策论文集》，元照出版有限公司 2017 年版，第 51 ~ 52 页。

③ 陈朝建：《犯罪被害人保护责任之与谈》，载犯罪被害人保护协会台湾台中分会主编：《犯罪被害人保护政策论文集》，元照出版有限公司 2017 年版，第 217 ~ 229 页。

④ 林坤贤：《犯罪被害人保护政策学术研讨会后之心得报告》，载犯罪被害人保护协会台湾台中分会主编：《犯罪被害人保护政策论文集》，元照出版有限公司 2017 年版，第 279 ~ 296 页。

途，此为法律漏洞。虽然上述有学者以问卷调查结果呈现，若告诉人或犯罪被害人请求上诉，检察官有高于九成的比例会提起上诉。然而，在上述检察官一定会与通常外之外，仍有一定的比例是犯罪被害人或告诉人请求检察官上诉而经检察官未提起上诉之情形，此际应如何处理？犯罪被害人或告诉人又应如何救济？

针对告诉人或犯罪被害人请求上诉、检察官没有提起上诉的现象确实存在，本文举出中国台湾地区司法实务运作的官方统计数字为佐证。依照“法务部”统计的“二审检察官办理上诉案件统计分析”①显示，以2006年至2015年为例，二审检察机关办理上诉案件，终结案件为11,226件，经检察官提起上诉者，计有9089件（占81.0%），其中检察官自行提起上诉为6266件，而告诉人或被害人请求检察官上诉者，计4908件，嗣检察官审查后而确实起上诉者则为2823件，亦即告诉人或被害人请求检察官上诉而经检察官审查后确实提起上诉者，约57.5%。而二审检察官提起上诉9089件中，“检察官自行提起上诉者”约占68.9%，“告诉人或被害人请求检察官上诉而经检察官审查后确实上诉者”约占31.1%，整体比例约7∶3。

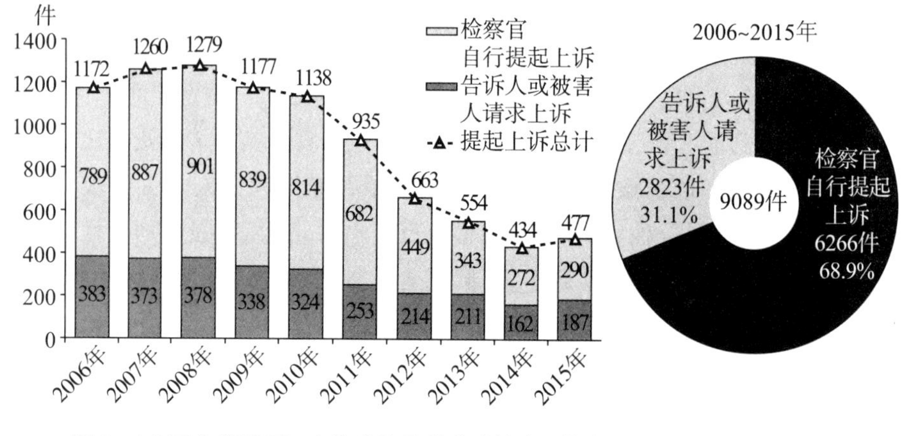

图1 （中国台湾地区）高等法院及其分院检察署检察官提起上诉件数之统计

资料来源：“法务部”统计处。

由上述实证统计可知，犯罪被害人或告诉人请求检察官提起上诉，在实务上占有一定之比例，同样地，亦有一定之比例，经检察官驳回请求而未予提起上诉。因此，犯罪被害人或告诉人就检察官的不上诉决定如有不服，完全没有救济可能，案件将有可能因此确定。

因此，本文认为，若以犯罪被害人或告诉人之权利出发，复出于监督检察官的功能，就犯罪被害人应赋予独立的上诉权。也就是犯罪被害人之救济权均应

① 该统计数字请见“法务部”网，http://www.rjsd.moj.gov.tw/RJSDWEB/common/WebList2.aspx? menu = AYA_SPECIAL_REPORT。

给予制度性保障。这是犯罪被害人诉讼参与制度之制度目的之一,肯认其基于程序主体权之实践,并适度解决诉讼参与人与检察官意见不同之制度途径。诚如《德国刑事诉讼法》第401条明文肯认,诉讼参与人得独立于检察官而提起救济,当诉讼参与人提起上诉后,在上级审时,检察官若不认同诉讼参与人之上诉提起,亦可向法院为驳回上诉之主张。再观察日本为例,《日本刑事诉讼法》第316条之35规定:“被害者参加人或受其委托之律师,就该刑事案件有关权限之行使,得对检察官陈述意见。检察官于决定行使或不行使该权限时,若有必要,应对陈述该意见者说明其理由。”考其立法理由,乃在于犯罪被害人诉讼参与之立法过程,犯罪被害人代表团体强烈要求犯罪被害人能与检察官一般,具有诉因设定权、调查证据声请权及上诉权等。然因衡量刑事诉讼之构造,改为承认犯罪被害诉讼参与人享有对检察官之意见陈述权及检察官对之负有说明义务。[①] 果此,日本于犯罪被害人诉讼参与制度的立法过程,犯罪被害人代表团体早已体察原来的制度有问题,而曾经强烈主张犯罪被害人应有上诉权,以兹衡平与填补制度漏洞,纵使最后改以检察官说明义务为解决方案,亦“至少”有检察官说明义务之制度规范。然而,中国台湾地区“‘司法院’犯罪被害人诉讼参与修正草案”,除无如《德国刑事诉讼法》所赋予犯罪被害人之独立上诉权,更遑论《日本刑事诉讼法》所明文其检察官说明义务之法文设计。

据上,本文认为,衡诸被害人之权利赋予与刑事制度之设计完整,认为有权利必有救济、国家权力应监督制衡、制度应完整无漏洞之设计等考量,对于犯罪被害人或告诉人请求检察官上诉而检察官不提起上诉时,应赋予诉讼参与人之具有独立救济权(上诉权),以为制度填补,解决法律之漏洞。

五、结 语

犯罪被害人,是一个没有人愿意担任的角色。本文之目的,在于提出刑事司法实务运作上所遇到问题与犯罪被害人在刑事诉讼程序中所遇到的诉讼困境,给予填补制度上法律漏洞建议,期盼能实现公平正义。于“肯认犯罪被害人在刑事诉讼之程序主体性”以及“监督检察官在刑事诉讼之制度功能性”不仅可促进刑事诉讼发现真实之目的,亦有助于提升人民对司法之信赖。[②] 综上,吾人仍深深期待“犯罪被害人诉讼参与”制度能更为充分与完整,建构一面面俱到兼顾每

① 彭圣斐:《日本刑事诉讼程序之被害者诉讼参加制度介绍》,载《检察官新论》2017年第22期,第266~267页。

② 陈运财:《论犯罪被害人于刑事公诉程序之地位及其权利》,载犯罪被害人保护协会台湾台中分会主编:《犯罪被害保护政策论文集》,元照出版有限公司2017年版,第3页。

一个诉讼参与者利益，乃至于公平正义实现的制度设计。

最后，中国台湾地区常称犯罪被害人为“馨生人”，这“馨”意指散发香气之芬芳自如，本文对于“犯罪被害人之诉讼参与制度”的深深期待，如同那份对于真善美的期待，使犯罪被害人能够将“强韧的生命力”与“脆弱的心灵性”集于一身。故盼望“犯罪被害人诉讼参与”制度在中国台湾地区的“立法”上不会只是一个花瓶，在刑事诉讼程序中只是摆着好看而已，而如学者叹言“犯罪人大家都关心，被害人却无人问津！”（Um den Täter kümmern sich alle，um das Opfer kümmert sich niemand！）①

① Hans-Jürgen Kerner 著：《强化被害人在德国刑法与刑事诉讼法中的独立地位以保护被害人——法律现况概观》，卢映洁译，载《国立中正大学法学集刊》2013 年第 41 期，第 1 ~ 74 页。

附录：中国台湾地区“刑事诉讼法”部分条文修正草案初稿（犯罪被害人诉讼参与及保护规定）

2017. 12. 27

条　　文	说　　明
第七编之三　被害人诉讼参与	章　　名
第四百五十五条之三十八（得声请诉讼参与之范围） 下列犯罪之被害人得于检察官提起公诉后第二审言词辩论终结前，向该管法院声请参与本案诉讼。但被害人无行为能力、限制行为能力、死亡或因其他不得已之事由而不能声请者，得由其法定代理人、配偶、直系血亲、三亲等内之旁系血亲、二亲等内之姻亲或家长、家属为之： 一、因故意、过失犯罪行为而致人于死或致重伤之罪。 二、“刑法”第二百四十一条、第二百七十一条第一项、第二项、第二百七十二条第一项、第二项、第二百七十三条、第二百七十五条第一项、第二项、第二百七十八条第一项、第三项、第二百八十条、第二百八十六条、第二百九十六条、第二百九十六条之一、第二百九十七条、第二百九十八条、第二百九十九条、第三百条、第三百二十八条第一项、第二项、第四项、第三百二十九条、第三百三十条、第三百三十二条第一项、第二项第一款、第三款、第四款、第三百三十三条第一项、第二项、第三百三十四条第一项、第二项第一款、第三款、第四款、第三百四十七条第一项、第三项、第三百四十八条第一项、第二项第二款之罪。 三、“性侵害犯罪防治法”第二条第一项所定之罪。 四、“人口贩运防制法”第三十一条至第三十四条、第三十六条之罪。 五、“儿童及少年性剥削防制条例”第三十二条至第三十六条、第三十七条第一项之罪。	一、本条新增。 二、本于维护被害人及其家属人性尊严之目的及考量司法资源之合理有效利用，得声请诉讼参与之案件类型以侵害被害人生命、身体、自由及性自主等影响人性尊严至巨之案件为宜。 三、关于得声请诉讼参与之主体范围，于被害人死亡之情形，参酌“刑事诉讼法”第二百三十三条第二项之规定，使与被害人具有一定亲属关系或虽非亲属而以永久共同生活为目的同居一家之人均得声请诉讼参与。又为保障儿童及少年被害人等无行为能力人、限制行为能力人之诉讼权益，故明定被害人无行为能力、限制行为能力时，得由与其具有一定亲属关系或其家长家属声请诉讼参与。另考量实务上迭有被害人因被告之犯罪行为而住院治疗、或已不能为意思表示，但尚未经法院为监护宣告之情形，其虽非无行为能力人，然实际上已无法于准备程序、审理期日到庭之情形，为保障此等被害人及其家属之诉讼权益，爰明定因其他不得已之事由而不能声请诉讼参与者，亦得由与其具有一定亲属关系之人或其家长家属声请诉讼参与。

续表

条　　文	说　　明
第四百五十五条之三十九（声请诉讼参与之书状） 声请诉讼参与，应于每审级向检察官提出声请书状，检察官添具意见后送交法院为之。 诉讼参与声请书状，应记载下列事项： 一、本案案由。 二、被告之姓名、性别、出生年月日、身分证明文件编号或其他足资辨别之特征。 三、非被害人者，其与被害人之身分关系。 四、表明参与本案诉讼程序之意旨及理由。	一、本条新增。 二、为尊重检察官追诉犯罪、维护社会秩序之诉讼当事人角色，期许诉讼参与人于诉讼程序进行中能与检察官有更密切、良好之互动，爰参酌日本刑事诉讼法第三百十六条之三十三之规定，明定诉讼参与人向法院声请诉讼参与时，应先向检察官提出声请书状，经检察官添具意见后送交法院。诉讼参与人如未向检察官提出声请书状，而迳将声请书状提出于法院时，为保障诉讼参与人之权益，法院自宜将该声请书状转送检察官添具意见，而不宜迳以诉讼参与人之声请不合法律上之程序为由，予以裁定驳回。又案件于每一审级终结时，原有诉讼参与之效力即不复存在，故诉讼参与人如欲声请诉讼参与，自应于每一审级提出声请书状，爰于第一项定之。 三、为使检察官、法院能明确辨别被害人或与其具有一定亲属关系之人或其家长、家属所提之书状系为声请诉讼参与抑或仅为陈述意见，并使法院对于诉讼参与之声请得以即断即决，俾使诉讼程序明确化，爰于第二项明定诉讼参与声请书状应记载之事项。

续表

条　　文	说　　明
第四百五十五条之四十(声请诉讼参与之裁定) 法院对于前条之声请,认为不合“法律”上之程序或法律上不应准许者,应以裁定驳回之。但其不合“法律”上之程序可补正者,应定期间先命补正。 法院于征询被告、辩护人及辅佐人之意见,并斟酌案件情节、声请人与被告之关系、诉讼进行之程度及声请人之利益,认为适当者,应为准许诉讼参与之裁定;认为不适当者,应以裁定驳回之。 前二项裁定,不得抗告。 法院裁定准许诉讼参与后,认有不应准许之情形者,应撤销原裁定。	一、本条新增。 二、法院受理诉讼参与之声请,认为声请有不合“法律”上程序或法律上不应准许等不“合法”情形者,应即以裁定驳回之。但其不“合法律”上之程序可补正者,应定期间先命补正,爰于第一项规定之。 三、法院裁定准许诉讼参与后,诉讼参与人即得“依法”行使本编所定诉讼参与人之权益,其中对准备程序处理事项、证据及科刑范围陈述意见、询问被告等事项均影响本案诉讼程序之进行至巨,故除参酌检察官于诉讼参与声请书上添具之意见外,亦应赋予被告、辩护人及辅佐人陈述意见之机会。又犯罪被害人诉讼参与制度旨在维护被害人及其家属之人性尊严,维护其程序主体性,故法院于裁定前,自应综合考量案件情节、声请人与被告之关系、诉讼进行之程度及声请人之利益等情事,认为准许诉讼参与有助于达成犯罪被害人诉讼参与制度之目的且无不适当之情形者,即应为准许之裁定。其中就“案件情节”而言,应审酌相关犯罪之动机、态样、手段、被害结果等因素,例如敌对性极高之组织或团体间因宿怨仇恨所生之犯罪案件,应考量若准许被害人诉讼参与,是否有扰乱法庭秩序之虞;就“声请人与被告之关系”而言,例如被害人与被告具有组织内上下从属之关系,应考量若准许被害人诉讼参与,是否有实质上不利于被告防御之虞;就“诉讼进行之程度”而言,例如被害人于第一审之审理期间并未声请诉讼参与,迄至第二审接近审结之时始声请诉讼参与,即应考量是否有对于被告防御权产生无法预期之不利益之虞;若就案件情节、声请人与被告之关系或诉讼进行之程度而言有诸如前述之情形,则声请人就诉讼参与即须具有较大之利益,始能衡平因其诉讼参与对于法庭秩序或被告防御权所生之不利益。爰参酌日本刑事诉讼法第三百十六条之三十三第一项之规定,于第二项明定法院应综合考量之事项。 四、为使诉讼参与之程序尽速确定,避免不必要之诉讼迟滞,且本案当事人若认有不应准许诉讼参与之理由,因得于后续本案诉讼程序中加以厘清,法院于裁定准许诉讼参与后,如嗣后认有不应准许之情形者,应撤销原裁定,是亦无赋予本案当事人提起抗告救济之必要,故就法院对于诉讼参与声请所为之裁定,无论准驳,均不许提出抗告,爰于第三项予以规定。 五、法院依声请裁定准许诉讼参与后,发现有不应准许之情形,例如法院变更检察官起诉“法条”而使该案件罪名变更为第四百五十五条之三十八所列罪名以外之罪名或声请人与被害人间之身份关系嗣后变更者,原所为准许诉讼参与之裁定自应撤销,以免徒增本案诉讼不必要之程序负担,爰于第四项予以规定。

续表

条　　文	说　　明
第四百五十五条之四十一（诉讼参与人选任代理人之权利及指定代理人） 诉讼参与人得随时选任代理人。 第二十八条至第三十条、第三十二条之规定，于诉讼参与人之代理人准用之；第三十一条第一项第三款至第六款、第二项至第四项之规定，于诉讼参与人未经选任代理人者并准用之。	一、本条新增。 二、为落实犯罪被害人诉讼参与制度，确保诉讼参与人可以掌握诉讼进度与状况，适时了解诉讼信息，并有效行使本编所定之权益，爰参酌德国刑事诉讼法第三百九十七条第二项、日本刑事诉讼法第二编第三章第三节之规定，于第一项明定诉讼参与人得随时选任代理人。 三、诉讼参与人委任代理人者，代理人人数、资格之限制、选任程序及文书之送达应准用第二十八条至第三十条及第三十二条之规定。又考量因精神障碍或其他心智缺陷无法为完全之陈述者亟需代理人，且为保障具原住民身份之诉讼参与人，及避免符合社会救助法上低收入户、中低收入户资格之诉讼参与人，因无资力而无法自行选任代理人，爰于第二项准用第三十一条第一项第三款至第六款、第二项至第四项之规定，明定诉讼参与人为精神障碍或其他心智缺陷无法为完全之陈述、具原住民身份、为低收入户或中低收入户而声请指定代理人或审判长认为有必要之情形，而未经选任代理人者，审判长应为其指定律师为代理人。
第四百五十五条之四十二（诉讼参与人之信息取得权） 代理人于审判中得检阅卷宗及证物并得抄录或摄影。但代理人为非律师者于审判中，对于卷宗及证物不得检阅、抄录或摄影。 无代理人或代理人为非律师之诉讼参与人于审判中得预纳费用请求付与卷宗之复本。但卷宗之内容与被告被诉事实无关或足以妨害另案之侦查，或涉及当事人或第三人之隐私或业务秘密者，法院得限制之。	一、本条新增。 二、诉讼参与人虽非本案当事人，然其与审判结果仍有切身利害关系，为尊重其程序主体地位，并使其得以于诉讼进行中有效行使其权益，实有必要使其知悉卷证资料之内容。又诉讼参与人选任代理人原则上应选任律师充之，但审判中经审判长许可者，亦得选任非律师为代理人。律师具备法律专业知识，且就业务之执行须受律师法有关律师伦理、忠诚及信誉义务之规范，赋予其阅卷之权利，除使代理人了解案件进行程度、卷证资料内容，以维护诉讼参与人权益外，更可藉由阅卷而充分与检察官沟通，了解检察官之诉讼策略。又第三十三条所定辩护人之阅卷、抄录、摄影权系为实现被告防御权之重要内涵，属宪法第十六条诉讼权保障之范畴，本条则系为提升诉讼参与人及其代理人于现行刑事诉讼制度下之信息取得权，使其得以知悉诉讼进行程度及卷证资料内容之政策性立法。两者之概念有别，故不以准用第三十三条之方式规定诉讼参与人之信息取得权，而于本条独立定之。至于诉讼参与人选任非律师为代理人者，因尚乏类似律师法之执业规范及监督惩戒机制，参考第二百七十一条之一第二项之规定，仍不宜赋予其阅卷权，爰于第一项但书规定之。 三、现代科学技术日趋发达，透过电子卷证或提供影印、重制卷宗之电磁纪录等方式，已可有效避免将卷宗资料原本直接交付诉讼参与人接触、保管之风险，且无代理人或代理人为非律师之诉讼参与人亦有了解卷证资料之需要，以利其行使诉讼上之权益，爰增订第二项。

续表

条　文	说　明
第四百五十五条之四十三(诉讼参与人于准备程序期日受通知及在场权、陈述意见权) 准备程序期日,应通知诉讼参与人及其代理人到场。但经合法通知无正当理由不到场或陈明不愿到场者,不在此限。 第二百七十三条第一项各款事项,法院应听取诉讼参与人及其代理人之意见。	一、本条新增。 二、准备程序期日攸关法院审判范围、争点整理、证据取舍与调查范围、次序及方法等重要事项之处理,为增加诉讼参与人对于诉讼程序及法庭活动之了解,提高其参与度,故课以法院于准备程序期日通知诉讼参与人及其代理人之义务,爰于第一项定之。 三、检察官虽为公益代表人,负责实行公诉及说服法院,俾使被告受罪刑宣告,然其亦为实施刑事诉讼程序之公务员,依"刑事诉讼法"第二条第一项规定,负有对于被告有利及不利之处均应一律注意之"法定"义务,是检察官与被害人或其家属之立场仍有不同。况对于诉讼进行之程序及结果最为关心者,厥为被害人或其家属,尤其关于被告所为辩解是否符合实情,被害人常有一定程度之了解或不同之观点,故为尊重诉讼参与人之程序主体性,宜赋予诉讼参与人及其代理人就第二百七十三条第一项各款事项得陈述意见之机会,爰于第二项定之。
第四百五十五条之四十四(诉讼参与人于审判期日受通知及在场权) 审判期日,应通知诉讼参与人及其代理人。但经"合法"通知无正当理由不到场或陈明不愿到场者,不在此限。	一、本条新增。 二、为尊重诉讼参与人之程序主体性及俾利其行使诉讼上之权益,爰参考日本刑事诉讼法第三百十六条之三十四之规定,明定诉讼参与人及其代理人得于审判期日在场。又犯罪被害人诉讼参与制度系诉讼参与人之诉讼权益,而非应负担之义务,是自不宜以传唤之方式命其到庭。故纵使诉讼参与人及其代理人无正当理由不到场,亦不得拘提之。

续表

条　　文	说　　明
第四百五十五条之四十五（选定与指定代表人） 多数诉讼参与人得由其中选定一人或数人，代表全体或一部诉讼参与人参与诉讼。 未依前项规定选定代表人者，法院认为必要时，得限期命为选定，逾期未选定者，法院得依职权指定之。 前二项经选定或指定之代表人得更换、增减之。 本编所定诉讼参与之权利，由经选定或指定之代表人行使之。	一、本条新增。 二、于有多数诉讼参与人之情形，如重大公共安全、交通事故等案件，如使其等同时出庭及行使本编所定之权利，可能造成审判窒碍难行，甚而导致诉讼程序久延致侵害被告受妥速审判之权利，故为因应有多数诉讼参与人之情形，爰制定选定代表人制度。又多数诉讼参与人是否选定代表人及其人选，未必全体诉讼参与人意见一致，且相较于法院，诉讼参与人之间应更清楚彼等之利害关系、对于本案证据资料、事实及法律之主张、科刑之意见是否相同，故应许诉讼参与人自主决定是否选定代表人，并许其分组选定不同之人，或仅由一部诉讼参与人选定一人或数人，与未选定代表人之诉讼参与人一同参与诉讼。爰参考"民事诉讼法"第四十一条第一项、"行政诉讼法"第二十九条第一项、日本刑事诉讼法第三百十六条之三十四第三项之规定，新增本条第一项之规定。 三、于诉讼参与人为多数且未依前项规定选定代表人以参与诉讼时，法院考量诉讼参与人之人数、案件情节之繁杂程度及诉讼程序之进行状况后，如认有为诉讼参与人指定代表人之必要，以避免诉讼程序久延致侵害被告受妥速审判之权利，则为尊重诉讼参与人之主体性，法院得先定期命诉讼参与人自行选定代表人，如逾期未选定代表人者，方由法院依职权指定之。爰参酌"行政诉讼法"第二十九条第二项之规定，新增本条第二项。 四、诉讼程序之进行往往需历经相当之时日，且于检察官、被告及辩护人之攻击防御过程中，各诉讼参与人之利害关系、对于本案证据资料、事实及法律之主张、科刑之意见亦有可能改变。故为使各诉讼参与人得以选定适当之代表人代表其参与诉讼，并使各诉讼参与人之意见均能传达于法院，自宜许其于诉讼过程中更换、增减代表人。同理，法院依前项规定指定代表人后，如有必要，亦得依职权更换或增减之。又如经法院职权指定代表人后，多数诉讼参与人于诉讼过程中逐渐形成共识而选任更为适当之代表人时，亦当准许其等更换或增减代表人。爰参酌"民事诉讼法"第四十一条第三项、"行政诉讼法"第三十条第一项、第二项之规定，增订第三项。 五、"诉讼参与人"经选定或指定代表人后，既得透过其代表人行使本编规定之权利，则为避免因多数诉讼参与人所致审判迟滞之情形发生，明定诉讼参与人经选定或指定代表人后，由被选定或指定之代表人行使本编所定之诉讼参与权利。又诉讼参与人经选定或指定代表人后，其原有之诉讼参与权并非当然丧失，仅系处于停止之状态而不得再依本编之规定行使权利。如其嗣后被增列为代表人，即得回复诉讼参与之状态而续行参与诉讼。爰参酌"民事诉讼法"第四十一条第二项、"行政诉讼法"第二十九条第三项之规定，增订第四项。

续表

条　　文	说　　明
第四百五十五条之四十六(诉讼参与人对证据表示意见之权利) 每调查一证据毕,审判长应询问诉讼参与人及其代理人有无意见。 法院应予诉讼参与人及其代理人,以辩论证据证明力之适当机会。	一、本条新增。 二、对于证据之解读,诉讼参与人常有一定程度之了解或不同于检察官之观点,故为确保诉讼参与人及其代理人于调查证据程序中有陈述意见之机会,以贯彻被害人诉讼参与之目的,自应予诉讼参与人及其代理人于调查证据程序中,有就每一证据表示意见之机会,爰于本条第一项明定之。 三、赋予诉讼参与人及其代理人辩论证据证明力之适当机会,旨在使其得就各项证据资料之凭信性表示意见,以落实诉讼参与人程序主体之保障。是法院自应依诉讼程序进行之情形及程度,给予诉讼参与人及其代理人辩论证据证明力之适当机会,爰于第二项明定之。
第四百五十五条之四十七(诉讼参与人询问被告之权利) 诉讼参与人及其代理人于调查证据程序之最后,审判长就被诉事实讯问被告前,得询问被告。审判长除认其有不当者外,不得限制或禁止之。	一、本条新增。 二、诉讼参与人往往系受犯罪事实影响最深之人,且关于被告及其辩护人所为辩解是否符合实情,诉讼参与人亦常有一定程度之了解或不同于检察官之观点,是为尊重诉讼参与人之主体性,并有助于法院了解事实,爰参考日本刑事诉讼法第三百十六条之三十七之规定,于本条赋予诉讼参与人及其代理人询问被告之权。又为避免于调查证据之始,即对被告形成偏见,故明定于调查证据程序之最后,审判长就被诉事实讯问被告之前,诉讼参与人及其代理人方得询问被告,以符合无罪推定之理念。 三、审判长如于诉讼参与人及其代理人询问被告之过程中,认为诉讼参与人及其代理人之询问有不当之情形时,例如询问事项与本案欠缺关联性、重覆询问、以恫吓、侮辱、利诱、诈欺或其他不正之方法询问,或系对假设性事项或无证据支持之事实为询问等,自得禁止或限制其询问。
第四百五十五条之四十八(诉讼参与人对科刑范围表示意见之权利) 审判长于行第二百八十九条第三项程序时,应予诉讼参与人及其代理人就科刑范围表示意见之机会。	一、本条新增。 二、刑事审判之量刑,在于实现刑罚权之分配正义,法院对有罪之被告科刑时,除应符合罪刑相当原则外,尤应注意"刑法"第五十七条所列各款事项,以为科刑轻重之标准。又刑罚之量定与罪责之认定均属重要,是于检察官、被告及辩护人就事实与法律进行辩论后,审判长依第二百八十九条第三项之规定,应给予当事人就科刑范围陈述意见之机会。诉讼参与人因被告之犯罪行为而蒙受损害,其往往对于被告与被害人之关系、犯罪所生损害及被告犯罪后之态度等量刑事项知之甚详,是审判长除应给予当事人陈述意见之机会外,亦应赋予诉讼参与人及其代理人就科刑范围表示意见之机会,使量刑更加精致、妥适,以符刑罚个别化原则,爰于本条订定明文。

续表

条　　文	说　　明
第二百四十八条之二(检察官移付调解及转介修复) 检察官于侦查中得将案件移付调解或依被告及被害人之声请,转介适当机关、机构或团体进行修复。 前项修复之声请,被害人无行为能力或限制行为能力或死亡者,得由其法定代理人、直系血亲或配偶为之。	一、本条新增。 二、"修复式正义"或称"修复式司法"(Restorative Justice),旨在藉由有建设性之参与及对话,在尊重、理解及沟通之氛围下,寻求弥补被害人之损害、痛苦及不安,以真正满足被害人之需要,并修复因冲突而破裂之社会关系。爰参考德国刑事诉讼法第155a条之规范内容,明定检察官于侦查中,斟酌被告、被害人或其家属进行调解之意愿与达成调解之可能性、适当性,认为适当者,得将案件移付调解,或于被告及被害人共同声请参与修复式司法程序时,检察官得将案件转介适当机关、机构或团体进行修复,由该机关、机构或团体就被告、被害人是否适合进入修复予以综合评估,如认该案不适宜进入修复式司法程序,则将该案移由检察官继续侦查;反之,则由该机关、机构或团体指派之人担任修复促进者进行修复式司法程序,并于个案完成修复时,将个案结案报告送回检察官,以供检察官侦查之参考,爰新增第一项之规定。 三、又于被害人无行为能力或限制行为能力或死亡之情形,为使被害人之家属仍得藉由修复式司法疗愈创伤、复原破裂的关系,爰参酌第三百十九条第一项之规定,于第二项明定之。
第二百七十一条之二(被害人之隐私保护及隔离保护措施) 法院于审判中应注意被害人或其家属隐私之保护。 被害人依第二百七十一条第二项之规定到场者,法院依被害人之声请或依职权,审酌案件情节及被害人之身心状况,并听取当事人及辩护人之意见后,得利用遮蔽设备,将被害人与被告、旁听人适当隔离。	一、本条新增。 二、刑事审判程序原则上系于公开法庭行之,为避免在场之人,于法院进行人别讯问时,或当事人、代理人或辩护人于诘问证人、鉴定人时,获知被害人或其家属之隐私,例如出生年月日、住居所、身份证字号等得以直接或间接方式识别该个人之资料,而造成其等之困扰,并参酌"司法改革国是会议"关于"法院于行公开审理程序时,应保障被害人或其家属之隐私,如非必要,不揭露被害人之相关个资"之决议内容,故规定法院于诉讼程序进行中,应注意被害人或其家属隐私之保护,爰于本条第一项明定之。 三、考量被害人于审判期日面对被告时,常因惧怕或愤怒而难以维持情绪平稳,及为维护被害人之名誉及隐私,避免旁听之人识别其样貌,而增加被害人之心理负担,甚而造成被害人之二度伤害。爰参酌性侵害犯罪防治法第十六条、日本刑事诉讼法第三百十六条之三十九第四项、第五项之规定,明定法院依被害人之声请或依职权,于综合考量案件情节及被害人之身心状况,如犯罪性质、被害人之年龄、心理精神状况及其他情事,并听取当事人及辩护人之意见后,得使用适当之遮蔽措施,使被告、在场旁听之人无法识别被害人之样貌。法院于个案中可视案件情节及法庭设备等具体情况,采用遮蔽屏风、声音及影像相互传送之科技设备或其他措施,将被害人与被告、旁听人适当隔离,爰增订本条第二项。

续表

条　　文	说　　明
第二百七十一条之三（被害人之陪同措施） 被害人之法定代理人、配偶、直系或三亲等内旁系血亲、家长、家属、医师、心理师、辅导人员或社工人员于审判中，得陪同被害人在场。于被害人不能完全陈述时，并得代被害人陈述意见。 前项规定，于得陪同在场之人为被告时，不适用之。	一、本条新增。 二、被害人于犯罪发生后，如使其独自面对被告，恐有受到二度伤害之虞。是为协助被害人于审判中到场时维持情绪稳定，爰参酌"性侵害犯罪防治法"第十五条、日本刑事诉讼法第三百十六条之三十九第一项、德国刑事诉讼法第406g条之规定，明定被害人之一定亲属、医师、心理师、辅导人员或社工人员得陪同在场，且于被害人因情绪激动等情形而难以完全陈述时，并得代其陈述意见。又陪同制度之目的在于藉由陪同人之在场协助，使被害人维持情绪稳定，陪同人自不得有妨害法官讯问、当事人及辩护人诘问之行为。如陪同人有影响诉讼进行之不当言行，或影响被害人、证人、鉴定人陈述时，自应由审判长视具体情况指挥诉讼、维持法庭秩序，爰增定本条第一项。 三、被告既经检察官认有犯罪嫌疑而起诉，自不宜使其陪同被害人在场，故参考"性侵害犯罪防治法"第十五条第二项之规定，明定具有第一项身分之人为被告时，不得陪同在场及陈述意见，爰增定本条第二项。
第二百七十一条之四（法院移付调解及转介修复） 法院于言词辩论终结前，得将案件移付调解或依被告及被害人之声请，于听取检察官、代理人、辩护人及辅佐人之意见后，转介适当机关、机构或团体进行修复。 前项修复之声请，被害人无行为能力或限制行为能力或死亡者，得由其法定代理人、直系血亲或配偶为之。	一、本条新增。 二、"修复式正义"或称"修复式司法"（Restorative Justice），旨在藉由有建设性之参与及对话，在尊重、理解及沟通之氛围下，寻求弥补被害人之损害、痛苦及不安，以真正满足被害人之需要，并修复因冲突而破裂之社会关系。爰参考德国刑事诉讼法第155a条之规范内容，明定法院于诉讼系属后、言词辩论终结前，斟酌被告、被害人或其家属进行调解之意愿与达成调解之可能性、适当性，认为适当者，得将案件移付调解，或于被告及被害人共同声请参与修复式司法程序时，法院于听取检察官、代理人、辩护人及辅佐人之意见后，得将案件转介适当机关、机构或团体进行修复，由该机关、机构或团体就被告、被害人是否适合进入修复予以综合评估，如认该案不适宜进入修复式司法程序，则将该案移由法院继续审理；反之，则由该机关、机构或团体指派之人担任修复促进者进行修复式司法程序，并于个案完成修复时，将个案结案报告送回法院，以供法院审理时参考，爰新增第一项之规定。 三、又于被害人无行为能力或限制行为能力或死亡之情形，为使被害人之家属仍得藉由修复式司法疗愈创伤、复原破裂的关系，爰参酌第三百十九条第一项之规定，于第二项明定之。

On the Litigation Participation System of Victims in Taiwan District

Lu Yingjie　Xu Chengyin

Abstract: Taiwan District is in the stage of introducing the system of victim litigation participation for "policy planning", "policy evaluation" and "policy formation". Therefore, detailed discussion on the design and operation of the system is of great benefit. Starting from "the first draft of the victim litigation participation system and protection provisions" published by the Taiwan judicial court, and combining with the relevant systems of victim litigation participation in Germany and Japan, this paper puts forward opinions on the purpose of the victim litigation participation system, how to plan the victim's right to participate in litigation, and especially discusses the victim's right to apply for investigation evidence and the right to appeal.

Key words: victims of crimes　litigation participation

专题(一):司法改革新路径

基层法律援助改革实证研究*
——以温江区司法局的地方探索为例

彭世忠** 杨继文***

[内容摘要] 在当前司法改革的推进过程中，需要重点强调的是公共法律服务中制度改革问题。深化司法改革对我国基层法律援助能力提出了新要求。对我国其他地方的基层公共法律援助模式和制度的比较分析，可以得出一些可资借鉴之处，体现为具有学习复制意义的法律援助社区模式和法庭义工模式的借鉴。针对不同的法律援助特殊对象必须具有针对性，表现为“1+1+N”模式、监狱法律援助志愿团模式、刑事法律援助志愿团和监狱法律援助志愿团模式。通过对成都市温江区司法局地方探索为对象的实证分析，可以得出当前基层法律援助的主要问题表现为：基层法律援助制度体系建设缺乏统一规划、服务平台建设滞后、保障措施有待加强、队伍专业化程度不高、服务产品“公益有余、供给不足”、服务质量评估体

* 本文系温江司法局重点课题“温江公共法律服务机制改革研究”(2017)最终成果。

** 彭世忠，西南财经大学法学院教授、博士生导师。

*** 杨继文，西南财经大学法学院师资博士后、法学博士。

系缺失等问题。最终我国基层法律援助制度的改进和完善需要明确基层公共法律服务体系的总体设计；加快基层法律援助服务的线上、线下平台建设；落实基层法律援助服务保障机制；培养基层公共法律服务体系的人才队伍；重视基层欠发达地区的公共法律援助服务；健全基层公共法律援助的服务管控体系。

［关键词］ 深化司法改革 法律援助 法律服务 专业化建设

一、改革与意义：深化司法改革对基层法律援助的要求

（一）深化司法改革对我国基层法律援助能力提出了新要求

党的十九大报告指出，中国特色社会主义进入新时代。司法部出台的《关于进一步加强司法所建设 努力提高基层公共法律服务水平的意见》明确要求，努力为每个乡镇（街道）、每个村（社区）、每个家庭、每个村（居）民提供多层次、多领域、个性化的公共法律服务，实现公共法律服务全覆盖，使广大群众获得感、幸福感、安全感更加充实、更有保障、更可持续。① 它的重点内容即是建设公正司法和提高司法公信力。而在当前司法改革的推进过程中，需要重点强调的是我国法律援助的现实问题。也就是说，在我国法律援助制度的深化改革过程中，需要明确的是基层法律援助的主导者、参与者和完善者，切实落实"让每一位公民感受到公平和正义"，强调的是坚持"司法为民"，最终目的是提高我国法律职业者的办案质量和职业能力。例如在英国，法律至上的精神随处可见。无论从法庭的设置，还是审判活动的程序，无论是法官所穿戴的具有象征意义的发套、法袍，还是社会大众崇法、守法的态度，都处处体现着法律的权威。② 英国在司法改革中针对公共法律援助实际问题，着眼于保障人权、控制社会、维护公众利益、追求司法效率的平衡，并且大胆创新，保持传统，求新求变。③ 因此，在这种我国深化司法改革背景和要求下，尤其是"建设公正司法和提高司法公信力"牵制作用和具体要求下，使我国的法律援助制度在面对司法改革的推进和深化背景下，尤其是对法律援助中的职业者提出了新的职业能力要求和时代需求，④那就是让法律援助的主体分类更加精细化和专业化，法律援助律师更多地在法律实务一线办案，而主管部门需要切实保障法律援助律师等工作人员的权利，对这些主

---

① 蔡长春：《司法部有关负责人就〈关于进一步加强司法所建设 努力提高基层公共法律服务水平的意见（征求意见稿）〉答记者问》，载《法制日报》2018 年 1 月 24 日第 3 版。

② James A. Inciardi, *Criminal* Justice, Oxford: Oxford University Press, 2002, p. 8.

③ 黄伟东：《关于英国、南非司法制度的考察报告》，载《山东审判》2007 年第 3 期。

④ 黄桂晗、李晓东：《法院队伍职业化建设问题研究——以完善职业保障为重点》，载《光华法学》编委会编：《光华法学》（第八辑），法律出版社 2014 年版。

体要起到重要的支持和保障作用。

（二）基层法律援助必须提高办案质量和职业水平

在刑事诉讼司法实践中，如果再没有辩护律师维护其合法权益，面对晦涩的法律条文和繁杂的司法解释，就会造成犯罪嫌疑人与执法办案部门严重的“信息不对称”，在强大的国家机器和公权力面前，个人权利将很难得到保障，甚至有肆意被践踏的危险。因此，承担法律援助的律师等法律工作人员应当提高自己的法律知识水平和职业能力，着力于“从司法改革的被动者”向“司法改革的主动者”转变，[①]这其实也意味着要加强法律援助者们的职业能力建设。同时，除了提高法律援助者的职业能力外，应当将专业办案过程置于案件当事人和社会各界的监督之下，一旦出现职业瑕疵甚至不规范行为，按照“对办案质量负责”的要求，要承担相应的责任。这样就会倒逼法律援助者们规范职业行为、提高职业水平，更加注重办案的每一个环节和每一个细节，进而有利于提升法律援助者们的办案质量和职业能力。

二、比较与分析：基层法律援助的地方探索法

地方探索法实质上就是“摸着石头过河”在司法改革中的具体运用。“摸着石头过河”是中国早期改革的主要方法，是改革开放取得极大成就的重要理论工具。这一论断鼓励了基层和个体在各个领域大胆探索，积极创新，为整体改革方案的确定“杀出一条血路”。在这样的背景下，作为中国整体改革的一部分，司法改革体现出了极强的“地方探索先行”的特征。[②] 我国各个地方在基层公共法律援助方面进行了有益的探索，提炼出了具有一定价值的制度运行模式。

（一）地方基层法律援助的模式和现状

1. 基层公共法律服务的综合模式

（1）法律援助的社区模式

昆明市官渡区在昆明南部汽车站广场举行的“法治在我身边 共创文明城市”法律志愿者集中服务日活动，来自17家法律服务机构的律师、公证、法律援助、基层法律服务和基层司法所的志愿服务人员等共计500余人参加了活动。据统计，活动现场共发放《法律援助指南》和《法制宣传读本》等各类法律法规及法治文明宣传资料2000余份，受理各类法律咨询百余人次，解答各类疑难问题

① Cristina Dallara, *Democracy and Judicial Reforms in South-East Europe-Between the EU* and the *Legacies of the Past*, Switzerland: Springer International Publishing, 2014, p. 110.

② 汤火箭、杨继文：《司法改革方法：比较、问题与应对》，载《四川大学学报（哲学社会科学版）》2016年第1期。

20余个。在开展社区矫正工作时，可以聘请当地的心理专家、心理咨询师等专业人员组建心理专家顾问团，实行流动式心理矫治服务；同时应该鼓励社区矫正工作者积极参加心理学专业方面的学习和培训，提高自身开展实务工作的能力。[①]

（2）法庭义工模式

什邡法院以服务困难群众为宗旨，与市法律援助中心联合会签了《律师志愿者派驻法院服务合作协议》。通过律师协会、律师事务所的律师志愿者驻点什邡法院，定期为困难群众提供法律咨询和受理法援申请服务，从而实现法律援助和司法救助的无缝对接。这是什邡法院对最高人民法院、最高人民检察院、司法部《关于逐步实行律师代理申诉制度的意见》中"探索建立律师驻点工作制度"的积极回应，也是什邡法院在该市扶贫攻坚工作中，将法律援助案件的受理关口进一步前移，让困难群众更加便捷地获得援助服务的一次新探索，打通服务群众"最后一公里"的又一新举措。[②]《律师志愿者派驻法院服务合作协议》明确约定了以下几方面主要内容：一是市法院在诉讼服务中心设立专门的律师接待室、阅卷室，提供相关办公设施。二是律师志愿者义务开展诉讼引导、法律咨询、书写诉状、代理申诉等法律事务。对符合法律援助条件的，及时协助申请法律援助。三是市法院对律师在派驻地的服务工作提供安全保障。

2. 针对法律援助特殊对象的基层模式与现状

（1）"1+1+N"模式

在江苏省，泰州市高港区"1+1+N"法律援助流动队开展"法企同行·送法进台企"活动，并在高港高新技术开发区内设立"1+1+N"法律援助流动队服务台资企业基地。[③]"1+1+N"法律援助流动队服务台资企业基地启动运作后，陆续开展一系列服务，在助推台企发展和台商维权方面发挥重要作用。根据工作计划，"1+1+N"法律援助流动队将定期到高新区法律驿站，通过现场咨询、座谈访谈、问卷调查、电话回访等形式和"12348"服务热线、台商微信服务平台，全面了解台企需求，对企业在人力资源、公司治理、股权、知识产权、合同等方面的法律风险进行研讨，编制《防控企业法律风险服务手册》，为企业提供风险提示和法律建议；联合区律师事务所有针对性地将典型案例、风险防范、证据收集等

① 闻书芳、金小红：《社区矫正工作者的专业化问题研究——以湖北省社区矫正调查为例》，载《光华法学》编委会编：《光华法学》（第八辑），法律出版社2014年版。

② 费元汉：《非程序性审判监督的反思与改善——以现行司法改革背景为视角》，载《光华法学》编委会编：《光华法学》（第八辑），法律出版社2014年版。

③ 《泰州高港区"1+1+N"法律援助流动队服务群众"最后一公里"》，载法润江苏网，http://pufa.jschina.com.cn/31022/31031/201706/t20170601_4170085.shtml。

有关法律知识推送到台商服务微信群；帮助台资企业完善法人治理制度、完善工会、劳动保障、工资集体协商等制度，为企业重大经营战略调整提供周密细致的非诉法律服务。

(2)巾帼志愿法律援助活动

莱山区法律援助中心响应区妇联的号召，积极参加由区妇联主办的“巾帼志愿公益行，我为莱山添光彩”活动。莱山区法律援助中心在佳世客超市门前设置法律咨询站点，围绕《妇女权益保障法》《反家庭暴力法》《未成年人保护法》等与群众生活息息相关的热点法律为群众进行现场咨询和解答，活动共发放宣传材料一百余份，解答群众咨询10人次，解决法律问题10个。[①] 妇女在男权社会中处于弱势地位，而贫穷的妇女更是这一弱势群体里的弱者。因此，妇女法律援助制度就成为体现法之正义精神的妇女利益诉求协调机制和妇女权益保障机制。[②]

(3)刑事法律援助志愿团

为进一步加强律师参与法律援助工作，提高刑事法律援助案件的办案质量，铜陵市召开“刑事法律援助律师志愿团”成立大会，33名律师在会上郑重宣誓，正式成为志愿团成员。例如，高校开展法律援助是当前法律援助工作的重要组成部分，高校法律援助是实现卓越法律人才培养的重要途径、实现了法学教育与法律援助的两项职能、达到教育与社会效益双重目的，有利于培养“双师型”教师与“应用型”学生。[③] 与此同时，该市还制定了刑事案件法律援助志愿团管理办法。成立刑事法律援助志愿团，是铜陵市律师发挥专业优势、服务大局、服务社会、勇于承担社会责任的重要休现；通过专业化团队建设，维护刑事诉讼当事人的合法权益，促进司法公正，维护和保障人权，彰显律师队伍的公益意识和奉献精神。该律师团的主要工作职责包括为刑事案件被害人、犯罪嫌疑人、被告人提供法律咨询；接受市法律援助中心指派，为刑事案件被害人、犯罪嫌疑人、被告人提供辩护或代理；参与市法律援助中心组织的疑难刑事法律援助案件的研讨；参与刑事法律援助理论研究和典型案例撰写；参与市法律援助中心就刑事法律援助工作组织开展的调研、宣传、表彰、规范文件制定等活动。

此外，还有监狱法律援助志愿团模式。为进一步健全完善监狱法律援助工作机制，上海首支监狱法律援助律师志愿团在长宁区法律援助中心成立。

---

① 《莱山区法援中心参加巾帼志愿公益行活动》，载 http://www.ytsf.gov.cn/system/2017/06/20/010417980.shtml，2018年8月21日访问。

② 韩荣和：《中国妇女法律援助的模式选择》，载《妇女研究论丛》2009年第3期。

③ 余妙宏：《校政所合作，助推高校法律援助工作新发展》，载《浙江万里学院学报》2017年第2期。

（二）借鉴与评析

从目前司法改革的推进来看，各地基层公共法律援助制度和模式都在进行地方探索，取得了一定的成效，但是，也存在一些共性的基层公共法律援助问题。[①] 例如，服务质量的具体问题表现在值班人员窗口服务经验不足，未能给来访人提供直接、准确的指引；刑事案件会见笔录比较简单；辩护意见不够准确、不够全面；庭审辩护效果不佳；民事案件主要依据受援人提供的证据材料，较少主动调查取证等。再如，法律援助制度本身的立法缺陷以及主体力量不足，以及法律援助职业发展激励和评估机制不足。另外，这种地方探索的方法，也导致了缺乏系统规范的基层公共法律援助案件质量评估标准。它的效果需要诸多综合因素进行判断和衡量，而且对法律援助案件质量评估需要公、检、法、司多机构多部门的配合协作，虽然司法部在2012年公布实施了《办理法律援助案件程序规定》，但也仅是对案件办理程序进行规定，对案件质量的评估尚没有统一的规范。

三、样本与问题：基层法律援助温江模式的实证分析

当前的司法改革是一个渐进发展的具体过程，是个别层次意义上方法论的体现。顶层设计强调改革的系统性和全局性，而地方性的试点注重探索性和实践性。[②] 具体来看，构建覆盖城乡、惠及全民的公共法律服务体系，是党的十八届四中全会提出的重要任务，也是全面深化改革、全面推进依法治国的重要内容。温江区司法局以满足社会需求为导向，联合西南财经大学，共同研发“法治温江”大数据检索和可视化两个平台，开启数据化时代公共法律服务2.0时代，不断加强覆盖城乡居民的基层公共法律服务体系建设。[③]

（一）温江模式的核心内容

第一，面向基层的公共法律服务“三级平台”。[④] 温江区司法局紧紧围绕“覆盖城乡、功能完善、便捷高效、群众满意”的目标要求，构建了“公共法律服务区—镇（街）—村（社区）”三级实体平台。具体来说，在城区，建成了区公共法律服务中心；在镇街，建立了2处司法行政公共法律服务中心和10个法律服务窗口；在村（社区），设立了116个法律之家。

---

① Peter H. Solomon, Jr. and Todd S. Foglesong, Courts and *Transition in Russia-The Challenge of Judicial Reform*, Colorado: Westview Press, 2000, p. 170.

② 杨继文：《论刑事司法改革方法论体系》，载《东方法学》2016年第5期。

③ 《“法治温江”大数据平台为新时代基层公共法律服务体系建设添色加力》，载温江网，http://www.wenjiang.gov.cn/wjzzw/bmdt/2018-06/22/content_0e7e5d69436e432588b2a1c7a6f66a09.shtml。

④ 《温江区司法局探索构建公共法律服务“三级六化五服务”体系》，载温江网，http://www.scsnsf.gov.cn/html/news/tszs/2017-11/2479.html，2018年8月25日访问。

例如，温江区围绕"产业"与"商户（村民）"两个法治服务重点，加快推进以天星村为原点辐射整个北部花木产业片区的法治文化建设。寿安镇天星村位于温江北部生态片区花木产业聚集中心区。近年温江区以园林景观文化为核心打造了首个植物编艺公园，为突出市场化发展，推进法治文化产品市场培育，温江区结合区域"川派盆景的发源地""编艺之乡"的特色，引导编艺大师，通过编艺手法塑造形态各异的法治植物小品，并于法律之家花园集中展示。

温江区坚持以"建"为基础，以"用"为核心的要求，灵活设置法律服务窗口、花木行业调解室、法律援助联系点等微型平台，使群众在家门口就能看得见法治文化、享受到法律服务、感受到法治熏陶。同时，整合调动基层组织、网格管理员、村两委等村委会力量，驻村律师、人民调解员、花木行业协会等专业力量，群众自治组织、志愿者等社会力量，共同参与法治宣传教育、法律需求收集、免费释法解惑、矛盾纠纷化解等工作，形成以共治推动法治、以法治保障共治的基层治理新格局。

通过天星村法律之家的建设加强青少年、进城务工人员以及广大村民的普法宣传力度，做到人人知法、守法、懂法，努力形成人们不愿违法、不能违法、不敢违法的法治环境，整合生态片区的律师资源，贴近群众和实际，及时收集并制定出群众日常需要的合同范本。同时采取法律援助律师接待日的方式，既能与群众双向互动、解答群众的法律问题，又能以法律顾问的身份为当地村委会提供法律服务，提高驻村法律顾问服务的针对性和便利性。

温江区聚焦花木营销领域矛盾纠纷，通过与花木协会、规模种植户、村人民调解委员会合作，掌握纠纷调处难点，成立寿安镇花木纠纷人民调解委员会，重点发布片区花木行业纠纷调解花木品种年度参考价格，增强调解员对纠纷标的额把控，改变因行业行情信息不对称导致协议履行率低的情况。

通过实地调研发现，寿安镇花木企业在花木营销的过程中，因合同不履行、争抢生意等问题引发了很多矛盾纠纷，绝大多数纠纷由于调解员对花木行业瞬息变化的行情不能及时掌控，也没有具体的参照标准，导致在花木纠纷调解上时有曲折反复的情况，因此，温江在建设天星村法律之家的基础上事融入"五子说事"文化（"院坝子、茶铺子、菜摊子、酒馆子、幺店子"），打造温江首个由花木行业协会人员、法律援助律师、基层调解员组成的花木营销行业纠纷调解室。同时，依据花木行业协会的产业行业标准（主要为花木行业规范标准及花木指导价格（根据不同时期的花木行情及时更新)，制定寿安镇生态片区花木营销行业纠纷调解花木价值参考标准(根据实际情况实时更新)，真正做到有制度，有标准，有操作性，充分发挥基层调解组织作用。

“温江花木交易的风俗习惯基本都是在茶馆里成交的。”茶馆文化是温江花木交易的传统风俗，基于辖区80%花木买卖成交信息出自茶馆的特点，温江区用“一茶泯恩怨”的理念，将盖碗茶的特色文化融入法律服务中，将法律之家变成喝茶聊天谈事的地方，使法律服务更接地气，让矛盾纠纷的调处得以在熟悉环境中得到快速解决。

第二，基层公共法律服务的“五大工程”。一是构建基层公共法律服务宣传工程。先后打造出温江法治文化主题公园、“星期八小镇”法治体验馆等名片项目和20余个优质法治宣传教育基地。编排了话剧《毒殇》、川剧《铡美案》等大型普法剧目，组织开展“法治大讲堂进校园”活动等。二是实施基层公共法律援助济民工程。以区法律援助中心为支撑，10个镇街工作站及工青妇残、民宗、看守所、人武部等12个部门工作站为基础，以114个村(社区)联络点为终端，建立起“半小时法律援助服务圈”。三是开展基层法律援助律师服务惠民工程。建立法律援助专家库，顾问律师覆盖全区114个村(居)委会，建立“企业法律体检”制度，建立重大事件专项法律顾问服务制度。

例如，温江司法局组建“温江法律学院”。由区法学会牵头，区司法局具体实施与西南财经大学法学院在温江区公共法律服务中心共建“温江法律学院”。江学会旨在承担全区法律“智库”建设，不断充实全区法律人才储备，优化基层法律人才，提升全区依法治区水平。同时在温江区法院、检察院、司法局建立社会实践基地，让法学教师、学生在实践中感受社会主义民主法治建设进程，实现法律实务与法学理论教学研究的紧密结合。

再如，温江区发挥驻村法律援助律师的作用，做好换届选举“宣传员”。在村(社区)换届选举前期，指导全区驻村律师开展村(社区)换届选举“法治大讲堂”专项普法行动。驻村律师深入村(社区)集中时间开展《宪法》《村民委员会组织法》等法律法规宣传400余场次，为换届选举营造了良好的法治环境。发挥驻村律师基层法律顾问的积极作用，协助基层党委政府和自治组织完善换届选举规范性文件，并参与指导换届选举工作，当好政策参谋和法律助手，参与选举程序审查10次，提出法律建议20余条。

四是创新基层人民调解和民工程。推进以村(社区)人民调解委员会为主体，专业性、行业性人民调解委员会为“两翼”的调解组织建设。建成“秀云工作室”等一批个性化柔性调解工作室，发挥法律援助律师的专业知识，打造“红柳聊吧”“五子说事”等群众议事平台，建立覆盖全区的“百会千点万人”论理说事新机制。

> 例如，温江区发挥驻村援助律师的作用，做好矛盾纠纷“调解员”。利用驻村律师贴近群众、熟悉民情的优势，开展矛盾纠纷排摸，特别对因选举程序、选民资格、选举方式等引发的矛盾纠纷隐患，排查一起、化解一起。对可能引发群体性事件或影响换届选举正常进行的重大矛盾纠纷、突发事件，做好疏导、调处工作，力争调处一件，和谐一片。截至目前，共调处各类矛盾纠纷405件，调处成功397件，成功率98%。
>
> 再如，温江区探索刑释人员柔性化安置帮教新模式。一是打造“中途之家”，做强安置主载体。依托区内企业黄大姐服务有限公司，打造占地12,000余平米，集食宿、教育、培训、救助等功能为一体的安置帮教基地，建立重归社会的“中途之家”；通过政府购买服务，从企业选聘基地管理团队，确保基地有序运转；畅通基地与监所信息沟通渠道，在温江籍服刑犯相对集中的监所动态发布就业岗位需求，组织开展入监招聘，实现社会化帮扶与出监教育无缝对接。二是建构“资源洼地”，提供个性化帮扶。民政、劳动、工商、税务等部门在基地开设就业保障、营业登记、社会救济等绿色通道，上门提供高效政务服务；组织花卉园艺、市政服务等行业协会以及爱心人士和企业，在基地内开展职业培训、创业指导、心理健康咨询等针对性服务，2015年以来已有79人取得安全操作、园林绿化、家政保洁等从业资质，379人走上工作岗位，13人实现成功创业。三是广播“善心善行”，夯实情感主支撑。依托56个社区的“430学校”，由区司法行政系统党员志愿者对安帮对象未成年子女进行课业辅导和情感关怀；联系高校志愿者开展“阳光夏令营”活动9次，丰富安帮对象子女假期生活；常态化开展安帮对象家庭大走访，为特困对象家庭落实低保、协调解决子女入学等困难和问题，避免刑释人员及其家庭陷入情感孤岛。

第三，基层公共法律服务的质效管控机制。一是强化公共法律服务的质量监管。推行岗位责任、服务承诺、首问负责、限时办结、服务公开工作制度，积极开展案卷质量评查、建立执业诚信档案、质量跟踪查检等工作，规范公共法律服务机构和人员行为，确保公共法律服务质量。二是狠抓法律援助服务队伍的教育培训。深入开展党的群众路线教育实践活动，引导法律援助服务人员增强责任意识、法治意识、做到守纪律讲规矩，自觉践行法治。持续开展职业道德教育，对发现的问题，提出批评、及时整改。每年定期举办各类培训班，讲解业务知识，提高业务水平。

> 例如，温江区通过以下三个方面措施完成公共法律援助服务满意度测评基础工作。一是分类施教，在扩大覆盖面上下工夫。根据不同地域、行业和对象的特点，分别开展“法润温江”新市民培育、“法促产业”专项普法、“互联网＋法治宣传”行动，推动法治城市创建进程，不断扩大法治宣传覆盖面，截至目前共开展法治宣传52场次，接受法律咨询800人次，受教育群众达30,000人次。二是创新形式，在提升服务知晓率上下工夫。在全区居民集中安置点、群众聚居地、集市、交通要道等醒目位置悬挂法律服务进村（社区）便民联系牌，向群众公示驻村（社区）法律服务相关信息，方便群众寻求法律帮助。同时，积极利用网络、广播、手机平台等现代传媒及板报、橱窗、广告灯箱等形式，提升群众对法律服务知晓率。三是贴近法律援助服务，在提升群众满意度上下工夫。统一印制驻村（社区）律师联系卡及与群众生产生活密切相关的法律法规、法律援助、公证知识等法制宣传资料3000份，由局领导带队、科室包片、司法所和驻村（社区）律师走村入户，散发联系卡、宣传资料、解答法律咨询。

第四，基层法律援助的信息化建设。依托法律大数据、微信、微博和门户网站等互联网平台，构建和提升基层公共法律援助服务的信息化水平。建成了“温江公共法律服务大数据可视化平台”，以“12348和82781148”为核心的热线咨询系统、以“温江法援”QQ群和QQ视频为核心的在线服务系统、以“温江司法”官方微博为核心的在线业务处理系统，形成虚拟网络和实体平台相互补充、协调互动的基层公共法律服务信息化网络，为打造“半小时法律援助”基层公共法律服务圈提供信息技术支撑。其中，研发并已投入使用的“法治温江”大数据可视化平台，将基层司法法律援助等业务板块案件数据实时汇总，通过大数据分析技术，形成从个案展示到链条分析，再到综合研判的立体式数据分析结果，及时感知社会需求变化动态、精准研判社会矛盾发展态势。①

> 例如，温江区构建“技防”网络，强化精准管控。在采用手机定位监控的基础上，对该区重点社区服刑人员实施脚环定位管理，通过北斗

① 《“法治温江”大数据平台为新时代基层公共法律服务体系建设添色加力》，载温江网，http://www.wenjiang.gov.cn/wjzzw/bmdt/2018-06/22/content_0e7e5d69436e432588b2a1c7a6f66a09.shtml，2018年6月22日访问。

卫星导航系统(BDS)实施实时、动态、精准定位,搭建集人员定位、活动轨迹展现、违规预警、报警处置等功能于一体的立体式监督管理平台,实现24小时全方位监管,有效弥补以往手机定位监管出现的"人机分离、定位不准"等问题,切实筑牢社区矫正监管安全"防火墙"。

再如,温江区司法局推进"互联网+"新市民普法。一是奖励吸引扩面。利用官方微信"法韵温江"开展"口令红包""砸金蛋""拍下身边的温小法"等活动,吸引新市民参与普法,实现了手机网络与普法对象的无缝对接。自奖励活动开展以来微信阅读量已突破5000人次,点赞人次达395人次。二是互动普法提质。围绕《物业管理条例》《民法总则》等法律法规,开设"微课堂""法治问答""法律知识抢答"板块,根据参与者答题正确率和时间给予奖励。以奖促学的普法方式提升了普法的质效,解决了新市民没有充足时间和足够兴趣学习法律的问题。三是按需推送增效。紧跟社会热点及新市民微信留言积赞,创作拍摄了"反家暴法·关爱儿童"和"未成年保护法"专题法治微电影2部,在"法韵温江"进行推送,点击观看人数达1600人次,点赞人数达219人次,让新市民足不出户便可以学到与生活密切相关的法律知识。

(二)温江模式建设过程中存在的问题

第一,基层法律援助体系建设缺乏统一规划。这导致区级层面公共法律服务还显零散、体系性不强,使散落分布的公共法律服务工作,无论是实体依托、工作内容、人员配备、服务流程、保障力度,还是不同层级的区域分布、服务半径、服务监管等,还缺乏统一部署和标准规范。

第二,基层法律援助平台建设滞后。一是实体平台建设不均衡。区、镇街实体平台基础设施完备,软硬件配置齐全,在公共法律服务供给中起到主阵地作用,但村(社区)实体平台规范化、标准化难度较大,作用发挥也较为单一,甚至出现不同程度地闲置空转。二是信息化平台功能缺失。温江区司法局维护运行的公共法律服务信息化平台,主要是微信、微博和门户网站,仅能提供法律咨询、法治宣传、办事指南等基本服务,且与群众互动渠道分散,尚未形成公共法律服务资源聚集优势,群众关注度和使用频率不高。

第三,基层法律援助保障措施有待加强。基层公共法律服务的保障力度相比公共卫生、公共交通等稍显不足,特别是在政策保障和经费保障方面显得比较突出,财政整体保障水平仍然较低。同时,通过社会购买方式的法律服务事项难以找到合适的社会组织承接。

第四,基层法律援助队伍专业化程度不高。区、镇(街道)两级公共法律服务平台人员综合素质参差不齐，在解决群众法律诉求时有不及时、不专业的现象，公共法律服务的公信力受到质疑，社会认可度也大打折扣。

第五，基层法律援助服务产品“公益有余、供给不足”。律师是法律服务的重要组成部分，是法治建设的主力军，但温江区律师数量与其他城区相比，呈现总量不足问题。且温江区目前没有司法鉴定机构，公证员奇缺，法律服务行业从业人员总量不足，是公共法律援助服务总量供给不足的主要因素。特别在每个村（社区）建立法律服务工作室后，工作室办公场所要与村（居）委会合署解决，而相关法律服务主要靠驻村法律援助律师电话值班和不定期坐班提供。基层公共法律援助服务资源投入不足、要素保障不够、服务人群少、服务产品更新慢、服务提供主体与社会公众互动少等原因导致服务产品整体供给不足。

第六，基层法律援助服务质量评估体系缺失。质量是公共服务的生命线，保持优质高效的服务质量是公共法律服务良性发展的内生动力。温江区尚未制定一项完整意义的公共法律援助服务质量评估体系，近年来出台的有关公共法律服务制度也仅针对具体服务项目，如《成都市温江区关于建设村（社区）法律服务工作室的实施意见》《成都市温江区关于加强“一村（社区）一律师”工作的实施意见》。总体来看，温江区在公共法律服务，尤其是基层农村公共法律援助服务领域的制度不少，但缺乏纲领性、系统性的评估标准，导致服务质量参差不齐，影响了基层公共法律服务的社会公信力、群众认可度。

四、改进与提升：基层法律援助制度的完善进路

构建覆盖城乡的基层公共法律服务体系，必须针对法律援助改革过程中的薄弱环节和工作盲区，按照政府主导、社会参与、布局合理、运行有效、惠及全民的原则，有计划、有步骤加以推进，实现好、维护好、发展好基层人民群众的基本权益。

（一）明确基层公共法律服务体系的总体设计

一要明确思路。要统筹基层法律服务行业协调发展，以保障基层群众法律服务权益为根本目标，以构建政府与社会的互动体系、加强农村和社区公共法律服务建设、积极构建覆盖城乡的基层公共法律服务体系。二要制定规划。抓紧研究制定基层公共法律服务体系中长期建设规划，明确构建思路、发展目标、阶段性任务以及保障措施等，通过顶层设计，推动科学有序发展。三要尽快将构建基层公共法律服务体系纳入地方经济社会发展总体规划，与经济社会发展一同研究部署、一同组织实施、一同督促检查。四要探索基层公共法律服务体系建设的地方立法。

（二）加快基层法律援助的线上、线下平台建设

基层公共法律援助服务体系建设，要以实地与虚拟两大平台线上线下融合

互动为业务支撑，分层次制定可按需扩展的公共法律服务基本产品清单，形成相对统一各具特色的“n + X”产品体系，研究制定公共法律服务质量监督和评价体系。在技术革新中不断迭代发展，在用户反馈后持续自我完善，努力重构公共法律服务体系，以“让用户通过网络得到更好的法律服务体验”为核心，提高公共法律服务效率，提升群众满意度和获得感。① 具体来看，一是加强实体平台建设。建立街区、镇街、村社三级公共法律服务平台，采取窗口化、综合性、一站式服务模式。二是加强热线平台建设。建立起全区的“12348”法律服务协调指挥中心。三是加快网络平台建设。充分运用四川省司法行政综合业务系统和四川省公共法律服务系统两个网络平台，加快构建温江区“法治温江大数据可视化平台”和“温江区公共法律服务便民查询平台”建设。四是完善服务产品体系。按照司法部《关于推进公共法律服务体系建设的意见》的界定，法治宣传、人民调解、公证服务、律师服务、法律援助、司法鉴定、司法考试等法律服务事项具有典型的公共属性，但从司法行政职能配置上看，上述事项中，前五类属于自上而下均能调配的行业资源。因此，建议将法治宣传、人民调解、公证服务、律师服务、法律援助作为基本公共法律服务产品，各级和各地按照区域内法律服务资源，将司法鉴定、司法考试和其他法律服务事项作为扩展产品，形成四川省“5 + X”公共法律服务产品体系。五是规范实体平台建设。一方面科学规划实体平台建设层级。建议区县及以上设公共法律服务中心，按需求分布设立片区分中心或园区分中心，各村(社区)综合功能体植入公共法律服务窗口。另一方面合理布局公共法律服务中心功能。按照靠前服务群众、缩短办事距离、提高服务效率的要求，建议区县以上中心把“前台后厂”作为功能布局标准，即在接待大厅设立法律援助、人民调解、公证服务、法律咨询、综合接待作为基本服务窗口，后台工作区按照业务进行办公区域划分，应当包含公证业务室、当事人会见室、纠纷调解室、档案资料室、行政办公室。各村(社区)综合功能体公共法律服务窗口提供法律援助、人民调解、公证服务宣传导引和法律宣传咨询服务。六是统一外观形象标识。建议统一为公共法律服务中心，冠以行政区划名称；区县以下各片区、园区称公共法律服务分中心，冠以驻地镇街名或园区名，不冠行政区划名称。外观上，统一标识标牌样式，建议按照蓝色背景白色元素为基本识别底板，统一使用司法行政徽章、统一字体样式、统一门厅室桌牌模板；各类指示牌抬头统一为“中国司法”，司法行政徽章居中，抬头之下为各机构、部门或科室名称，体现司法行政系统上下统一的庄重形象。

---

① 上海市闵行区司法局课题组：《关于建立“互联网 + 公共法律服务”体系的实践研究》，载《中国司法》2016 年第 12 期。

表1　温江区司法局公共法律服务产品清单

序号	业务板块	产品名称	产品描述
1	律师服务	服务机构查询	利用信息化平台，公示区属律师事务所、基层法律服务所及其他法律服务机构基本信息。
		从业人员查询	利用信息化平台，公示区属法律服务机构从业人员基本信息及其执业记录。
		法律咨询解答	为来访群众提供法律咨询解答服务，引导选择适当的维权途径。
		常用合同范本自助打印	为群众提供房屋租赁、借贷担保、婚姻家庭、加工承揽购销转让等常用格式合同范本。
		常用法律文书草拟指引	为群众草拟常见法律文书给予指引，对其中涉及法律法规予以释明。
2	人民调解	咨询受理	为群众提供调解咨询及受理调解申请。
		业务培训	分类别建立调解案例库及调解专家库，供群众和社会组织点选，开展培训活动。
		组织指导	全区人民调解组织审批工作。指导区内各类主体按需设立人民调解组织。
		纠纷预警	全区民间矛盾纠纷调解工作数据汇总分析和通报。 受托对需求的各类主体内部矛盾纠纷进行研判，指导做好纠纷排查制度建设。
3	法治宣传	普法讲师服务	建立普法讲师库，供企事业单位、社会组织选择普法讲师，开展各类普法宣传教育活动。
		法治文化阵地索引	综合展示全区法治文化阵地，方便群众自由选择参观学习。
		法治图书馆	提供宪法、合同法、劳动争议法等法律书籍及法律案例书籍，供群众在线阅读或现场借阅。
		普法文艺节目库	集成全区的法治文艺节目，供全区企事业单位或社会组织选择使用或在线观看。
		普法“两微一端”	通过微信微博和客户端，制作传播法治，群众可以便捷获得法律知识。

续表

序号	业务板块	产品名称	产品描述
4	法律援助	法律援助综合服务	为群众提供法律援助申请受理、审批、指派服务。
		法律援助代书服务	为符合法律援助条件的群众提供与法律援助事项相关的代书服务。
		民事法律援助	为符合法律援助条件的群众提供民事法律援助诉讼案件承办服务。
		刑事法律援助	为符合法律援助条件的犯罪嫌疑人、被告人提供刑事法律援助承办服务。
		公证法律援助	为符合法律援助条件的群众提供公证法律服务。
		司鉴法律援助	为符合法律援助条件的群众提供司法鉴定服务。
		他项法律援助	为符合法律援助条件的群众提供诉讼事务以外的,纠纷调解、心理干预、法律意见等非讼服务。
5	公证服务	公证综合服务	公证咨询解答、申请指引。
		法律行为证明	证明公民、法人设立、变更、终止法律上的权利、义务关系的行为。
		法律事实证明	证明法律行为以外的,对权利义务关系的设立、变更、终止有一定法律影响的一切客观事实。
		法律文书证明	证明法律上具有特定意义或作用的各种文件、证书、文字材料客观真实性。
		债权文书赋权	对无疑义的追偿债款、物品的文书,赋予强制执行效力。
		保全证据	对可能灭失或以后难以取得的证据,依法采取措施,对证据先行收集和固定,以保持其客观真实性和证明力。
		公证提存	提存标的物。
		代写有关文书	代写与公证事项有关的法律事务文书。
		其他登记事项	法律、行政法规规定由公证机构登记的事务。
6	安置帮教	就业培训	为刑满释放人员提供就业咨询与技能培训。
		创业指导	对刑释人员创业进行指导。
		远程探视	为在监服刑人员亲属提供远程视频探视,帮助服刑人员积极改造。
7	司法鉴定	司法鉴定咨询	为群众提供司法鉴定咨询。
		司法鉴定便民场所	满足群众人身类现场鉴定的基本需求。

续表

序号	业务板块	产品名称	产品描述
8	司法考试	区级执法人员法律职业素能提升	为区级执法部门的行政执法人员提供法律职业素能提升服务。
9	风险预防	法律风险扫描	运用大数据情报挖掘技术，从各类裁判文书、失信人名单等公开征信数据中查询目标对象的综合实力和信用水平，从知识产权类大数据中，挖掘即将启动的产品研发计划是否有与他项专利冲突，避免侵权风险。

（三）落实基层法律援助保障机制

从温江区司法局的地方探索来看，公共法律援助制度改革需要相关主管部门出面进行经济方面和专业方面的支持和保障。律师作为法律援助最基本的力量，做了大量的公益援助。由于律师的收入一般都来自办案，而目前我们国家在律师提供法律援助方面的投入不够，律师提供法律援助就意味着要他要牺牲个人收入。同时，法律援助的质量和水平直接关系到当事人的合法权益，也直接关系到实现公平正义，这又恰恰是律师和当事人共同追求的终极目标。因此，如果国家对法律援助有更多的投入，这样就可以使律师有更高的积极性，用更多的时间和精力去参与，并且这也有利于相关部门做更多法律援助方面的技能培训，以提高参加援助律师的执业水平和服务质量。例如，为了加强法律援助质量管理，荷兰法律援助委员会组织制定了《最佳实践指南》，作为办理法律援助案件的质量标准供律师参考。法律援助委员会成立了一个专门的研究机构，由相关法律专家和学者组成，负责编写法律援助评估年报、清理法律援助委员会债务、发布报告等。[①] 具体来看，需要在秉持法律援助乃国家责任之立场的同时，充分引入非政府的行动力量，以社会机构、社会资金、社会律师和社会评价作为“政府扶持模式”之基础，利用社会向度之上刑事法律援助的竞争效应，激活刑事法律援助的竞争生态。[②] 一是积极推动在地方政府购买公共服务经费中设立基层公共法律服务专项经费，扶持和促进基层公共法律服务体系均衡发展。二是大胆引入市场化运作机制，鼓励社会组织和市场主体积极履行社会责任，广泛筹集基层公共法律服务体系建设资金。三是利用报刊、电台、电视台、互联网等现代传媒广泛宣传基层公共法律服务的意义和作用，鼓励、引导和吸引社会各界为公共法律

① 刘帅克：《法国、荷兰法律援助制度改革情况及启示》，载《中国司法》2014 年第 11 期。

② 谢澍：《刑事法律援助之社会向度——从“政府主导”转向“政府扶持”》，载《环球法律评论》2016 年第 2 期。

服务提供捐助,吸纳社会资金参与公共法律服务。

(四)培养基层公共法律服务体系的人才队伍

建议加快推进公职律师队伍建设,联合财政、人社等部门出台公共法律服务社会工作者聘请等政策,为各地建立专兼结合的公共法律服务力量创造条件,实现区县以上中心按照“1+2”(1个窗口接待人员配备2名后台支持人员)模式配备工作人员,片区分中心至少3名工作人员(1名公证员、1名法律援助工作人员、1名综合接待人员兼公证员助理)。具体来看,一是加强基层公共法律服务人才的引进。二是发展基层公共法律服务志愿者队伍,通过与西南财经大学法学院等高校共建实习基地,招募、培养志愿者参与基层公共法律服务活动。三是落实待遇。对专职基层公共法律服务人员,应按规定落实待遇报酬,倡导律师的职业伦理,建立人权律师制度。[①] 四是加强职业培训和合理规划职业发展,提升基层公共法律服务队伍素质。五是加强法律援助服务志愿者队伍建设。法律服务志愿者是指不为物质报酬,基于良知、信念和责任,利用自身所具备的专业知识和能力,自愿为社会和他人提供免费法律服务和帮助的人。建立壮大包括律师、法律院校师生、离退休法律从业者及其其他具备法律知识和工作技能的志愿者队伍,鼓励引导社会力量参与法律援助、法治宣传、人民调解等公共法律服务,发展壮大法律服务志愿者队伍,完善法律服务志愿者队伍的管理制度和服务方式,实现公共法律服务提供主体和提供方式的多元化。

(五)关注和重视基层欠发达地区的法律援助

虽然司法行政机关已经制定了一系列扶持举措,关键是要将它们落实下去,真正让需要法律帮助的人,尤其是在基层和欠发达地区的需要法律援助的人得到帮助。需要进一步发挥法律援助在扶贫中的作用,推进对贫困地区和农民工、残疾人等特殊群体的法律援助力度。根据司法部的部署,法律援助将重点向基层和欠发达地区倾斜,采取聘任制和律师志愿者参与等形式,解决基层及边远地区法律援助人员短缺,将损害赔偿、婚姻家庭、劳动保障等纳入了法律援助补充事项范围。

(六)健全基层法律援助管控体系

法律援助案件质量评估业已成为提升法律援助质量、推动政府法律援助监管工作的核心手段和重要工具。[②] 具体来说,一是建立健全公共法律服务体系标准体系。建议出台全省乃至全国的公共法律服务实体平台建设指导标准、服务规程标准,明确各类别公共法律服务场所和产品的建设标准、服务标准、评估

① 贺海仁:《法律援助:政府责任与律师义务》,载《环球法律评论》2005年第6期。

② 郝静、杨永志:《构建法律援助案件质量评估体系之实证检视与对策研究——以H省法律援助案件质量评估试点为样本》,载《西部法学评论》2015年第6期。

标准。二是强化公共法律服务质量监管，建立科学合理的公共法律服务需求调查、工作反馈、服务测评、质量评估和失信惩戒机制，推行岗位责任、服务承诺、首问负责、限时办结、服务公开等工作制度，进行个案跟踪问效，确保服务产品质量。三是建立完善第三方评审机制，促进政府购买律师服务参与公共法律服务体系建设的长期健康发展。

An Empirical Study on the Reform of Grassroots Legal Aid

—Take the Local Exploration of WenJiang Department of Justice as an Example

Peng Shizhong　Yang Jiwen

Abstract: In the course of the current judicial reform, it is necessary to emphasize the system reform in the public legal service. Deepening judicial reform has put forward new requirements for our grassroots legal aid. The comparative analysis of the basic legal aid model and system in other parts of China can be used for reference, which is embodied in the model of community legal aid and the model of court volunteers. Specific different legal aid must be targeted, in the form of the "1 + 1 + N" model, the voluntary prison legal aid group, the voluntary criminal legal aid group, and the voluntary prison legal aid group model. Through the empirical analysis of the local exploration of WenJiang Department of Justice in Chengdu, it can be concluded that the main problems of legal aid at the grassroots level. There are some lack of unified planning for the construction of the legal aid system at the grassroots level, lagging behind in the construction of the service platform, safeguards to be strengthened, the degree of specialization of the team, the "public welfare and insufficient supply" of service products, and the evaluation of the quality of service problems such as the lack of a system. Finally, the improvement of the legal aid system at the grassroots level in China needs to clarify the overall design of the public legal service system. It will be speed up the construction of online and offline platforms for grassroots public legal aid services and implementation of the mechanism for guaranteeing legal aid services at the grass-roots level. It should be training of personnel in the public legal service system at the grass-roots level. And it should be payed attention to public legal aid services in underdeveloped areas at the grass-roots level. It will improve the system for controlling services for public legal aid at the grassroots level.

Key words: deepening judicial reform　legal aid　legal services　specialized construction

基于权利构造的再审程序改革

▌宗　来*

[内容摘要]　随着法学的发展以及现代法治的发展需要,有必要对于权利实现的过程予以三阶构的理论划分——“客观法(权利)”向“主观权利”的涵摄以及“主观权利”再向“裁判权利”的适用。但是,在如是精巧的权利生成结构的实际运作过程中,难免会发生错误与偏差。因而,再审程序的主要职能就是对于这种权利层次间的不当映射或是失衡关系依法纠错,进而实现权利的救济。据此,再审的本体应当是实体性的形成权;其程序本身实质上是规范权利人行使并实现其再审形成权的一项独立的民事诉讼制度。本文立足于这一理论构造,进而体系化推演了诸如再审的程序构造、诉讼标的、裁判性质及其既判力问题以及再审发回重审程序的定性等理论与实务上的热点问题。

[关键词]　再审程序　权利阶层　形成之诉　程序构造　重审程序

* 宗来,上海市高级人民法院审判员、华东政法大学博士研究生。

一、再审程序的权利本体

我国的审判监督程序是指人民法院对已经发生法律效力的终局裁判，依法进行再次审理的诉讼程序。审判实务界以及学界一般亦将之称作再审程序。因此，再审程序具有复审的性质，再审诉讼与前诉之原审程序就审判的对象而言具有同一性。据此，对于再审本体的检讨，就方法论而言可以做反向的思考，即从确有不当的前诉裁判作用于当事人合法权益的具体样态出发进行具体的考察。

（一）权利实现过程的法理建构——“客观法”、“主观权利”与“裁判权利”的阶层结构①

大陆法系一直有将权利作“客观法（权利）”与“主观权利”二分法的传统。②所谓“客观法”，是指法律规则本身，而“主观权利”是指客观法为了保护权利主体而向其赋予的意志权，能够为“客观法”所涵摄或规定，并拥有不同的法效。③因此，相较于“主观权利”，“客观法”处于更为基础层面的权利位阶，该层面的权利体系通过相应的法律规范条文赋予了一定情景条件假设下民法上抽象人格以权利义务之关系，比如请求权基础。而构建在“客观法”之上的权利层次“主观权利”通过特定的案例事实涵摄于“客观法”后获得了具体的案件当事人所享有的特定的权利义务关系，比如某债权人甲基于债之关系，得向某债务人乙请求特定之给付的债权请求权。因此，连结上述权利层次间的“桥梁”便是以涵摄为核心的法律适用过程。若以逻辑三段论表述之，即首先以“客观法”为大前提；其次以特定案件事实为小前提；最后得出具体案件当事人间的“主观权利”为之结论。④

随着法学的发展，程序法渐渐从实体法体系中分离出来并自成独立的体系。⑤ 权利的有效性已经不再是潘德克顿法学派时代所确立的从“客观法”向“主观权利”单向的涵摄过程。案件的当事人通过“依法组织起来的司法程序”取得的诉讼权利有时也会得到法律实效性之保障，⑥并进而在利害关系人之间

---

① 参见［日］中村宗雄：《我的裁判理论》，载［日］中村宗雄、中村英郎著：《诉讼法学方法论——中村民事诉讼理论精要》，陈刚、段文波译，中国法制出版社2009年版，第63页。

② ［德］迪特尔·梅迪库斯著：《德国民法总论》，邵建东译，法律出版社2001年版，边码61。

③ ［美］约翰·亨利·梅利曼著：《大陆法系》（第二版），顾培东等译，法律出版社2004年版，第74页及以下；于雯雯：《论“客观法”与“主观权利”的划分对大陆法系民法典的影响》，载《研究生法学》2007年第2期，第60页。

④ 王泽鉴著：《法律思维与民法实例》，中国政法大学出版社2001年版，第200、201页。

⑤ ［德］罗森贝克等著：《德国民事诉讼法》（下），李大雪译，中国法制出版社2007年版，第1153页；张卫平著：《民事诉讼：关键词展开》，中国人民大学出版社2005年版，第304～308页。

⑥ ［德］齐佩利乌斯著：《法学方法论》，金振豹译，法律出版社2009年版，第2、9、116页。

建立相应的实体法秩序。例如,对那些缺乏必要法律规定的案件进行裁判时,法院往往需要对法律加以补充或续造。然而,司法活动的功能并不仅仅局限于个案的解决,因为"同等对待原则和法律的安定性原则"要求法院将上述个案创新或校正的结果也同样适用于同一类型的其他案件。通过这种方式,上述法院个案裁判的效力就会超越个案而日渐成为具有实效性和约束力的"法官法"。[①] 因此,在"客观法"与"主观权利"之外,我们确有必要在法律的实效层面[②]上再行设置一种权利层次——"裁判权利"以回应上述通过司法实践而为当事人创设的"终端"权利关系。就其位阶而言,由于"裁判权利"本质上是法院司法能动实践的结果,因此,其应当是较"主观权利"更为上位的权利实效层面。就其与其他权利层次间的关系而言,一般情况下,较上位层次的权利应当严格与之较下位层次的权利保持一致且这种"向心力"应当是单向的,即"裁判权利"应当与"主观权利"保持一致,"主观权利"应当与"客观法"保持一致。但是,诚如上述,只有在确有必要且有充分法理论证的情况下,法院才可借助法律续造等法学方法使个案的"裁判权利"获得超越其下位"主观权利"的权威与效力,[③]并进而通过取得法律共同体间法确信后,进一步产生取代或校正"客观法"的"造法"效果。[④]

然而,除了上述尚在合理范畴内的上位权利偏离下位权利的例外情形以外,我们也无法回避其他偏离可能性存在的现实:首先,处于"裁判权利"层面上的"受保障的权利"中大多是法院自觉或是无奈的一种"试错"的过程,[⑤]因此其本身就存在一定与社会现实需要脱节或司法进程不相适应的"错判"风险;其次,在极少数情况下,由于诉讼程序存在重大瑕疵或作为判决基础的资料存在异常缺陷等情况,个案存在错判也确有可能。而如此种种的因错判产生的"裁判权利"却由于生效裁判效力的遮断而在形式上获得了国家法制的保障。[⑥] 这种权利层次之间的不当偏差便是再审制度形成的逻辑起点与制度根据。

(二)前诉生效裁判对当事人权利关系的影响

正如上文所述,如何消除前诉生效裁判对于案件当事人所享有的权利在"客观法"、"主观权利"与"裁判权利"三种权利层次间的不当偏差便是再审程序核心的制度功能,而探究形成当事人上述权利层次间不当偏差的缘由及其形态则需要我们进一步对前诉生效裁判的效力进行检讨。

---

① [德]齐佩利乌斯著:《法学方法论》,金振豹译,法律出版社 2009 年版,第 115、116 页。

② [德]齐佩利乌斯著:《法学方法论》,金振豹译,法律出版社 2009 年版,第 9 页。

③ [德]齐佩利乌斯著:《法学方法论》,金振豹译,法律出版社 2009 年版,第 115 页。

④ [德]齐佩利乌斯著:《法学方法论》,金振豹译,法律出版社 2009 年版,第 117 页。

⑤ [德]齐佩利乌斯著:《法学方法论》,金振豹译,法律出版社 2009 年版,第 120 页。

⑥ [日]新堂幸司著:《新民事诉讼法》,林剑锋译,法律出版社 2008 年版,第 665 页。

一份法院生效裁判的效力是多维与立体的,[①]但是,其中能够对案件当事人权利关系产生实质性规范与拘束的一般就是其中的既判效力。[②] 关于既判力对当事人权利作用的方式与范围,学理认识上仍存有分歧,但总体而言有下述三种主流的观点学说:

其一,以实体法层面作为立论根据,主张法院生效裁判的既判力本质上具有(实体)权利的创定力。[③] 该说认为,“确定的判决是双方当事人对作为诉讼标的的实体法权利关系追加的新的根据”。[④] 准以此言,在前诉裁判存有不当的情形下,生效裁判所创设的当事人“裁判权利”不仅会与当事人所应然享有的“客观法”产生背离,而且生效裁判凭借其既判力中的创定效力还可进一步变更当事人实体权利层面上的“主观权利”,进而逆向地与其上位的“裁判权利”相一致。若这种因法院裁判而形成的当事人“客观法”与“主观权利”、“裁判权利”间的偏差并未获得法学方法论上的合理化证成,那么上述权利落差便会“让当事人生活在一种双重的法律秩序当中”。[⑤]

其二,以诉讼法层面作为理论根据,主张既判力是诉讼制度上必然要求的拘束力,而与实体法权利关系无关。[⑥] 基于生效裁判的既判力仅是一种纯粹诉讼法上的效果,约束着法院裁判的行为与范围,因而作为其结果,也间接排除了案件当事人在后诉中提出与前诉确定裁判就诉讼标的判断相矛盾主张之可能。因此,若前诉裁判存有不当,当事人也会生活在一种“裁判权利”与其应然享有的“主观权利”与“客观法”相互之间冲突矛盾的双重法律秩序之中。

其三,以折中的立场出发。如果能够借用一条连续的线性坐标轴来描述对于该问题的各种认识,那么上述的两种理论学说无疑便是位于该坐标轴的两个终点。鉴于“终点理论”本身存在的缺陷与瑕疵,例如,“实体法说”难以回答生

---

① 生效裁判的效力一般包括:“原有效力”:既判力、执行力与形成力;“附随效力”:法定的附随力与法理的附随力;“事实效力”:波及效力与证明效力。参见[德]罗森贝克等著:《德国民事诉讼法》(下),李大雪译,中国法制出版社2007年版,第1152页;[日]新堂幸司著:《新民事诉讼法》,林剑锋译,法律出版社2008年版,第465页;张卫平著:《民事诉讼:关键词展开》,中国人民大学出版社2005年版,第304~305页。

② 既判力是“一种作为(终局)解决纠纷的正式基准,而在将来的其他诉讼中对当事人及法院产生拘束力的效力”。参见[日]新堂幸司著:《新民事诉讼法》,林剑锋译,法律出版社2008年版,第472页。

③ [德]罗森贝克等著:《德国民事诉讼法》(下),李大雪译,中国法制出版社2007年版,第1152页;张卫平著:《民事诉讼:关键词展开》,中国人民大学出版社2005年版,第304~305页。

④ [日]新堂幸司著:《新民事诉讼法》,林剑锋译,法律出版社2008年版,第472、511、513页。

⑤ [德]罗森贝克等著:《德国民事诉讼法》(下),李大雪译,中国法制出版社2007年版,第1152、1153页。

⑥ [德]罗森贝克等著:《德国民事诉讼法》(下),李大雪译,中国法制出版社2007年版,第1152~1153页;[日]新堂幸司著:《新民事诉讼法》,林剑锋译,法律出版社2008年版,第472、473页;张卫平著:《民事诉讼:关键词展开》,中国人民大学出版社2005年版,第306页。

效裁判的既判力主观范围是如何能够扩张至未能参加该诉讼程序案外第三人的理论质疑；而“诉讼法说”又因过于割裂了既判力与实体权利之间的联系，就与诸如司法是对实体法律适用等常识性判断竟产生了背离。因此，其他学说便试图在上述“端点学说”的两端之间通过一种中庸的视角来寻求更为合理的答案。综观这些折中的观点，基本上都是通过兼采实体法与诉讼法的角度来综合地把握既判力的本质。其中，较有代表性的观点有如日本学者中村宗雄所提出的综合说①与新堂幸司所提出的程序保障说。②

中村教授的观点较为靠近“实体法说”这一理论端点。中村教授主张民事诉讼本质上是将抽象的法律规范（“客观法”）转变为能够适用于案件当事人的具体的法律规范（“主观权利”）的过程，因此，通过判决所表现出来的“主观权利”因其本身的实体法性质进而使既判力获得了实体法上的效力。同时，出于民事诉讼的诉讼法性质，既判力的上述实体法效力又应当受制于程序法的规制而具有相对性的属性。根据中村教授上述对于既判力本质的界定，若前诉判决存有不当之时，就会是一种“规范抵触的问题”，③即抽象的实体规范（“客观法”）与适用于该案件的具体规范（“主观权利”）之间的偏差，而造成上述当事人权利层次间偏差的主要原因就是案件法律适用涵摄过程中发生的差错。

新堂教授的观点则更为接近“诉讼法说”这一理论端点。其主张既判力是保障当事人间纠纷的终局解决的实效性而必然会具有的一种效力。④ 新堂教授认为，让当事人不利地承受既判力效果的根据在于诉讼法之本身，即民事诉讼所赋予当事人的程序性保障。因为参与诉讼程序之中的当事人既然已经被对等地赋予了实施各种攻防手段的诉讼行为的机会与权能，那么纵使其未曾实际行使或行使不当，根据公平之理念或诚实信用之法理，也不应允许其对生效裁判之结论再行争议。尽管如此，在具体考量生效裁判之既判力范围时，还应当要注意“与实体法秩序协调之要求”，避免遭到“诉讼法独裁”之非难。⑤ 根据上述理论观点，若前诉生效裁判存有不当时，经该判决所确立的当事人“裁判权利”就会在既判力的遮断下与其下位的当事人所应然享有的“主观权利”与“客观法”相偏离，产生一种二元的法律秩序。

综上所述，当事人权利的实现历经“客观法”向“主观权利”的具体、“主观权利”再向“裁判权利”的运用的三个层面两个阶段的过程。通常情况下，当事人

---

① 张卫平著：《民事诉讼：关键词展开》，中国人民大学出版社 2005 年版，第 308 ~ 309 页。

② ［日］新堂幸司著：《新民事诉讼法》，林剑锋译，法律出版社 2008 年版，第 474 页及以下。

③ 张卫平著：《民事诉讼：关键词展开》，中国人民大学出版社 2005 年版，第 309 页。

④ ［日］新堂幸司著：《新民事诉讼法》，林剑锋译，法律出版社 2008 年版，第 496 页。

⑤ ［日］新堂幸司著：《新民事诉讼法》，林剑锋译，法律出版社 2008 年版，第 477、478 页。

不同层次间的权利应当是相互一致的。但是，一旦生效裁判存有不当，那么这种权利层次间的和谐一致的平衡状态就会在该生效裁判既判力的作用下发生偏差。鉴于学界与实务界至今未对生效裁判既判力的本质认识取得共识，但是无论是何种学说都会承认上述权利位阶上偏差的存在：若是采与“诉讼法说”相近理论观点，上述的这种偏差便会发生在“裁判权利”与其下层的应然权利之间；若是采与“实体法说”相近理论观点，上述的这种偏差便还会再更深一层，即发生在“主观权利”与应然的“客观法”层面之间。

（三）实体法上的再审权利本位——形成权

鉴于不当裁判给当事人所造成的权利层次间的错位与偏差，再审制度就应当具有一种变动权利关系的效力：通过遵循权利层次间的法理“向心力”，使经不当裁判既判力所遮蔽的“裁判权利”或是“主观权利”回复变更到与当事人所应然享有的下位的“客观法”的权利安排相一致的状态。因此，基于这种功能的定位安排，在实体法的层面上，再审权之性质就只能是一种形成权。

所谓“形成权”，系指权利主体享有法律上之权力，得依其单方的意思行为使法律关系发生变更或是消灭。[①] 该项权利盖以法律关系为客体、以单方法律行为为行使途径并无需相对人的同意即可产生变动法律关系的后果，而当属变动权的范畴。[②] 实体法上的形成权根据其行使方式的不同，一般可以区分为单纯形成权与形成诉权：[③]前者是指形成权的行使仅需依权利人单方意思表示即可，无需强制执行以及求助于法院等公权力；后者是指形成权利人必须向法院提起诉讼的方式来行使，并通过法院的判决来确定其效力的形成权。因此，鉴于再审形成权对相关利害关系方的权益影响甚巨，盖因形成权的对方仅得为法律上的拘束或者屈从的法律地位。[④] 况且，再审形成权利人又直接面对着对方实体上“裁判权利”及程序上确定判决既判力的双重障碍，因此很难通过自力救济的方式去介入或是变更既成的法律关系。因而，这种只得经过法院根据法律所要求的法定条件进行审查才得确立的形成权应当定性为一种形成诉权，即再审形成权须以裁判的方式对其行使必要的司法监控。[⑤]

---

① 参见王泽鉴：《法学上之发现》，载《民法学说与判例研究》（第四册），北京大学出版社 2009 年版，第 10 页。

② 参见郑玉波著：《民法总则》，三民书局 1979 年版，第 47 ~ 48 页；梁慧星著：《民法总论》（第三版），法律出版社 2007 年版，第 74 页。

③ 参见［德］迪特尔·梅迪库斯著：《德国民法总论》，邵建东译，法律出版社 2001 年版，第 76 页；汪渊智：《形成权理论初探》，载《中国法学》2003 年第 3 期，第 98 页。

④ B. tticher, *Gestaltungsrecht und Unterwerfung im Privatrecht*, Berlin, 1964；转引自申卫星：《形成权基本理论研究》，载《北大法律网·法学在线》，法宝引证码：CLI. A. 032862，2012 年 8 月 10 日访问。

⑤ ［德］卡尔·拉伦茨著：《德国民法通论》（上册），王晓晔等译，法律出版社 2003 年版，边码 222。

综上,再审形成权的实体法律性质应当是法定的形成诉权。相应地,行使再审形成权的再审之诉的性质即为形成之诉,使再审形成权实现的判决的性质即应为形成判决。[①] 事实上,上述理论构建是与大陆法系主要立法例与相关主流学说是相统一的。[②]

二、再审程序的诉讼法塑造

综上所述,再审程序实质上是诉讼法规范并保障再审权利人行使且充分实现其再审形成权的民事诉讼程序,因此具有独立的品格。由于再审形成权客体[③]的特殊性,即权利人另一实体权利,本案标的实体权,因受法院不当裁判曲解所导致的错误映射关系。因此,若要实现再审形成权以实现其变更本案标的实体权于表层权利镜像(裁判权利或主观权利)的不当状态,则势必首先需要击破本案原生效裁判的既判力。[④] 以便再开展法院对本案标的的争讼程序。于是,再审形成权行使程序(再审程序)的第一个阶段应当正是大陆法系再审之诉中所谓的“iudicium rescindens”阶段,[⑤]即“撤销判决(既判力)”的程序。在我国再审程序中,与之相对应的是申诉审查程序。

在“iudicium rescindens”(申诉审查)的阶段中,对于再审程序起决定主导作用的应当只有再审形成权。这是因为再审权利人的本案标的实体权此时正处于原审生效裁判既判力的遮断下而难以重开争议,因而其对于本阶段程序的影响或作用便显得微乎其微了。于是,既然本阶段诉讼程序基本上只是由实体法上的再审形成诉权所推动的,因此,申诉审查程序的阶段在诉讼类型上便是一种较为纯粹的“形成之诉”,[⑥]其争讼的焦点在于对原审生效裁判合法性的攻击,而并

---

① 参见申卫星:《形成权基本理论研究》,法宝引证码:CLI. A. 032862;陈桂明、李仕春:《论程序形成权——以民事诉讼权利的类型化为基点》,载《法律科学》2006 年第 6 期,第 130 ~ 131 页。

② 参见[德]罗森贝克等著:《德国民事诉讼法》(下),李大雪译,中国法制出版社 2007 年版,第 667 页;[日]新堂幸司著:《新民事诉讼法》,林剑锋译,法律出版社 2008 年版,第 665 页。

③ 通说认为,形成权的客体系为民事法律关系。参见汪渊智:《形成权理论初探》,载《中国法学》2003 年第 3 期,第 97 页。

④ 既判力是“一种作为(终局)解决纠纷的正式基准”,它“排除了对发生既判力(法院裁判)确认了的法律后果重新进行辩论和裁判的可能性”。参见[德]穆泽拉克著:《德国民事诉讼法基础教程》,周翠译,中国政法大学出版社 2005 年版,第 324 页;[日]新堂幸司著:《新民事诉讼法》,林剑锋译,法律出版社 2008 年版,第 472 页。

⑤ 参见[德]穆泽拉克著:《德国民事诉讼法基础教程》,周翠译,中国政法大学出版社 2005 年版,第 336 页;[德]卡尔 · 奥古斯特 · 贝特尔曼著:《声明不服和撤销——对于民事诉讼法中的法律救济的正确理解》,载《德国民事诉讼法学文萃》,中国政法大学出版社 2005 年版,第 537 页;[日]新堂幸司著:《新民事诉讼法》,林剑锋译,法律出版社 2008 年版,第 671 页。

⑥ [日]新堂幸司著:《新民事诉讼法》,林剑锋译,法律出版社 2008 年版,第 665 页;陈桂明、李仕春:《形成之诉独立存在吗?——对诉讼类型传统理论的质疑》,载《法学家》2007 年第 4 期,第 115 ~ 119 页。

非是对本案标的的审理。[①] 至于其中的有关案件合法性审查、再审事由或者申请再审期限等制度，究其实质是作为该形成诉讼程序实体法基础的再审形成权中有关形成利益、形成理由以及除斥期间的内容，在审判实践中应当准用相应的规则执行。[②] 同理，经法院申诉审查后若发现本案原终审裁判存在再审法定事由的，即再审形成权之形成理由依法成立的，那么再审程序就会因其实体形成权的行使而获得了击破原终审裁判既判力遮断效力保护的形成效果，[③]而此时，再审程序便进入了下一个阶段，即“iudicium rescissorium”本案的再审阶段。[④]

在本案的再审阶段（iudicium rescissorium）起着主导程序进程的权利已经不再单单只是再审形成权了，因为权利人对于本案程序再开的诉讼标的所享有的实体权（本案标的实体权）也经由再审形成权在本案申诉审查阶段的成功行使所生之形成力而从原终审生效裁判的既判力的遮断中“解放”出来。因此，在本阶段的再审程序中，出现了再审权利人的再审形成权与本案标的实体权二元并存聚合的状态。

对此，首先应当明确的是，本案标的实体权在本案再审阶段中居于主要的地位。一方面，从实体权利体系层面出发，再审形成权之于本案标的实体权本就处于一种“次级权利”的附属地位，前者权利的标的是后者在权利阶层中所发生的不当映射关系，因而难以脱离后者的基础法律关系而独立存在。另一方面，就权利的意旨而言，再审形成权的功能也是旨在正确地实现本案标的实体权，进而使后者的上位层次的权利镜像能够与其下位的权利本体（客观权利）相一致。所以，本文认为，只要是在两者并存聚合的诉讼程序中，本案标的实体权都将是主要的主导整个程序进行的实体权利。也正是这个原因，我国现行的《民事诉讼法》第 207 条规定了本案再审阶段（案件）的审理程序是一种“准用”一审或者二审的诉讼程序。事实上，大陆法系主要立法例也都秉持了这一原则性的规定，[⑤]

① 参见江必新著：《最高人民法院关于适用民事诉讼法审判监督程序司法解释理解与适用》，人民法院出版社 2008 年版。

② 参见最高人民法院民事诉讼法修改研究小组著：《〈中华人民共和国民事诉讼法〉修改条文理解与适用》，人民法院出版社 2012 年版，第 438、482 页。

③ “法院可以单独审理关于再审的理由，并且通过一个只有与终局判决一起才能被声明不服的中间判决对理由进行肯定，亦即撤销被声明不服的判决。”参见［德］罗森贝克等著：《德国民事诉讼法》（下），李大雪译，中国法制出版社 2007 年版，第 1224 页。

④ ［德］穆泽拉克著：《德国民事诉讼法基础教程》，周翠译，中国政法大学出版社 2005 年版，第 336 页；［德］卡尔·奥古斯特·贝特尔曼著：《声明不服和撤销——对于民事诉讼法中的法律救济的正确理解》，载《德国民事诉讼法学文萃》，中国政法大学出版社 2005 年版，第 538 页；［日］新堂幸司著：《新民事诉讼法》，林剑锋译，法律出版社 2008 年版，第 672 页。

⑤ 参见［日］新堂幸司著：《新民事诉讼法》，林剑锋译，法律出版社 2008 年版，第 671 页；［德］罗森贝克等著：《德国民事诉讼法》（下），李大雪译，中国法制出版社 2007 年版，第 1226 页。

因而具有一定的合理性。

但在另一方面,我们也必须强调正是再审形成权的存在客观上造就了本案再审阶段(案件)所具有的区别于普通一审或者二审程序的独特品格。

其一,关于再审案件的诉讼标的问题。我国对于再审程序的阶段划分采取了与大陆法系主要立法例不同的做法:立法者将申诉审查阶段(iudicium rescindens)和本案再审阶段(iudicium rescissorium)分拆为两个互相独立的案件前后顺序进行分案审理;而大陆法系却一般将两个阶段都放在一个再审案件的审理程序中合并审理,且多以程序中的中间判决①或者决定②的方式予以承接。因此,对于大陆法系国家关于再审程序的诉讼标的的定性应否当采"一元说"或是"二元说"的争论,③在我国已然毫无意义:鉴于我国现行的民事诉讼法已将再审程序诉讼标的"二元说"中的"撤销原判"与"原审的诉讼标的"分拆为二个不同的案件(申诉审查之诉与本案再审之诉)。因此,我国的本案再审阶段(案件)的诉讼标的当采"一元说",即为本案原审裁判的诉讼标的,应无争议。

其二,关于再审案件的审理范围(裁判标的)④的问题。再审案件既然是由再审形成权击破本案原审裁判既判力后所再开的程序,因此,再审案件的审理范围则应完全取决于本案的再审形成权。因此,要确定再审案件审理的具体范围,应当首先厘清本案再审形成权的权利内容及其所生形成力所涵盖的具体范围。对此,笔者认为,这却是一个随着案件审理进程的渐次深入而不断变化的动态过程。

在本案申诉审查案件(阶段)中,法律基于程序安定与司法权威的制度价值考量,⑤并不允许再审申请人对于本案原审裁判标的本身的正确与否再行争议,⑥而仅仅允许其针对本案原审裁判行为的合法性并须严格按照法定的标准进行攻击。只有在原审裁判存在动摇其程序"最低限度公正性的界限"之时,法律才依法确认申请再审人的再审形成权并进而允之以其形成力来否

---

① 参见[德]罗森贝克等著:《德国民事诉讼法》(下),李大雪译,中国法制出版社2007年版,第1224页。

② 参见[日]新堂幸司著:《新民事诉讼法》,林剑锋译,法律出版社2008年版,第671、672页。

③ 参见[德]罗森贝克等著:《德国民事诉讼法》(下),李大雪译,中国法制出版社2007年版,第1207页;吴杰著:《民事再审原理及程序构造》,法律出版社2012年版。

④ 在德国民诉法学中,其又曰"裁判标的",以区别于"诉讼标的"。参见[德]卡尔·奥古斯特·贝特尔曼著:《声明不服和撤销——对于民事诉讼法中的法律救济的正确理解》,载《德国民事诉讼法学文萃》,中国政法大学出版社2005年版,第526页。

⑤ 参见郑成良著:《法律之内的正义——一个关于司法公正的法律实证主义解读》,法律出版社2002年版。

⑥ 参见[德]穆泽拉克著:《德国民事诉讼法基础教程》,周翠译,中国政法大学出版社2005年版,第334页。

定本案原审裁判既判力的遮断。[1] 因此，在申诉审查案件（阶段）终结之刻，再审形成权虽已依法经确认并生效，但其内容与具体的范围却是取决于申诉审查案件（阶段）所认定原审裁判的错误“种类与内容来确定的”，[2]因而也较为抽象笼统。

在本案再审案件（阶段）中，再审形成权的内容与范围将会围绕本案再审标的实体权的应然状态的逐渐明晰而“自行”做出相应的调整，即根据审理的实际需要，或者对于申诉审查案件（阶段）中所没有发现的其他既判力所不当遮断的错误的本案标的实体权权利镜像部分施以形成之力，而将之也一并纳入本案再审的审理范围之内，并行更正裁判；或者若发现本案原终审裁判虽存在足以动摇其正当性的再审事由的表面瑕疵，[3]但是经审理发现本案标的实体权的表面镜像却已然能正确反映（映射）了其权利客观法上的本体内容，已无修正变更之必要。因此，再审法院此时应当施以再审形成权之形成力旨在修复本案原终审裁判在本案申诉审查阶段中所受破坏的既判力（判决予以维持）。

同时，囿于本案再审案件（阶段）的诉讼标的为本案原终审的诉讼标的，因而这也相应地划定了再审形成权调整变化最大的上限。所以，再审案件的审理范围应当是有限的，是依权利人再审形成权行使的具体状态并在必要的范围内进行本案裁判，且最多不应超越本案的诉讼标的。

同理，若当事人在本阶段超出原审范围增加、变更诉讼请求的，则应予禁止。

其三，关于再审案件裁判的相关问题。当再审法院依法认定本案诉讼标的实体权在原审裁判中的权利镜像（裁判权利）与其应然的权利本体（客观权利）间不当的偏差关系之时，再审法院应当依法作出再审裁判，以恢复本案标的实体权的正确映射关系且纠正原审错误之裁判。对此，有三点需要说明：首先，再审的裁判性质上属于本案的裁判。[4] 其次，由于“（再审程序中）新的言词辩论与第一次诉讼（本案原审程序）构成一个整体”，因此，当再审裁判作出之后，本案诉

---

① 参见王亚新著：《对抗与判定——日本民事诉讼的基本结构》，清华大学出版社2002年版。

② ［德］卡尔·奥古斯特·贝特尔曼：《声明不服和撤销——对于民事诉讼法中的法律救济的正确理解》，载［德］米夏埃尔·施蒂尔纳编：《德国民事诉讼法学文萃》，赵秀举译，中国政法大学出版社2005年版，第536页。

③ 参见陈桂明：《再审事由应当如何确定——兼评2007年民事诉讼法修改之得失》，载《法学家》2007年第6期，第4页。

④ 参见［德］卡尔·奥古斯特·贝特尔曼：《声明不服和撤销——对于民事诉讼法中的法律救济的正确理解》，载［德］米夏埃尔·施蒂尔纳编：《德国民事诉讼法学文萃》，赵秀举译，中国政法大学出版社2005年版，第500页；［德］罗森贝克等著：《德国民事诉讼法》（下），李大雪译，中国法制出版社2007年版，第1226页。

讼标的既判力的基准时则应推延至本案再审程序中所再开的事实审口头辩论终结之时。[①] 最后,盖因形成权在实体法上系属"可消耗性的权利",[②]因此,当再审裁判作出之刻,即是再审形成权因目的达到而消灭之时。

至此,整个再审的程序兹因再审形成诉权的消耗而终结。

三、后再审程序暨重审阶段的程序构造

在本案再审裁判之时,存在这样极端的可能,本案原审程序之本身成了阻碍本案标的实体权正确实现的主要障碍,因为"在这种情况下(原审对)'案件事实'的确认存在如此严重的错误或者错误的嫌疑",[③]以至于再审法院"不可以将其作为裁判的基础"而只得撤销原判并将案件发回重审。于是,当再审法院因此而作出将本案诉讼标的发回重审的再审裁判时,即会导致本案标的实体权不当映射状态的"裁判权利"被完全地撤销,权利人对本案标的实体权的相关争议重新诉讼系属[④]等法效;易言之,此时有关案件系争标的诉讼争端"重新回到原第一审宣判前的状况",[⑤]因而重审程序本质上是一个区别于再审程序的全新的诉讼程序。

诚然,在本案重审程序中,鉴于再审形成权已然因本案再审裁判的作出而消灭,本案标的实体权是权利人唯一享有的实体性私权利。但是,重审程序毕竟是再审程序中发回重审裁判的诉讼结果,且其在我国性质上也与再审程序一样系属于审判监督程序的体系框架之内。因此,本文认为,鉴于如下的理由与考量因素,重审程序仍应当受到再审程序的适当影响与约束:

其一,以"当事人为中心的诉讼观"立场出发,[⑥]适当强化重审程序中审判监督公权力指导与干预的力度。首先,重审程序是历经了本案原审、申审(或抗诉)与再审等多道审理程序,且往往亦经历了我国三级法院(以及检察机关)的数轮审查,因此,其实质上与普通的一审民事案件存在了较大的差异:对于本案

---

① 参见[日]新堂幸司著:《新民事诉讼法》,林剑锋译,法律出版社 2008 年版,第 479、673 页;[德]罗森贝克等著:《德国民事诉讼法》(下),李大雪译,中国法制出版社 2007 年版,第 1225、1226 页;[德]卡尔·奥古斯特·贝特尔曼:《声明不服和撤销——对于民事诉讼法中的法律救济的正确理解》,载[德]米夏埃尔·施蒂尔纳编:《德国民事诉讼法学文萃》,赵秀举译,中国政法大学出版社 2005 年版,第 509 页。

② Seckel, a. a. O., S. 36.. 转引自申卫星:《形成权基本理论研究》,北大法宝引证码:CLI. A. 032862。

③ [德]卡尔·奥古斯特·贝特尔曼:《声明不服和撤销——对于民事诉讼法中的法律救济的正确理解》,载[德]米夏埃尔·施蒂尔纳编:《德国民事诉讼法学文萃》,赵秀举译,中国政法大学出版社 2005 年版,第 502 页。

④ 参见[德]穆泽拉克著:《德国民事诉讼法基础教程》,周翠译,中国政法大学出版社 2005 年版,第 77 ~ 80 页。

⑤ 江必新著:《最高人民法院关于适用民事诉讼法审判监督程序司法解释理解与适用》,人民法院出版社 2008 年版,第 266 页。

⑥ 参见[日]新堂幸司著:《新民事诉讼法》,林剑锋译,法律出版社 2008 年版,译者序第 3 页及以下。

诉讼标的及其实体权利之应然状态已然存在较为全面与成熟的认识与把握。若非本案原审诉讼程序的重大瑕疵，本案争议应当已于再审程序中已届判决成熟之际。所以，适当强调审级监督公权力对重审程序的适度指引反而有利于诉讼经济与效率利益的实现，保障当事人相关的合法权益，因而存在必要性。其次，在彰显审级监督的同时，还必须强调的是重审法院的司法独立。只有将审级监督的公权力完完全全置于重审法院的司法裁判权之下，受其自由裁量，才能获得公权力介入的合法性根基。最后，应当指出的是我国审判监督程序的制度渊源性质上本来就是一种"公权力对错误裁判的依职权干预"。[①] 诚然，这一制度理念早已不再符合现代法治发展的规律，[②]但却为正当的司法适度干预提供了可行性条件。

因此，在建立重审程序中引入审判监督公权力干预的正当性根基后，对于这种司法公权力的性质，究其实质，笔者认为，应当是再审形成权在重审程序中的一种"变体"形式的存在。因为这种司法公权力在内容上实质是再审法院在再审程序中经依法审查所确认的权利人的再审形成权，因而本质上系为再审形成权在其（再审）"裁判权利"层次的权利镜像。因此，两者虽在权利性质上分属公权力与私权利的不同范畴，但就权利的内容与渊源上具有同一的属性。因此，本文认为，适度承认重审程序中再审法院的审判监督公权力干预的合法性与正当性，实质上是重审程序作为我国审判监督程序体系中重要一环的本质属性的应然特征。鉴于该公权力性质上系为权利人再审形成权的"裁判权利"层面的权利镜像，因此，也就体现了权利主体其自主的意志，符合现在法治的诉讼处分权原则。[③] 并且，基于权力的性质，该审判监督公权力在重审程序中的功能实质上也与再审形成权在再审程序中的职能一致，即起着指引重审程序的审判进程、限定重审程序审理范围的功能，并进而使重审程序与再审程序在再审形成权不同存在形式的作用下前后呼应，一以贯之。

其二，从民事诉讼法的诚实信用基本原则出发，适当运用禁反言规则以赋予本案重审程序前相关诉讼材料以相应的证据效力。我国现行《民事诉讼法》第13条明确确立了诚实信用的诉讼基本原则。作为这一诉讼基本原则的题中应有之义，"禁反言"规则要求案件一方当事人以及其他诉讼参与人不得进行前后相互矛盾

① 江必新著：《最高人民法院关于适用民事诉讼法审判监督程序司法解释理解与适用》，人民法院出版社2008年版，第268页。

② 参见江伟、徐继军：《论我国民事审判监督制度的改革》，载《现代法学》2004年4月刊，第28页；张卫平：《民事再审：基础置换与重建》，载《中国法学》2003年第1期，第103～107页。

③ 参见［日］三月章著：《民事诉讼法》，弘文堂1986年版，第186页；转引自张卫平著：《民事诉讼：关键词展开》，中国人民大学出版社2005年版。

的诉讼行为,从而损害对方当事人的利益,破坏民事诉讼的整体进展。① 虽然本案原审裁判皆为再审发回重审裁判所撤销而失其法效,但是,对于其中案件当事人及其他诉讼参与人相应的诉讼行为,应当根据民事诉讼法诚实信用原则的要求,由重审合议庭依法自由裁量其是否具有相应证据形式的证明效力,以尽最大可能固定案件事实,围绕重审焦点,简化诉讼程序,保障当事人相关的合法权利。

综上所述,再审的程序实质上是规范权利人行使并实现其再审形成权的一项独立的民事诉讼程序;其因本案原审裁判既判力之拘束而"天然地"形成两个不同但又先后承继的诉讼阶段——申诉审查阶段与本案再审阶段。当本案再审裁判作出后,再审形成权即因目的达到而归于消灭,因此,整个再审程序也告终结。之后,案件系争标的若有必要续行重审程序的,因相关参与方利益价值考量,有必要适当强化审判监督公权力在重审阶段的指引作用,进而使我国整个审判监督程序前后呼应,以保障当事人相关合法权益的实现。

Reform of Retrial Procedure Based on Right Structure

Zong Lai

Abstract: With the development of Jurisprudence and Rule of Law, we need to classify three layers for the process to the realization of Rights: the objective laws (objektive Recht), the subjective rights (subjektive Recht) and the rights in action (Prozessuales Recht). However, in some particular cases, there are always some mistakes happened in such process, i. e. the syllogistic reasoning from the objective laws to the subjective rights as well as from the subjective rights to the rights in action. The Retrial Procedures (Wiederaufnahmsklage) is supposed to correct the abovementioned mistakes per the law, thus making a proper right relief. Therefore, we can define the nature of the Retrial Procedures as some form of Gestaltungsklage, and its procedural function is aimed at realizing the Gestaltungsklagerecht by the right-holder for retrial. This paper, based on such theoretical footing, focuses on the following issues: such as procedural skeleton, cause of action, res judicata, remand procedures and so on.

Key words: retrial procedures　hierarchy of rights　gestaltungsklage　procedural road-map　remand procedures

---

① 最高人民法院民事诉讼法修改研究小组著:《〈中华人民共和国民事诉讼法〉修改条文理解与适用》,人民法院出版社 2012 年版,第 12、23 页。

专题（二）：环境法治新视野

防灾减灾法治化背景下的政府灾害应对能力建设

——以“7·19邢台洪灾”的个案反思为视角

■ 马一心* 赖虹宇**

[内容摘要] 2016年,河北省邢台市发生洪水灾害造成重大人员伤亡。以防灾减灾法治化的视角观察,邢台市官方在防汛抗洪中的决策与作为存在极大漏洞,表现出灾害应对能力的巨大缺陷,包括忽视环境风险的“不确定性”从而备灾不力,灾害预警信息作成机制存在明显缺失,灾害预警信息传递机制并未实现“正确的信息在正确的时间覆盖正确的人群”,供暖工程侵占河道等人为致灾因素脱离法律控制等。邢台洪灾给我们的反思与启示在于,从宏观上应当强调灾害防救的法治化,实现“灾害防救的一体化”、“灾害防救全域化”与“灾害防救责任化”。

[关键词] 灾害信息机制 人为致灾性 灾害防救一体化 灾害防救全域化 灾害防救责任化

* 马一心,西南财经大学中国金融法研究中心助理研究员。

** 赖虹宇,法学博士、西南财经大学法学院师资博士后。

2016年7月19日至21日，河北省邢台市发生洪水灾害。由连续强降雨所引发的洪水造成邢台市大范围受灾，灾情涉及邢台市境内所有县、市、区。特别是7月19日夜间，七里河发生洪水决堤，进入包括东汪镇大贤村在内的12个村庄，造成多名人员死亡或失踪，灾情极为严重。截至7月24日7时统计，洪灾已造成邢台市34人死亡，13人失踪，受灾人口达167.8万。随着我国法治建设的逐步推进，灾害预防、灾中应急与灾后重建都已有相应的规范依据，灾害防救实现了制度供给的极大丰富，灾害防救法治化的轨道从制度供给的体系化、周密化转向为对灾害防救行政决策的法治化检视。特别是2016年12月19日，中共中央、国务院《关于推进防灾减灾救灾体制机制改革的意见》（以下简称《防灾体制意见》）明确提出，要“健全属地管理体制”。在本轮（2018年）国务院机构改革方案中，已经明确“按照分级负责的原则，一般性灾害由地方各级政府负责，应急管理部代表中央统一响应支援；发生特别重大灾害时，应急管理部作为指挥部，协助中央指定的负责同志组织应急处置工作，保证政令畅通、指挥有效。应急管理部要处理好防灾和救灾的关系，明确与相关部门和地方各自职责分工，建立协调配合机制”。因此，在个案中检视地方政府在灾害防救中的应对实效，特别是法治化应对手法的疏失、偏误，从而探寻法治化应对能力的提升空间，以及法治化服务于灾害防救的制度功能，具有十分重要的意义。本文拟从公开报道中选取2016年“7·19邢台洪灾”中相关行政决策的片段，以法律作为工具，以法治作为视角，观察地方政府的灾害应对能力建设存在何种不足，并尝试探讨制度改善的可能方向。

一、环境风险之“不确定性”下的备灾不力

全球气候变暖的大趋势仍未得到根本的扭转，即便在2015年年底签订的《巴黎协定》，被认为是“建立起全球解决气候危机所需的持久性框架”。但比国际气候政治博弈更为具体的，是各国政府如何因应气候变化所造成的环境风险。

在现代风险社会中，环境风险已日趋成为各国环境法制应对的重要问题。较之于传统的污染防治，在科学技术日益进步提供的广阔空间与有力武器支持下，对环境损害发生及其损害结果进行可预测、可量化的评估，已然成为对环境污染进行制度化解决的现实前提。但环境风险的日渐爆发，“不确定性”渐次成为制度回应的基础前提。从法律框架的角度而言，则是“风险预防原则”（precautionary principle，也称为“预警原则”）在立法之中的确立。较之传统的“预防损害原则”（prevention principle，也被称为“预防原则”）的认知，认为“行动者可取得足够的科学知识与技术，并且具备相当应变能力。欲要求行动者在事前采取有效的预防手段，必须以客观条件足以提供行动者重要的决策资讯为

前提”。预警原则要求各层次的行动者,“在资讯不充足的情况下,即便不确定负面效应是否发生,仍必须将潜在的危害纳入决策考量”。[①] 有学者认为,“预警原则”实际上矫正着一般大众对于风险的认知偏误(cognitive bias)。[②] 但“预警原则”作为法律上之原则,事实上指导着立法、执法、行政决策的认知更新,即法律乃至行政决策,应当注重对新的环境议题——科学不确定性过高、后果难以预料、影响范围遍布广泛的环境问题——作出针对性的回应。

以此标准检视,我们不难发现邢台官方并未严格遵照这一原则。在河北省邢台市7月23日晚召开的新闻发布会中,邢台市市长董晓宇表示:“首先,政府对这次短时强降雨强度之大,来势之猛,预判不足。其次,由于多年来未发生大的洪灾,各级干部抗大洪、抢大险、救大灾的应急能力不足。”这一说法不足采信,理由如下:

第一,洪水系属常见多发灾害,并未超出决策者与普通大众的一般认知。较之于极难发生降雨造成洪涝灾害的地区,河北邢台历史上也多次发生较大规模的洪灾,对洪水灾害应当有所准备,至少应当保持在常规水平。“从灾害发生的宏观概率来讲,‘多年未发生’恰恰说明很有可能发生”,[③]应急救灾能力不足的说法显然暴露出邢台官方的软肋。事实上,“不确定性”所包含的意涵,从灾害角度,既包括“发生概率的不确定”,也包括“灾害后果严重程度的不确定”。邢台在灾害预防阶段的准备,暴露出行政决策者对“灾害不确定性”的认识严重不足。

第二,2014年出台的《邢台市城区防洪应急预案》(以下简称《防洪应急预案》)中,对城市防洪进行了简要概述。其中,明确表明“邢台市城区的洪涝灾害主要由暴雨洪水造成,洪水威胁主要来自市区以西小黄河流域和七里河流域。由于城区靠近山区,河道源短,坡陡流急,洪水集中快,下泄快,破坏力大,极易发生洪涝灾害。历次水患均因降水量集中,防洪未设工程防护,排水标准较低等原因所致”。由此可见,在《防洪应急预案》中已经明确总结了邢台市的防汛抗洪总体形势为“极易发生洪涝灾害”,但行政决策者却“侥幸”面对这一极易促成灾害生成的自然事实。

二、信息传导机制不畅导致的“防灾不力”

灾害预警对于灾害防救具有极其重要的作用。“7·19 邢台洪灾”的悲剧生

---

① 叶俊荣著:《气候变迁治理与法律》,台大出版中心2015年版。

② David A. Dana, A Behavioral Economic Defense of the Precautionary Principle, 97 *Nw. U. L. Rev.* 1315, 1320–30(2003).

③ 余飞:《邢台七里河水灾三问》,载《法制日报》2016年7月25日第3版。

成，一个重大的原因就在于灾害信息的传导发生了重大偏差，民众并未在灾害到来之前及时收到防险备灾的资讯，许多受害者在睡梦中为肆虐的洪水所侵害。因而，对“7 · 19 邢台洪灾”的信息传导机制进行回顾与检视，对于回溯灾害吸取教训具有极端重要的作用。

“预警系统”要解决的最重要问题在于预警的有效性问题。预警系统有四大要素，即风险知识、监测与预警、传播与沟通、响应能力。① 达到这四个标准的预警系统，则可以被称为“端到端”预警系统。

表 1 “端到端”预警系统的四大要素②

	风险知识	监测与预警	传播与沟通	响应能力
主要内容	系统收集数据并进行风险评估	开发风险监测和预警服务	沟通风险信息并进行预警	构建国家与社会的响应能力
关键问题	1. 所有的灾难和漏洞是众所周知的吗？2. 模式和趋势是什么？3. 风险标示地图和数据是否被广泛使用？	1. 正确的参数对象是否被监测？2. 是否有一个合理的科学基础用以预测？3. 足以生成准确和及时的警告信息吗？	1. 警告是否足以达到所有前述风险？2. 风险和警告信息是否易于理解？3. 警告信息是否清晰和可用？	1. 响应计划是否可更新与可试验？2. 地方能力与地方性知识是否可用？3. 公众是否已做好准备应对灾难警告？

对比表 1，我们不难得出结论：预警系统的有效性不只体现在预警信息传送的方式上，而在于是否能够实现前述关键问题。而在亚太地区，“传播沟通”与“响应能力”则存在相当的空白。“7 · 19 邢台洪灾”的一个典型失误就在于，风险信息的作成机制缺乏内部协调，风险信息的传递亦缺乏有效性，从而影响了信息的“到达性”，也是使本次洪水灾害不仅成为一次普通的灾害事件，更演变成一次严重的“公共事件”。

（一）信息作成机制缺乏决策内部协调

根据媒体报道，七里河发生洪灾后，当地村民对洪水进入村庄前官方的预警措施提出质疑。村民表示，除在洪水进村前半小时左右的广播预警外，他们没收到其他任何预警。邢台经济开发区水务局官员在接收媒体采访时表示，7 月 19 日晚上到 20 日凌晨开发区没有接到上级防汛办的群众撤离通知；邢台市防汛抗旱指挥部办公室的一位官员则表示，市防汛办当时确实向经济开发区发布了群

① United Nations International Strategy for Disaster Reduction (2006). Basics of Early Warning. Available from, http://www.unisdr.org/2006/ppew/whats-ew/basics-ew.htm.

② 制表来源：Adapted from UNISDR: Basics of Early Warning. Available from, http://www.unisdr.org/2006/ppew/whats-ew/basics-ew.htm. 2017 年 3 月 8 日访问。

众撤离通知,但记不清具体时间。7 月 23 日,邢台市副市长在新闻发布会上表示,市防汛办在 7 月 20 日凌晨 1 时 40 分通知开发区组织转移群众,开发区相关部门随即进入大贤村。① 同时笔者注意到邢台市副市长在新闻发布会上的表述:7 月 18 日,根据邢台市气象台预测,19 日至 20 日邢台将出现入汛以来最强降水,降雨期间邢台市气象台每两个小时发布一次雨情信息。自 19 日 22 时至 20 日 8 时,将雨情通报调整为每一小时一次,并通过市电视台、微信、微博等信息传播渠道对社会公众进行广泛传播。② 在此,我们注意到三个主体:“邢台经济开发区水务局”、“邢台市防汛办”与“邢台市气象台”。在洪水灾害到来之时,其各自的职能究竟如何,要回归到法律层面进行分析。

邢台市气象台于 7 月 19 日 14 时 00 分发布了暴雨红色预警信号:我市铁路沿线附近县市(邢台市区、邢台县、沙河、内丘、临城)雨量已达 100 毫米以上,预计今天下午到夜间降雨仍将持续,强降水引发城市内涝、农田渍涝、山洪地质灾害等气象风险较高,请做好防御工作,并发布有防御指南:(1)政府及相关部门按照职责做好防暴雨应急和抢险工作;(2)停止集会、停课、停业(除特殊行业外);(3)做好山洪、滑坡、泥石流等灾害的防御和抢险工作。但在《邢台市城区防洪应急预案》中,日均降水量达到 110mm 以上,就应当由防汛办发布 IV 级(蓝色)预警,并配有相应等级的响应及行动措施。更为具体的是,该《应急预案》详细区分了“江河洪水预警”、“山洪灾害预警”以及“暴雨渍涝预警”,其中“江河洪水预警”则明确:“当川口水库泄洪、溢流或发生其他险情时,水文部门和水库管理部门要立即向市城防办报告情况,由市城防办向七里河新区发出预警。”然而事实上,邢台市防汛指挥部职能虚置,并未实际发挥应有作用。

首先,气象部门由于历来属于政府序列中的服务性部门,相比握有诸多行政权力的部门而言相对较为弱势,其主要业务即天气、气象监测与预报,也易流于日常而被忽视于大众视野之外。同时,气象灾害由于涉及面广,影响范围巨大,气象部门也难以独立组织灾害抢险。在我国《突发事件应对法》的涵摄之下,各地通过设置《应急预案》的方式,提前安排应急工作,使之具有较强的针对性。但这种脱胎于政府架构的办事机构,往往容易虚置,“7·19 邢台洪灾”中的防汛办即为典型。在气象台播报降水量巨大之时,防汛办的组织机构并未及时启动运作,《防洪应急预案》规定的防洪应急响应预警并未实际发布。

其次,本次洪灾受灾最为严重的邢台市经济开发区,其开发区管委会副主

---

① 参见孙爱民:《邢台经济开发区水务局局长称:没有接到上级防汛办撤离群众的通知》,载财经网,http://yuanchuang.caijing.com.cn。

② 参见韩林君、韩天博:《邢台回应大贤村洪灾疑问》,载《京华时报》2016 年 7 月 24 日版。

任，即是《防洪应急预案》中明确规定的防汛办成员之一，负责本区的防汛、抗洪、抢险、救灾工作。同时，七里河新区管委会副主任，也是防汛办成员之一，除防汛抗洪等职能外，还要负责七里河堤的维修、维护和闸坝的启闭工作。通过“邢台经济开发区水务局官员在接收媒体采访时表示，7 月 19 日晚上到 20 日凌晨开发区没有接到上级防汛办的群众撤离通知”可倒推验证，防汛指挥部几乎没有进行有效运作。

（二）信息传导机制未依循“正确性路径”

无论何种灾害形式，由其不确定性带来的高度信息不对称风险，使灾害风险管理的一个关键环节即是信息流动管理。联合国亚洲太平洋地区经济社会委员会发布的《2015 亚太灾害报告：灾害无国界——建设区域的抗灾能力，促进可持续发展》指出，预警系统的一个重要功能和主要目标，是实现“正确的信息在正确的时间覆盖正确的人群”。以此观察，“7 · 19 邢台洪灾”的灾害预警几乎失灵失效，不得不说是一个巨大的遗憾。

1. 正确的信息

在当下的网络化信息社会，信息具有多重来源，某些免费获取甚至是商业机构的信息也大量冲击着人们的生活。例如，美国国家海洋和大气管理局就制作了可供公众获取的地球观测数据。信息来源的官方性保证了信息的“正确性”与“权威性”。“官方预警的实质是权威发布，既要科学专业、力求精准，还要兼顾维护社会秩序和捍卫公信力。因此，官方的预警机制一方面在持续科研攻关，不断提高预警的精确和精准，以免带来预警失误的社会公共安全风险；另一方面，也会基于特定的高风险灾害的不可容忍性，而提前预警，哪怕事后有惊无险，甚至危机并未如约而至，其公共利益至上和群众生命第一的公心，也越来越被社会各界理解和认同。”①

事实上，在“7 · 19 邢台洪灾”爆发之前，即有当地市民通过对七里河的观察，认为可能造成洪灾泄洪受阻，提请官方予以重视。然而这一市民的观察，并未引起官方的注意与重视。一方面，表明信息来源的权威性事实上是在为信息的准确性“背书”，即便观察结果在某种意义上是准确的，但却无法通过适当渠道成为公众可资信赖的资讯，无法证成“信赖保护”的基础性前提。另一方面，在《防洪应急预案》中明确规定，“我市城区的广大公民都有向市城防办反映水情、雨情的义务”，这一规定却并未进一步规范，官方接收公民反映的渠道与程序，也未进一步明确接收资讯后的处理与反馈机制。再次从反面证明了该《防洪应急预案》的虚置。

① 余飞：《邢台七里河水灾三问》，载《法制日报》2016 年 7 月 25 日第 3 版。

2. 正确的时间

灾害防救具有时效性，但灾害“预警”则表明须在信息不确定性基础上保持预见力，两者之间的交互运作直接影响到应急机制的效用科学性。在《防洪应急预案》科学划分预警等级，并科学适配响应手段的基础上，应当树立起灾害防救的“全域思维”，进而严格区分防灾、减灾（救灾）乃至灾后重建三阶段的不同措施及其可能影响。以洪水灾害为例，在获取“正确灾害信息”的基础上，提前做好人员转移，规划泄洪蓄洪区域，做出适当行政决策，是完全必要的。如果固守“抗洪救灾”的宏大叙事，将抗洪抢险作为洪灾应对的唯一手段，将难以树立起“防灾是最好的减灾”这一观念。

根据邢台市《防洪应急预案》5.3.4（4）规定，“出现洪涝灾害后，市城区防汛指挥部和区（县）防汛指挥机构应及时做好群众的救援转移和疏散工作”。以此为据，我们需要进行“出现洪涝灾害后”的法解释学限定。根据灾害法学原理，灾害状态是社会的非常规状态，需要一个宣布“紧急状态”的程序，方可将法律运转模式调至非常状态。考虑到我国的突发事件应对体制，我们姑且不讨论这一职能的享有主体，仅将目光聚焦在“7·19 邢台洪灾”的处理之中，可以发现，当出现“江河洪水预警”时，应当由“市城防办向七里河新区发出预警”。我们可以据此认为，当预警发出之时，则可认为“出现洪涝灾害”，由此可以启动“群众的救援转移和疏散工作”。遗憾的是，笔者不仅从公开渠道难觅洪灾预警的确切证据，事实上群众也正是因为没有提前疏散和转移，最后造成了重大的伤亡。

3. 正确的人群

信息的传播与沟通，须将快速及时、可付诸行动的灾害防救信息（亦即应急决策信息）尽可能传达到户、到人，实现“最后一公里”传递。灾民是灾害后果和影响的实际承受者，将信息最终到达灾民，是发布预警的最终目的。何谓“正确的人群”？在不同的灾害阶段，这一对象具有不同的内涵和外延。仅以本次“7·19 邢台洪灾”举例，在灾害爆发之前的预警信息，应当有效传递给可能受灾的所有居民。根据《防洪应急预案》的规定，对全市的洪涝灾害爆发原因及路径有相对具体的划分，“江河洪水预警”中即明确规定“向七里河新区发出警告”。因此，如果严格按照《防洪应急预案》，则可甄别出最为可能的潜在“正确的人群”。

根据媒体报道，邢台市委外宣办负责人表示，在本次洪灾前，当地防汛办等部门对群众进行了预警工作。第一，是预警的途径，主要通过短信、广播、报纸等渠道发布预警信息，但具体的预警发布频率他本人并不清楚，只是表示“但肯定是一直在发”。第二，是预警是否实际送达村民。负责人表示，村民反映的洪水进村前并未收到预警信息的情况，这一说法不准确，相反“（肯定之前）都收到了，可能是大家都没当回事儿”。他进一步表示，“有的村民当时可能已经睡了，没看到预警信息”。第三，是预警的实际效果。至于是否能够确定该村村民收到预警信息的问题，负责人则表示“我的手机上反正收到了（预警信息），他们（大贤村村民）估计都收到了，有手机信号的地方都大面积发了”。[①]

这一官方表态可做如下理解：（1）政府已经履行了灾害预警的义务；（2）预警信息发布之后，主要依靠群众自我响应；（3）受灾群众是否接收不可知，但“我”（在回应的语境下，应看做是未受灾的非灾民）已经收到了，那么大贤村村民（真正的灾民，本次灾害中的“正确的人群”）“理应”收到了。对比到达“正确的人群”，实现“最后一里路”的信息传递要求来看，这里隐藏的前提是，灾害预警信息的传播苛加了权威发布者一个义务，即强调“信息传递效果”而非“信息传递行为”，也就是要符合并解决“端到端”预警信息“传播与沟通”中的重要环节：警告信息是否清晰和可用？从这个意义上来说，邢台官方即便通过多渠道发布了预警信息，但未及时动员利用组织力量实现有效的信息传递，其灾害应对能力仍然可堪质疑。

三、人为致灾因子的法律控制缺失

七里河发生洪水漫堤，是本次洪灾造成严重后果的重要原因。流入七里河的洪水有两路，一路来自东川口水库溢流及区间流入，一路来自邢台市市区防洪分洪道。两路汇合形成大洪水，更由于七里河在大贤桥突然收窄，导致洪水漫堤决口，使开发区的村庄进水。与网络传言不同的是，七里河上游仅有的东川口水库属开敞式水库，泄洪不能控制，不存在人为调度泄洪问题。那为何七里河又突然收窄呢？春节前后，邢台市开始进行城区集中供暖工程，施工单位为了让热力管道穿过七里河，将挖出来的渣土堆积在大贤桥前筑起堤坝，横向拦截了河道，原本的土制堤坝也被铲除堆到河道。而邢台市防汛部门曾先后两次督促清理河道，但施工单位均未及时执行。[②] 多位村民认为，当地防汛意识不足，堤坝被铲，河道被堵，桥洞几乎被填满，是导致上游下来的洪水在大贤村附近突然暴涨冲向村庄的主要原因。虽然河北省委省政府工作组抵达邢台后，通过调阅有关气象资料和实地查看七里河河道、决堤口及上游东川口水库，初步认定7月19日晚七里河决堤是由于局地强降雨形成的洪峰所致而非人为原因造成，[③]但河道收窄，造成洪水漫堤，仍然是造成大贤村进水伤亡的直接原因。因此，值得思考的

---

① 韩林君、韩天博：《邢台回应大贤村洪灾疑问》，载《京华时报》2016年7月24日版。

② 白兆东：《“7·19邢台洪灾”：防汛部门曾两次督促施工单位清障河道但被忽视》，载http://yuanchuang.caijing.com.cn，2016年11月5日访问。

③ 钱江、谢宾超、郭晓平、介海申：《河北省委省政府工作组初步认定七里河决堤由洪峰所致》，载http://m.news.cctv.com/2016/07/24/ARTIjCeJGNvuRcKD9inKD66K160724.shtml。

是,为何法律在此又一次“失语”?

2016年7月,《防洪法》经再次修正生效,在本次“7·19邢台洪灾”中,有两点需要格外注意:(1)城市建设应当让位于防洪需要。《防洪法》第27条第1款规定:“建设跨河、穿河、穿堤、临河的桥梁、码头、道路、渡口、管道、缆线、取水、排水等工程设施,应当符合防洪标准、岸线规划、航运要求和其他技术要求,不得危害堤防安全、影响河势稳定、妨碍行洪畅通;其工程建设方案未经有关水行政主管部门根据前述防洪要求审查同意的,建设单位不得开工建设。”(2)确须影响防洪设施的,须经法定程序。《防洪法》第34条第3款规定,“城市建设不得擅自填堵原有河道沟汊、贮水湖塘洼淀和废除原有防洪围堤。确需填堵或者废除的,应当经城市人民政府批准”。法律的弱势在灾害应急中再一次显示出后果的严重性。

第一,传统的应急救灾模式,使得法律让位于行政决策。我国在突发事件应急处理方面,存在一个突出的矛盾,即《突发事件应对法》由于过强的原则性、抽象性,在现实中几乎未予实施,①相反,各地的应急预案却成为突发事件治理的最基本的规范依据,应急预案在实践中几乎取代了应急行政法律法规的适用。②地方政府习惯于依照《应急预案》按图索骥式的进行灾害应急,但却忽略了灾害应对的阶段性特征。以“7·19邢台洪灾”为例,在进入汛期之后即进入备灾阶段,此时一个重要的任务即是排除危险和消除隐患。《防洪法》虽然规定了“不得开工”甚至“须经批准”,但立法的漏洞则在于,如果不这么做,究竟有何法律后果却并未言明。更何况,邢台市的“集中供暖工程”也是政府工程,甚至是“民心工程”,政府在明知堵塞河道违法的情况下,进行“权衡”似乎也是潜规则。但戕害的不只是法律的严肃性,更是人民的生命财产安全,邢台的悲剧性启示不可谓不惨重。

第二,《应急预案》是否应当实现“合法性考量”甚至“合宪性解释”也应进一步省思。即便《应急预案》在实践中被作为“工作指南”,其适法性也应当得到体系性的肯认。《防洪法》第38条规定,“防汛抗洪工作实行各级人民政府行政首长负责制,统一指挥、分级分部门负责”。然而,邢台市的《防洪应急预案》组成人员中,防汛指挥部却设置“由主管城建工作副市长任指挥长”。相较于邢台市重污染天气应急指挥部由市长担任总指挥长,邢台市对洪水灾害的重视程度也就可见一斑了。但更为重要的是,这一设置根本违背了上位法律即《防洪法》的立法设置。

---

① 参见于安:《〈突发事件应对法〉的实施问题》,载《理论视野》2009年第4期。

② 参见孟涛:《中国非常法律的形成,现状与未来》,载《中国社会科学》2011年第2期。

四、法治化背景下制度演进的应然面向

“7·19邢台洪灾”的教训不可谓不深刻。然而，观察如若仅仅聚焦洪灾本身造成的惨痛损失如何触目惊心，则会失去制度反思的意义。笔者认为，“7·19邢台洪灾”的突出疏失，在于没有真正贯彻防灾减灾的制度化、法治化。即便是行政决策，也应当依照固有的程序与规划，而程序与决策是否科学合理本身也应当符合法律的要求。正是基于对这一个案的细致观察，我们意在将其放置在灾害防救法治化的前提下，探寻灾害防救体制机制的应然面向。

（一）灾害防救一体化

邢台市应对洪灾并非没有事前规划。《防洪应急预案》出台不足两年，其中对邢台的基本情况有着较为具体清晰的概括，并对可能造成洪水灾害的原因和路径也有所归纳，然而事实却不尽如人意。

第一，《防洪应急预案》一方面并不符合法律的相关要求，与同类型的《重污染天气应急预案》相比，其中的政府职能配备并不足够。另一方面，《防洪应急预案》本身却被虚置而视而不见，应有的应急程序与应急措施并未实际运转。

第二，气象部门发布暴雨预警，与防汛办发布洪水预警之间，究竟应当以何种程序予以相应的转换？当前这种职能分散的做法，虽然一定程度上能够实现行政效能的针对性发挥，但也给协同决策带来了风险。法律乃至《防洪应急预案》都未有给出令人信服的答案。

第三，洪水应急与重污染天气应急，虽在对象和处理手法上存在诸多差别，但在做出灾害防救决策、传递灾害防救信息等方面，仍然具有相当的一致性。申言之，对不同的灾害类型设置不同的决策机关，甚至配备不同的行政职级领导作为主官的做法，其合法性和合理性究竟何在？

推而广之，随着环境风险加剧，灾害的发生与影响日渐具有强大的跨区域与“无边界”特征。灾害防救也在“法治化”的要求下逐渐形成整体性、一致性、统合性的体制与机制，决策做成—决策传递—决策响应，已经具有高度的类同化程序，实现灾害防救一体化应当是制度演进的可能目标之一。笔者认为，这一目标的实现，有几个要素：（1）要突破现有的分散立法格局，制定一部“什么灾害都能管”的“灾害基本法”；（2）突破现有的“一事一办”格局，在各个层次的行政机关中，成立专门负责各类灾害防救的常设机构，改变多重预警现状，同时改变职能不“硬”的局面；（3）在前述常设机构之下，应当统合灾害信息收集、甄别、处理的职能，实现灾害信息处理的一体化；（4）要重视划分央地关系，亦即要通过法律明确中央和地方，以及地方各级政府之间，应对灾害的职权范围及相互转化程序。

（二）灾害防救全域化

灾害防救全域化，即认可随着灾害演变的时间顺序，存在灾害前防灾、灾害当时之应变以及灾后重建，在理论上并不存在争议，可如图 1 所示。①

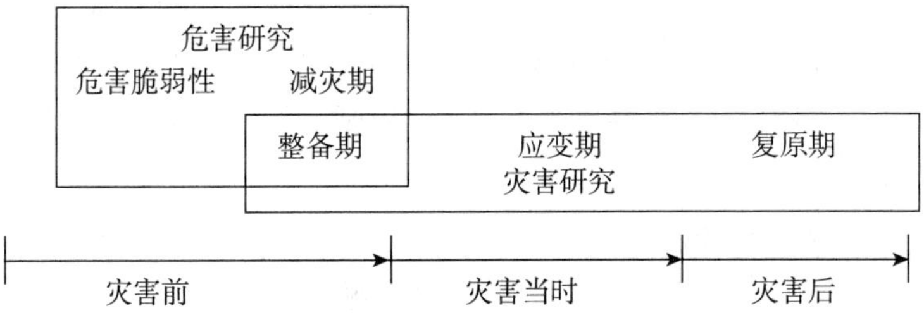

图 1　灾害防救全域化

根据前文之分析，“7·19 邢台洪灾”造成如此严重的后果，与防灾不力和应急失策紧密关联。其中一个重要原因，就在于行政决策者并未完全理解并真正将灾害防救的全域过程纳入防涝抗洪的制度轨道中来。特别是，当灾害主管部门仅为灾中应急所设，而将防灾职能肢解化到各行政机关日常工作中时，防灾的紧迫性被人为低估，从而造成不可挽回的严重后果。根据媒体报道，7 月 14 日，邢台经济开发区官网公布了“一周办实事情况通报”，邢台经济开发区水务局局长郑建平指出，督促热力管道穿越七里河河道工程的施工进度，及时疏通河道内堆积渣土，确保河道行洪畅通；督促河道维修养护工程的施工进度，7 月 20 日前完工。② 但未及完工，洪水即至。因此，在防灾减灾法治化背景下考量，以灾害综合防救体制为据，对灾害的应对要突破仅着眼于“救”的思维枷锁，而扩及到“防”的整体逻辑中。③

此外，灾害防救的三阶段划分，将信息机制的具体要求划分为三种面向，三个阶段的信息内容、信息处理、信息时效、信息传递的要求均不一样。仅就灾害应急预警信息来说，这类信息形成于灾害到来之前，本身代表着行政决策者对灾害发展态势的一种预判，必须具备先导性与预见性，而这根本上取决于科学的灾害信息监测与处理，同时在于决策者牢固树立防灾胜于救灾的观念。应将常态化的灾害风险排除作为灾害主管机关的日常工作内容，而这与前文所述的灾害防救一体化，特别是机关一体化息息相关。

① 本图摘自叶秀珍、陈昭荣：《灾害风险管理与其因应制度的探讨》，载《台湾社会福利学刊》2007 年第 6 期。

② 参见白兆东、王庆凯：《“7·19 邢台洪灾”：防汛部门曾两次督促施工单位清障河道但被忽视》，载《财经杂志》2016 年 7 月 25 日版。

③ 参见赖虹宇：《雾霾灾害及其法律对策》，载《光华法学》编委会编：《光华法学》2015 年第 1 期。

当前，随着新一轮国务院机构改革方案的施行，灾害防救“一体化”和与之相关的“全域化”，已经在“应急管理部”设立之下得到了实质性的进展。建立综合性的防灾减灾救灾体制，已经完成中央层面的主体机构设置，应急管理部“三定方案”的公布，对于实现“防大灾救大险”无疑具有巨大的宏观效用。但是，如何将这种框架体系，实现央地权责对应、央地权责划分、央地权责协调，经由灾害防救一体化、全域化，落实灾害防救“在地化原则”[①]的正确施行，将是未来一段时间的重要工作。

（三）灾害防救责任化

有学者曾较早提出“国家减灾责任”的命题。[②] 而观诸国际共识，2005 年 1 月在日本兵库县神户市所举行的联合国世界防灾会议，通过“2005～2015 年兵库行动纲领”，提出在未来防灾工作上，应着重下列重点：（1）强调减灾政策、消除贫困政策以及可持续发展的整合。（2）重视社会各层级关系人抗灾能力的培养，尤其是在个人、小区以及国家的层级。（3）国家担负保护其人民免于灾害风险的首要责任，在国家政策制定中，减少灾害风险应列为优先考虑的原则。自“兵库行动纲领”开支，国家减灾责任成为国际防灾减灾的观念潮流。但笔者认为，“国家减灾责任”应包括两方面的意涵：（1）强调国家对防灾减灾事务的管理责任，对抗灾救灾的救助责任，事实上是指国家承担起相应的灾害义务；（2）应强调国家防灾减灾行动存在相应过错时，须承担起国家赔偿的责任。前者已在我国逐步落实，而后者似乎还须理论与立法的进一步完善。

当前，我国灾害防救不力所承担的责任类型，主要是行政机关及其负责人的行政责任。例如，在本次“7·19 邢台洪灾”中，邢台市委、市纪委启动责任追究程序，对此次抗洪中工作不力的责任人先停职后调查。邢台经济开发区党工委书记、管委会主任段小勇，东汪镇党委书记张国伟，王快镇党委副书记郭同恒等人被停职调查。可见，目前的追责手段主要局限于领导责任的承担。但造成洪水漫堤的直接原因—供暖工程建设侵占河道导致河道收窄无法泄洪，这一明显具有纰漏的事项，似乎别无他法进行责任追究，在我国现行的《国家赔偿法》中，亦无法找到相关依据，使政府负担对受害者的赔偿。

我国台湾地区的经验颇值得借鉴。依据台湾地区“‘国家’赔偿法”第 2 条第 2 项后段规定：“公有公共设施因设置或管理有欠缺，致人民生命、身体或财产受损害者，国家应负损害赔偿责任。”例如，曾有当事人主张，台南县当局就公园道路、边坡保护、排水系统等公有公共设施之设置及管理均有欠缺，致 2010 年纳

① 王建平：《我国防灾减灾救灾综合机制的设想》，载《政法论丛》2017 年第 3 期。

② 参见王建平著：《减轻自然灾害的法律问题研究（修订版）》，法律出版社 2008 年版。

莉台风来袭时,因豪雨挟带大量土石倾泻,灌入其所经营的关子岭大旅社,造成旅社房屋毁损,受有损害。台湾地区“高等法院台南分院”2007 年度上“国”更(一)字第 1 号民事判决,即认为:“未深虑系争区域之地质环境敏感,属山崩潜感性高的地带,原应尽量避免开发,乃竟未经充分调查、规划、设计即径行开辟道路,且所开辟之道路高度亦有不足;复在道路开发后,所为之相关水土保持措施不足及挡土墙墙身配筋不当,而存有瑕疵,堪认被上诉人所为上开公有公共设施之设置已有欠缺。加上被上诉人对于系争区域内之排水系统又未加维护,致纳莉台风来袭时,造成淤塞,致使雨水漫流,形成新的侵蚀沟,最终又流回崩塌区而造成危害。被上诉人在上开公共设施建造后未妥善保管,怠为修护致生瑕疵,足认被上诉人就上开公有公共设施之管理并有欠缺。”

五、结 语

“7·19 邢台洪灾”造成的后果是悲剧性的。自然灾害在越发显示其不确定性的同时,也持续的伴随着人(包括政府)的不当行为作为致灾因素助力了灾害后果的进一步扩大。人的致灾性,应当从其与人的治灾性这对相互关系中去寻找答案。法律作为社会控制的手段,不仅是政府实现灾害良治的有力工具,也是约束政府长官意志、促进政府科学决策的必要条件。法律应当可以为灾害防救提供一个相对精密的制度和规则框架,约束各主体的防灾减灾行为,并在持续的规训中,实现灾害防救的法治化,从而实现有效的灾害管理,切实保障和维护人民的生命财产安全。

Disaster Response Capacity Building for Government under the Background of Legalization of Disaster Prevention and Reduction

——Observing from the case of “XingTai flood”

Ma Yixin　Lai Hongyu

Abstract:In 2016, a flood disaster occurred in XingTai city, Hebei province and causing heavy casualties. From the perspective of legalization of disaster prevention and reduction, XingTai government has great loopholes in decision-making and action in flood control, which shows that the government has great defects in disaster response capacity. It includes neglecting the “uncertainty” of environmental risks and thus inadequate disaster preparedness, the obvious absence of the formation mechanism of disaster warning information, the failure of the disaster warning information transmission mechanism to “cover the right people with the right information at the right time", and the separation of man-made factors such as the encroaching of heating project from legal control. The reflection and inspiration from XingTai flood is that we should emphasize the legalization of disaster prevention and rescue from a macro perspective, and realize the integration and comprehensive understanding of disaster prevention and rescue. At the same time, assuming legal responsibility to someone in the disaster prevention and rescue.

Key words: disaster information mechanism　the nature of man-made disasters　integration of disaster prevention and rescue　comprehensive disaster prevention and rescue　responsibility for disaster prevention and rescue

生态文明体制改革视角下我国生产者责任延伸制度研究

▌罗　娟[*]　余嘉勉[**]

[内容摘要]　生产者责任延伸制度在国内外的发展进程及学界研究表明其应在生态文明体制改革中占据核心位置。汉德公式理论为生产者责任延伸制度铺垫了坚实的理论根基,而实践中生产者法律责任界限不清、配套制度不足、监管机制欠缺等难点,致使制度运作无法达到预期生态目标。因此,提出了生产者责任分配的阶段化、支持性配套政策工具、行政机关和同侪监督等策略选择的方向,以期为生产者责任延伸制度的优化提供可行进路,再现其在生态文明体制中的位置。

[关键词]　生产者责任延伸制度　生态文明　汉德公式

* 罗娟,西南财经大学法学院经济法学博士研究生。

** 余嘉勉,西南财经大学法学院经济法学博士研究生。

2018年6月，媒体曝光的北京顺义区李桥镇垃圾山事件①仍存余温，其所带来的巨大社会恐慌将在较长一段时间内影响公民的心理认知。2015年，中央即发布《生态文明体制改革总体方案》，旨意于强化政府部门环保监管使命与落实环保责任、提升公民环保意识，力争"绿水青山就是金山银山"的崇高环保理念深入人心，着重强调生产者责任延伸制度的建构与补强。中央环保督察组接连进驻地方进行环保检查，大刀阔斧地处理了多起危害环境的案件，然而在此高压执法下，类似于李桥镇垃圾山事件的环保案仍在发生，究其实质，与需内外部合力解决的环境问题息息相关，国内当下在外部强制监管层面已做的很到位，而内部监督层面如生产者责任延伸制度等仍亟待强化。

一、生产者责任延伸制度的中外生长脉络

（一）生产者责任延伸制度的缘起及国外生长历程

生产者责任延伸（Extended Producer Responsibility，EPR），又被称为生产者责任扩大，是废弃物管理的核心内生制度之一，也是循环经济中的一种"新事物"，其最早出处见于瑞典环境经济学家托马斯·林赫斯特向瑞典环境部提交的报告中。托马斯教授的观点明确了生产者责任延伸制度的环保要义，希望通过各主体的努力尽可能降低产品对环境的负面影响，制度核心在于明晰产品制造者的责任，这一责任范围涵摄整个产品生命周期链条，尤其是重视产品的回收、循环和最终处置的产品消费后环节。②

OECD于《EPR框架报告》中相对完备地对生产者责任延伸制度进行了诠释。在责任主体上，产品生产商、进口商应当承担大部分责任；在责任范围上，责任主体的责任覆盖产品整个生命周期，包含选取原材料、产品设计等上游影响，生产程序带来的中游影响及产品消费后回收处置的下游影响。OECD意识到定义过于宽泛，无法完整释明该责任，遂于2001年修订并公布《EPR政府工作指引》，对生产者责任延伸概念进行完善。其仍坚持EPR的环境属性，在环境政策分支中列出，生产者承担的物质或财务责任不止于产品出售后，而应扩展至包括消费后阶段的整个产品生命周期。《EPR政府工作指引》提出生产者责任延伸制度的两个互系特征：其一，产品废弃物处置责任的转移，即将市政当局承担的全部或部分责任转移至产品生产者处；其二，鼓励生产过程充分虑及产成品可能

---

① 参见：《垃圾山矗立五六年　绵延三四百米无人清理》，载 http://v.ifeng.com/video_17110670.shtml。

② 参见王干：《论我国生产者责任延伸制度的完善》，载《现代法学》2006年第4期。

带来的环境影响,并着力通过改良生产技艺等方式提前化解。[1]

美国可持续发展总统议会以"延伸产品责任"来称呼生产者责任延伸,认为这是一项崭新的实践。延伸产品责任系统确立环境影响责任由包含制造者、供应者、产品使用者及废弃物处置者在内的主体共担。而识别生产链条上最具潜能改良产品环境影响的参与者是其中一项制度目标。即使列出多类责任主体,但最终的责任承担主体会权衡具体情况中各主体的行为对环境影响的大小而确定。[2]

欧盟时常间接研究生产者责任延伸制度,倾向于从宏观维度切入,对产品整个生命周期做环保控制。欧盟早期就致力于研究"综合性产品政策",该政策内容包括生产者责任延伸理念,并视其为政策的主要内容。至今,欧盟正在实施对包装物、废旧车辆、废旧电池和废旧电子电器产品等环保处置指令,而指令颁发的根基与生产者责任延伸理念有着或深或浅的关联。鉴于此,欧盟视野下的生产者责任延伸重点强调消费后阶段,废弃产品处置责任由生产者全权负责。[3]

生产者责任延伸的立法,德国、日本走在前列。1991 年德国以循环经济理念为理论基础出台了《包装废弃物处理法》,其规定了生产者的回收义务,或自行回收包装材料,或委托专业公司回收,之后又扩宽生产者责任延伸的范围至废旧汽车、废旧家电等领域。日本大量的环境法规在很大程度上反映了生产者责任延伸理念,如在《循环型社会形成推进基本法》中明文要求生产者承担产品责任和产品废物处置责任。

(二)生产者责任延伸制度的国内发展境况

环境恶化已引发了国际社会密切关注,在国际大趋势下,国内逐渐重视环保,作为环保先行者的生产者责任延伸制度也备受关注,特别是将其与生态文明相联结。《生态文明体制改革总体方案》(2015 年印发)第五项"完善资源总量管理和全面节约制度"中明确提到在完善资源循环利用制度过程中重点实行生产者责任延伸制度,要求推动生产者落实废弃产品回收处理等责任,积淀了制度的政策根基。之后,国务院根据《生态文明体制改革总体方案》专程发布《生产者责任延伸制度推行方案》(2016 年),以推进生产者责任延伸制度的全面落实。《生产者责任延伸制度推行方案》由总体要求、责任范围、重点任务、保障措施四大板块构成,对生产者责任延伸制度进行了宏观上的制度设计。

---

① 参见钱勇:《OECD 国家扩大生产者责任政策对市场结构与企业行为的影响》,载《产业经济研究》2004 年第 2 期。

② 参见李艳萍:《论延伸生产者责任制度》,载《环境保护》2005 年第 7 期。

③ See Travis Miller, The Evolving Regulations and Liabilities Entwined in Corporate Social Responsibility, Texas *Environmental Law Journal*, 2017(46 Tex. Envtl. L. J. 219).

1. 国内生产者责任延伸制度的法律进程

国内早期的法律、法规中已显现生产者责任延伸制度的萌芽，即使未明确提出生产者责任延伸制度这一概念，在立法者的认知中已大致形成这样的理解。[①]现有法律、法规中的规定却较为模糊、不甚完善，不利于准确理解制度，也欠缺可操作性。

随后，相关法律、法规、规章在颁布或修订中多注重添加生产者责任延伸制度元素，如《循环经济促进法》划定了生产者、销售者与消费者三个主体的责任界限。[②] 依据强制回收名录，其所列产品和包装物均应由主体进行处置，生产者可以委托销售者或其他组织回收，或者委托专业的废物处置企业进行利用处置，受托方接受委托后应依法、依合同进行回收、利用与处置。消费者应主动向生产者或者委托回收组织交付废弃产品或者包装物。[③]

2. 生产者责任延伸制度的学理研究深度

不少环境法文献认为，环境保护是国家的义务，环境作为一项公共善品，其供给者必然是具备完全服务性质的国家，而非优先考虑自我利益的个体。[④] 此外，仍有学者主张消费者承担环保责任，[⑤]生产者责任延伸制度的提出打破了原初论证，从新的视角提出了应将生产者纳入环境保护责任承担主体范畴，并证实了生产者预防环境污染的成本耗费较其他主体而言更低。若国家主导环境保护，源于国家作为社会公意的集成者和代表者，其对于法律执行在某种意义上具有合理垄断。在此语境下，更为凸显环境保护措施的刚性特征，以国家强制力作为制度实施保障，是一个不可欲的竞争挑战。[⑥] 鉴于环境意涵的广泛性，国家在环保领域的执法成本可谓耗资巨大，这也为国家财政和地方财政带来不小的压力。国家的行为直接影响普通社会个体对环境保护的认知。环境与人类的生存息息相关，当保护环境的消耗与国家经济发展呈反向关系时，孰先孰后？

---

① 例如，《旧水泥袋回收办法》（1989年）规定水泥厂或受水泥厂委托的纸袋收购单位承担回收废旧水泥袋的义务，并辅之以最低回收比例、押金制度等措施；《固体废物污染环境防治法》（2005年）确立了固体废物污染环境防治的污染者负责原则，而包含产品生产者、销售者、进口者、使用者等均属污染者。

② 《循环经济促进法》第15条规定，“生产列入强制回收名录的产品或者包装物的企业，必须对废弃的产品或者包装物负责回收；对其中可以利用的，由各该生产企业负责利用；对因不具备技术经济条件而不适合利用的，由各该生产企业负责无害化处置”。

③ See Robert Reagan, A Comparison of E-waste Extended Producer Responsibility Laws in The European Union and China, *Vermont Journal of Environmental Law Spring*, 2015（16 Vt. J. Envtl. L. 662）.

④ 参见阳露昭、伍世瑜：《公众参与建设项目环境影响评价法律问题研究》，载《光华法学》编委会编：《光华法学》2015年第1期。

⑤ 参见秦鹏：《消费者环境义务的法律确立》，载《法学论坛》2010年第1期。

⑥ 参见吴元元：《公共执法中的私人力量——悬赏举报制度的法律经济学重述》，载《法学》2013年第9期。

有观点指出,消费者是产品的最终使用者,且消费者为数甚巨,应将预防环境污染的责任转移给消费者。[①] 而这一观点忽视了消费者预防环境污染的成本。消费者接触到的产品历经了“设计—生产—包装—检验—上市”的完整链条,在每一个环节都有可能产生环境污染,也可能由于上一环节的疏忽导致以下环节的污染,而将最终使用产品的消费者视为唯一责任主体,是否有待商榷?经济分析的成本论说明了成本无处不在,理性人往往倾向于选择低成本方式运作。科斯理论认为不管是公民还是政府,都乐于追求得大于失的行为。但是,在各自为政决策的前提下,面对各种社会格局进行选择时,将导致某些决策改善现有制度,也可能会导致其他决策恶化。而且,必须考虑到各种社会格局(包括市场机制和政府管理机制)的运行成本,以及转化成一种新制度的成本。[②] 消费者大多为社会普通个体,其进行环境保护的能力有限,所消耗的成本可能占据其个人资产的大部,人的存在价值是生存和发展,[③]在首先满足生存的条件下再进行发展,个体为进行环境保护损及其生存权,是否得不偿失?既然环境是一类公共善品,要想增加公共善品的供给,必须在制度上切实有效地降低行为人的善行成本。强调生产者的环保责任是对原初制度的一种改革,也显现了生产者在预防环境污染中的制度优势。

鉴于此,专门研究生产者责任延伸制度的学者或将延伸责任视为生产者义务的展开。而广义的“生产者”涵盖产品生产者、产品进口商、产品转卖商等;“延伸责任”则由源头预防责任、产品环境信息披露责任、废弃产品回收、处置和循环利用责任等组成,且具体责任以消除产品环境影响为目的而设。[④] 学者或指出生产者责任延伸制度立足于循环经济理论和外部性内部化理论进行建构,通过追责实现回收、处置和循环利用产品废物,达到保护环境与高效利用资源的效果。国内在制度实践中应关注的节点涵盖挑选实施对象、明确实施方式以及建构和完备相关保障机制。[⑤] 此外,责任的转移亦是确保生产者责任延伸制度顺利运行的必然要件,由政府全力承担产品废弃物管理责任到部分责任向生产者转移的生产者责任延伸制度的风险共担优势及主体法律责任的确定、回收处置体系的构建、政策工具的选择等维度论证了生产者责任延伸制度是发展循环

① 参见杜志华:《欧盟消费者保护政策与环境保护政策的一体化研究》,载《中国政法大学学报》2010 年第 6 期。

② 参见科斯:《社会成本问题》,载科斯等编:《财产权利与制度变迁》,第 52 页。

③ 参见吴义龙:《环保政策的价值取向:规制还是激励——以排污权许可交易制度为例》,载《光华法学》编委会编:《光华法学》2011 年第 6 辑。

④ 参见唐绍均:《论生产者责任延伸制度概念的淆乱与矫正》,载《重庆大学学报(社会科学版)》2009 年第 4 期。

⑤ 参见高晓露:《循环经济视野下的生产者责任延伸制度解读》,载《经济经纬》2009 年第 4 期。

经济的动力支持。[①]

生产者责任延伸制度担当了补强生产者承担环境责任的深度和广度的角色。建构生产者责任延伸制度是应对当前环境污染、生态损害问题的优选法则，其力图在理论思路与实践经验的双重作用下实现主体多元化的环境绿色主义。

二、生产者责任延伸制度的学理支撑

中外学者在制度层面深入把控生产者责任延伸的内涵与建构，而制度设计需要相应理论的支撑，汉德公式为生产者责任延伸制度的表达提供了理论根基。

生产者责任延伸制度设计在法理上可追溯至英美侵权法上著名的汉德公式，即探寻B（加害人的预防成本）和PL（事故发生概率×事故实际损失，即事故预期成本）之间的关系。[②] $B<PL$ 对应过失责任，预示预期事故成本高于预防成本，即损害是可经由加害方实施合理注意予以避免，但加害方却受其他因素影响未实施预防行为，因此应当承担责任；$B>PL$ 对应严格责任，预示事故预期成本低于预防成本，即使实施合理注意也无法避免损害的发生，基于保护受害方的思维，加害方仍需承担责任。[③]生产者责任延伸制度语境中，生产者改革生产技艺，提升产品环保性所耗费的成本与生产者故意或疏忽导致危害环境事件的发生及其造成的损失之间的定量关系，是生产者落实制度的考量因素。“理性人”的经济学基本假设表明，生产者在进行衡量时，倾向于选择低成本策略，而环保按日计罚下出现的“天价罚单”[④]阻吓了生产者使用非环保生产手段，循此，生产者侧重改进生产技艺的方式，即使这在一定程度上增加了预防成本，但相较于“天价罚单”却是九牛一毛，从而保证了 $B<PL$，满足了过失责任的数量对比关系要件。申言之，在这种确定性的“行为模式－法律后果”模式下，生产者为避免承担过失责任，会更为注重实施合理注意，进而减轻环境危害事件的发生概率。就单一向度的成本而言，生产者仅需在生产过程中改进工艺，增设环保设施，长远来看是一劳永逸的，轻易即可达到高标准的环保效应。

生产者责任延伸制度多次重申生产者对产品整个生命周期负责，深层次的目标是实现“资源—产品—废弃物—再生资源”循环流动过程的经济形态，而担

---

① 参见黄锡生、张国鹏：《论生产者责任延伸制度——从循环经济的动力支持谈起》，载《法学论坛》2006年第3期。

② See Stephen G. Gilles, on Determining Negligence: Hand Formula Balancing, the Reasonable Person Standard, and the Jury, *Vanderbilt Law Review*, 2001(54 Vand. L. Rev. 813).

③ 参见吴元元：《基于信息的荐证广告之法律规制——以保健品广告为中心》，载《法商研究》2008年第1期。

④ 参见袁贻辰：《“天价罚单”背后的环保较量》，载《中国青年报》2015年6月17日第9版。

责未尝均给生产者带来不利影响。立志打造人类与自然界的现代化发展新局势的生态文明体制与生产者责任延伸制度贯彻的“减量化、再利用、再生和再循环”原则①有着内在相关性,并促进制度功能的发挥。日本细致严谨的垃圾分类方案给生产者进行再生产提供了便利,变“末端治理”为“源头管控”,契合生态文明的内涵。生产者对产品使用后的回收和最终处置,在另一个维度上,可以理解为节约生产者的再生产成本,对废弃产品进行“再利用”和“再循环”,②也是体现生产者良好声誉、实现自然环境、人类社会和经济增长的“三赢”的一种优策略。

三、国内践行生产者责任延伸制度的实践难点

实践知识生长于制度在相关场域内的运作,并作用于制度后期的日臻完善。自生产者责任延伸制度在国内确立以来,已有一定实践,实践中展现的难题不但是制度运行效果的直接反映,更为发现制度漏洞进行制度补强指引了方向,颇具深思价值。

(一)生产者法律责任界限不清

义务与责任相勾连,责任的设定是义务全方位履行的推动力,法律要求生产者对产品的整个周期承担管理义务,并对违背该义务设定了相关责任,以法律的威慑力敦促生产者自觉履行义务。实践情况表明,生产者责任延伸义务被划分为一般性延伸义务与强制性延伸义务,前者以程序性事项、不关涉或较少关涉环保等事项为主,后者涵盖生产者初始预防、滥用原料、过度追求经济利益而忽视环保意义等重大事项。一般性延伸义务多数在法律法规层面已进行明晰表述,若违反则较易察觉且较快进行查处,而部分需要生产者履行的强制性延伸义务所对应的法律责任规定模糊,给予生产者“合法规避”的空间。以生产者承担强制性源头预防义务为例,《清洁生产促进法》和《循环经济促进法》都确立了在产品制造阶段生产者对产品外包装的强制性延伸义务,避免“华而不实”的产品进入市场,而对生产者不履行该义务所需承担的法律责任却未有只言片语,不利于保障合理包装等强制性延伸义务的履行。③ 此外,前述已论述生产者责任延伸制度中的“生产者”应予以扩大解释,文义上的生产者是其当然主体,在产品生命周期中获得产品收益的销售者、进口者、消费者等也应承担一定的延伸责任。

---

① 参见祝融:《生产者责任延伸制度立法的探讨》,载《环境保护》2005 年第 10 期。

② 参见曹平、尤海林:《我国循环经济促进法生产者责任延伸制度存在的问题与对策》,载《广西社会科学》2013 年第 10 期。

③ 参见孙曙生、陈平、唐绍均:《论废弃产品问题与生产者责任延伸制度的回应》,载《生态经济》2007 年第 9 期。

而各主体的责任区分在法律上未有确切规定，是由生产者承担产品全周期的经济责任，还是销售者承担产品部分周期的行为责任？实践中也呈现混乱。

（二）生产者责任延伸制度的配套措施缺乏

制度从构建到运行须借力于配套措施，在辅助性能强的配套措施的支持下能促使制度的运行更为顺畅，反之，则会遭遇阻滞。配套措施往往能弥补制度本身的原则性和滞后性，伴随生产者责任延伸制度的出台，相关配套措施也呼之欲出，而与国内当下立法现状的要求以及社会现实的需要，配套措施的具体落实仍然显得苍白无力。《生产者责任延伸制度推行方案》的重点任务提出制定电器电子产品生产者责任延伸政策指引和评价标准，《循环经济促进法》要求制定强制回收的产品和包装物名录，《清洁生产促进法》提出编制国家清洁生产推行规划并建设保障措施以确保规划的完成。然而截至当下，这些配套措施在国内仍然没有公布。配套措施的缺失导致制度的正常运行受限，须耗费更多的人财物方可维持制度运作，而这种缺失恰恰与生产者责任延伸制度所倡导的资源节约背道而驰。

（三）监管体制不健全

监督是制度正常运行的保障，日常适度监管所形成的威慑有助于减少制度的运作障碍。相关国家行政机关由于权力边界混淆，对制度的监管多表现为相互推诿，尤其是在生产者回收利用废弃物的环节，由于法律法规并未赋予某一具体行政机关监管权，遂削弱这一环节监管效果，生产者有足够的动机采取机会主义行为，其回收利用废弃物的行为形实不符。同时，缺乏同侪监督，同行业者对行业的熟悉度以及所具备的专业优势是一般监督者所不能比拟的。有关部门号召借鉴国外经验，成立生产者责任组织，在国家行政监管部门与生产者之间建立沟通的桥梁，也为中小规模生产者寻求庇护。实践表明，生产者责任组织尚未成立，而其所具备的监督职能亦不能发挥作用，致使生产者偷工减料、环保指标不达标等情况层出不穷。

四、国内生产者责任延伸制度的补强策略

（一）阶段化生产者的责任分配

从制度确立的原初意义上讲，生产者应当承担经济责任、行为责任与信息责任三大责任，每一责任既相互独立又相互融贯。产品生命周期中每个受益者都应对废旧产品负有相应责任，生产者是其中一个主体，但也是最重要的主体。从产品周期的阶段切入，或许能成为界分不同生产者的责任有效进路。

首先，对产品的生命周期进行链条化处理，大致可将产品的整个周期分为引入阶段（产品从设计投产到投入市场之前）、售卖阶段、使用阶段、退出阶段四个期间段。

其次,确立各阶段的主体。引入阶段主要是生产者采购原材料、进行产品设计、将设计投入生产进而产出产品的过程,这一阶段以生产者为主,通常将商品商标所标示的企业视为生产者。售卖阶段是对产品进行销售,涉及销售人员,若要进行国际贸易,则还会涉及进口商,此阶段以销售者和进口者为主。使用阶段是产品在完整生产后经由销售者销售给消费者,供消费者使用的时期,这一阶段产品的控制权在消费者手中,消费者当然成为此阶段主体。退出阶段的产品耗尽或几乎耗尽其使用价值,已被归为或即将跨入废弃品行列,对废弃品进行回收、处置与再利用是生产者责任延伸制度的题中之意,此阶段涉及多个主体,以具体情形具体斟酌,如生产者在产品回收和利用上应负主要责任;消费者应分担废旧产品的回收处理费用。

最后,依据前述阶段以及各阶段的主体进行责任分配。在产品出现问题后立即根据产品当时所处阶段,定位阶段主体,并分配相应责任。最终目的仍是希冀实现生产者循环生产、销售者合理合规销售、消费者绿色消费的宏愿。

(二)建立和完善支持性配套政策工具

意图顺利实施生产者责任延伸制度,支持性配套政策工具的辅助必不可少,在一定程度上,完善的配套措施甚至可能影响制度的生长趋势。就生产者责任延伸制度而言,具体的支持性配套措施包括:

第一,技术标准与法律法规标准体系。标准是判断事物或事件属性的基本性要件,确立标准是定性的开端。判断是否属于生产者责任延伸制度的规制范畴,首要任务是建立诸如产品分类标准、报废标准等技术标准,与相应的法律法规标准。经由所确立的标准,对产品或环保事件进行评估,若符合条件,则由生产者责任延伸制度进行规制。

第二,经济性政策工具。根据布鲁金与霍芬的定义,"政策工具应用的焦点在于政策产出或政策效果的实现,工具性研究的核心假定就是,不同的工具类型分别构造了不同的政策活动,同样也引发了问题并产生不同的效果",[①]而经济性政策工具是从自愿性与强制性角度所进行的分类,其指以尊重市场机制为要点的管理部门,利用经济刺激措施或工商管理技术,指导、规范目标群体行为而达到政策目标。[②] 实践运行中,常见的经济性政策工具主要有奖惩制度、价格政策、财税政策、消费政策等。生产者责任延伸制度的运行需要经济性政策工具的协助,设立有力的奖惩制度,在鼓励兼具惩戒机制的作用下,督促生产者自觉履

---

① [美]盖伊·彼得斯著:《公共政策工具——对公共管理工具的评价》,顾建光译,中国人民大学出版社2007年版。

② 参见李芳慧:《我国环境政策工具选择研究》,湖南大学2011年硕士学位论文。

行责任，强化各环节产品的环保功能；设置一定倾斜度的税收政策，积极履行生产者责任延伸义务、达到环保目标的生产者均有享受税收优惠的资格，以此激发生产者的环保积极性、主动性。

（三）设置与完善监督机制

监督机制所具备的激励效应是有效促进制度完备的法宝。国家对生产者预防环境污染主动采取措施的激励作用体现在设置一系列的奖励制度，并将其提升到可置信的奖励承诺，促使生产者的认知结构形成如果主动采取环保措施，国家会给予奖励，此种奖励不仅能增加企业资产，还能在留下良好形象，为以后取得国家政策提供便捷的预期。对于造成环境污染的生产者，国家应根据其污染的概率和污染的损害范围设立"环境污染清单"，[①]以此作为重点监督和执法的依据，在强压之下，迫使生产者采取环保行为，主动承担环保责任。在激励兼容约束的条件下，即只有当个体选择社会希望他/她选择的行动得到的期望价值大于或等于他/她选择其他行动时得到的期望价值时，个体才有积极性选择社会希望的行动，生产者从事环境污染行为的动机才会渐次消解。[②]

此外，加紧筹备同侪监督组织——生产者责任组织，依靠同侪力量建立平衡监管机制，降低监管成本。

初民社会几乎完全缺乏环保意识，能从环境中获得生存必需品进而活下去在当时人们的认知和行动中处于优先顺位。随着社会结构性变迁，环境问题被提上议程并在各个层面不断重申，化解环境难题的制度设计成为理论和实践领域的"香饽饽"。从行政规制到经济性规制，再到社会性规制，各种治理方式的尝试结果均与制度目标不符，生产者责任延伸制度所隐喻的法律治理模式或许不失为环境保护的一种创新模式，其最终目的仍冀望于实现福柯笔下的法理型治理。

Research on the Extended Producer Responsibility System in China from the Perspective of Ecological Civilization Reform

Luo Juan Yu Jiamian

Abstract: The researches of the extended producer responsibility system at home and abroad indicates that it should occupy the core position in the reform of

① 参见陈屹立：《环境侵权损害赔偿的经济分析》，载《光华法学》编委会编：《光华法学》2008 年第 1 期。

② 参见吴元元：《食品安全信用档案制度之建构——从信息经济学的角度切入》，载《法商研究》2013 年第 4 期。

ecological civilization system. The hand formula lays a solid theoretical foundation for the extended producer responsibility system. However, in practice, the unclear boundaries of producer legal responsibility, insufficient supporting systems and the lack of regulatory mechanisms have made the system unable to achieve the expected ecological goals. Therefore, this paper puts forward the direction of strategy selection, such as the phased distribution of producer responsibility, supporting policy tools, administrative organs and peer supervision, so as to provide feasible approaches for the optimization of the extended producer responsibility system and reproduce its position in the system of ecological civilization.

Key words: the extended producer responsibility system ecological civilization hand formula

法律制度与理论

刑事习惯与处罚优待的教义学体系[*]

■ 胡选洪[**]

[内容摘要] 刑事习惯是与国家制定的刑事实体法或刑事程序法的规定存在某种冲突或紧张关系的、特定族群(群体)在日常生活中的一些惯常性做法。在刑法教义学体系中,与刑事政策相关联,刑事习惯可以作为超法规违法阻却事由、实质解释观和犯罪论体系建构的考量要素。把融入了刑事习惯和刑事政策精神的刑事处罚必要性作为体系性方案的一个独立要件或判断犯罪的一个独立步骤,既利于定性,也利于量刑。这样的体系性方案,在刑法适用过程中自然具有一种处罚优待功能。

[关键词] 刑事习惯 体系性方案 处罚优待功能

民族地区的刑法适用与特定地域或特定民族的生活习惯、宗教信仰、文化传统等因素密切关联。对这些复杂因素,本文以刑事习惯概念来对其进行统一称谓。为了实

* 本文系笔者主持的教育部人文社会科学青年基金项目“刑事习惯、刑事政策与藏区刑法适用互动关系研究”(项目编号:14YJC820022)的阶段性成果。

** 胡选洪,法学博士,四川民族学院法学院副教授。

现刑法适用结果的安定性，就需要在刑法教义学的话语系统内找到刑事习惯的位置与空间。

一、刑事习惯概念的确立

刑法适用离不开对刑法规范的解释，而刑事习惯则成为刑法解释中必须考虑的社会规范背景。“概念是解决法律问题所必需的和必不可少的工具。没有限定严格的专门概念，我们便不能清楚地和理性地思考法律问题”。[①] 在习惯、习惯法和民间法这三个概念的使用上，本文的基本立场是坚持使用习惯的概念，同时，为了与宪法中的习惯、民事性法律中的习惯和行政性法律中的习惯进行区分，[②]本文进而使用刑事习惯的概念。所谓刑事习惯，简而言之，是指与国家制定的刑事实体法或刑事程序法的规定存在某种冲突或紧张关系的，特定族群（群体）在日常生活中的一些惯常性做法，刑事习惯即属于对这些惯常性做法的统称。另外需注意的是，本文所使用的刑事习惯概念仅属一个分析性的概念，并不具体指向社会生活中的某种惯常性做法。但缘于学界长期使用习惯法和民间法的概念并几乎成为一种思维定式，因此，本文在讨论相关问题时又不得不涉及习惯法或民间法的概念，此时，三个概念是在同等意义上使用。即在本文中，习惯、刑事习惯、习惯法或民间法，都是在非国家制定法的意义上使用，在一种广义的社会规范的意义上使用。如果某种习惯已经为国家制定的法律所认可，则此种习惯已非广义的习惯法或民间法，而就是法律规范本身。[③]

在部分民族地区，目前尚存的刑事习惯有诸如早婚、一妻多夫、携带管制刀具等情形。对应国家刑法的规定，可能与强奸罪、重婚罪、非法携带管制刀具危及公共安全罪等罪名的构成要件相符。同时，如果把现代国家规定的犯罪视为一种主体之间的纠纷，则纠纷的解决方式除国家依照刑事诉讼法的规定对犯罪人进行刑事追诉外，当事人之间的私立救济和社会其他主体的介入也属于重要的纠纷解决方式。当事人之间的私立救济如民族地区长期以来存在的诸如赔命价、赌咒、发誓等方式；社会其他主体的介入诸如村落长者、寺庙活佛、高僧大德等进行的各类型调解等。赔命价、赌咒、发誓等既体现了民族地区传统文化、宗

① ［美］E. 博登海默著：《法理学：法律哲学与法律方法》（修订版），邓正来译，中国政法大学出版社2004年版，第504页。

② 参见高其才等著：《当代中国法律对习惯的认可研究》，法律出版社2013年版，导论，第10～17页。

③ 缘于写作思路和其他学者的已有研究，本文无意详细讨论习惯、习惯法和民间法这三个概念间的联系与区别。关于三者间的联系或区别的讨论，可参见杜宇著：《重拾一种被放逐的知识传统——刑法视域中“习惯法”的初步考察》，北京大学出版社2005年版，第2～11页。

教或社会生活本身的实体维度,也体现了纠纷解决过程的程序维度;长者、高僧大德、活佛等进行的各类调解则主要体现了纠纷解决的程序维度,两者共同构成了一种民族地区存在的非司法治理逻辑,"成为中国藏区治理的非司法独特叙事"。[①] 因此,在本文中,刑事习惯的概念内涵体现在外延方面既是实体性的,也是程序性的。至于其具体的内涵维度则视讨论问题的场合而定:在讨论实体性问题的场合,其内涵体现实体性维度;在讨论程序性问题的场合,其内涵则体现程序性维度。但缘于本文主要是从实体法即刑法视角讨论问题,因此,程序性的刑事习惯维度仅在必要时涉及。这是理解本文刑事习惯概念的必要前提。

至于本文不使用学界通常的习惯法或民间法概念的缘由则是需要专门交代的。长期以来,学界特别是法理学界通常在与成文法相对的意义上使用习惯法的概念,在与国家法相对的意义上使用民间法的概念。朱苏力、高其才、谢晖、刘作翔、徐晓光等都是研究习惯法或民间法的代表性学者(其相关著述在此已不必进行罗列)。在概念的使用上,谢晖教授多使用民间法的概念,高其才教授和徐晓光教授多使用习惯法的概念,朱苏力教授和刘作翔教授多使用习惯的概念。本文认为,无论是使用习惯、习惯法或民间法的概念,其内涵和目的实际上并无实质性差别。正如刘作翔教授所言:"'民间法',广而言之,民间社会规范;简言之,民间习惯、风俗、道德、章制、礼仪也。'民间法'这样一个并不科学和规范的名称和概念,这些年却被众多学者挂在口上和留驻笔端,原因可能在于它有一个很形式化的概括,即'民间法'的概括。这一概括言简意赅地表达了人们欲表达的东西,成为学术交往、交流和学术表达的一个'便利'"。"他将除国家制定法之外的,只要能够对人们的行为起规范、指导、约束等作用的大多数非国家性的社会规范(政策也除外)都统统纳入自己的麾下,可谓是一个阵容强大壮观的社会规范组合"。[②] 即在刘作翔教授看来,民间法、习惯抑或习惯法在内涵和外延方面实际上并无实质性差别,相关概念的使用仅在于为学术交往、交流和学术表达提供了一个"便利"。近年来,习惯法或民间法已成为法理学中一个较为热门的研究路向。就刑法学视野下的刑事习惯而言,苏永生教授和杜宇教授的相关研究是这一研究领域的代表性之作,[③]两者在概念的使用上均体现为使用习惯

---

① 杨继文、姜利标:《藏区治理的非司法叙事:刑事纠纷与宗教习俗》,载《中南民族大学学报(人文社会科学版)》2016 年第 2 期。

② 刘作翔:《具体的"民间法"——一个法律社会学视野的考察》,载《浙江社会科学》2003 年第 4 期。

③ 参见苏永生著:《区域刑事法治的经验与逻辑》,人民出版社 2013 年版;苏永生著:《刑法与民族习惯法的互动关系研究》,科学出版社 2012 年版;苏永生:《正义的妥协——民族法文化视域的刑法思考》,法律出版社 2009 年版;杜宇著:《重拾一种被放逐的知识传统——刑法视域中"习惯法"的初步考察》,北京大学出版社 2005 年版。

法的概念。

至于相关学者关注和研究习惯法或民间法的原因，田成有教授进行了如下分析：其一，是一种挥之不去的传统回归。即中国的传统社会是一个“没有法律”的社会，虽说没有法律，但并不影响这个社会的秩序，秩序的生成主要依“礼”和依“习惯”而治。其二，是对现实国家法神化破灭的反思与移情。即对国家法作用与法制运作的担忧与无奈反思，是推动学者们注重研究国家法之外的习惯法的重要原因。其三，是法律多元认识的推动。即对法律概念的争论，站在国家和社会各自不同角度的多元审视，影响了人们对法的认识，成为推动或强化一些学者对习惯法进行有所偏好和有所研究的另一因素。① 这些因素共同促成了相关学者对习惯法或民间法的研究热潮和概念使用。就刑事习惯而言，不可否认的是，无论在社会生活还是司法实践中，其都是“一种真实而有力的存在”，②这种现实也导致学者们不可能对其视而不见。

本文坚持不使用习惯法或民间法的概念而使用习惯概念的缘由，其根本上也在于同样意识到，对习惯法或民间法的概念使用及其思维存在如下隐忧：即通常认为法是与国家相关联的，法源于国家，如果广泛使用习惯法或民间法的概念，则存在泛化“法”概念及其内涵与特征的危险，最终对国家法治建设和依法治国根本方略的贯彻有害无益。即“如果我们另起炉灶，强势地提出国家法之外还有其他法存在的说法，无疑会给人们的思想添乱，给人们习惯了的站在国家立场上的熟知的法律概念增加困惑，也就是说，习惯法这一提法多少有些‘字眼’上的误解和理论上的混乱，其弊害会造成国家法之外还有法的错觉，形成国家法中根本没有认可、没有采纳、甚至拒斥习惯的印象。”③同时，“‘习惯法’、‘民间法’是法治之法的组成部分等主张泛化了法的内容和形式，模糊了法律和政策、道德、习惯等规范的界限，直接冲击法律的权威，这无疑会破坏国家法制的统一性、严肃性，造成法律实施的混乱，并且会给规避国家法律提供借口”；“泛化的‘法’概念，割裂了法与国家权力的内在的、必然的联系，必然导致对法的本质的曲解，同时割裂这种必然联系，也无助于深入研究法律调整的特殊性。”④因此，田成有教授认为，缘于“习惯法的提法，取意非常模糊、混乱，它会带来一些误解与伤害。如我们非要使用习惯法，笔者认为这一概念也只能是限定在学者们分

---

① 参见田成有：《“习惯法”是法吗？》，载《云南法学》2000 年第 3 期。

② 参见杜宇：《当代刑法实践中的习惯法——一种真实而有力的存在》，载《中外法学》2005 年第 1 期。

③ 参见田成有：《“习惯法”是法吗？》，载《云南法学》2000 年第 3 期。

④ 田钒平：《少数民族习惯法理论研究进路的解构与重塑》，载《西南民族大学学报（人文社科版）》2009 年第 6 期。

析问题时的一个分析性概念使用，而不能把它当成是一个与国家法相对应的分类概念使用，或者说，它只能限定在有价值上、学理上的意义，而没有功能上的和文字上的意义。”[①]对此，学者田钒平也认为：“对少数民族习惯法的研究，应当是在明确‘习惯法’仅为学理研究的分析性概念的基础上，以国家主义的法律观为依托展开探讨的过程。”[②]

因此，本文基于国家主义法律观的立场，坚持法或法律概念内涵的统一性，坚守罪刑法定主义原则的立场和精神，拒斥习惯法或民间法的概念使用及其思维，在本文中使用刑事习惯的概念，且仅将其作为一个分析性的概念使用。

在民事司法实践中，把风俗习惯运用于案件的处理则必须经过正当的法律程序，在原被告双方充分举证、质证、查证的基础上，审判机关一般围绕以下标准对风俗习惯进行认定：是否为特定时空范围内的一般社会成员所共知；是否得到人们的心理确信；是否为诉讼双方当事人所共知。[③] 民事司法实践通过专门的程序性规则对风俗习惯的正当性进行认定，从而确信某种做法是否为人们的惯常性做法。应当说，此种程序性确信方法同样适用于刑事司法实践。因为“我们的世界已变得越来越错综复杂，价值体系五花八门。常常很难就实体上某一点达成一致。一个问题的正确答案因人而异，因组织而异。程序是他们唯一的能达成一致的地方，而且他们能达成一致的唯一程序是能保证程序公正的程序”。[④] 但应当注意的是，虽然程序为风俗习惯的确信提供了一个认定的平台和规则，但诸如“是否为特定时空范围内的一般社会成员所共知；是否得到人们的心理确信；是否为诉讼双方当事人所共知”等标准，实际上任然是一些需要具体讨论的实体标准，这也为学理对其进行研究提供了必要性和广阔空间。

同时，本文赞同刘作翔教授的如下看法：“‘民间法’是具体的，而非抽象的”，“我们很难在极其抽象的意义上对‘民间法’作出一种理论解说和评判”，并且，“在国家法和‘民间法’之间，不存在普遍规则，只存在具体的案例中所体现和表现出的国家法和‘民间法’的孰是孰非的问题和判断”，“在国家法和‘民间法’之间，重要的不在于它叫什么，而在于它是什么”。[⑤] 本文理解，刘作翔教授实际上是说，不能对习惯法或民间法进行一种笼而统之的抽象思考，因为并不存

① 田成有：《“习惯法”是法吗？》，载《云南法学》2000 年第 3 期。

② 田钒平：《少数民族习惯法理论研究进路的解构与重塑》，载《西南民族大学学报（人文社科版）》2009 年第 6 期。

③ 参见公丕祥主编：《民俗习惯司法运用的理论与实践》，法律出版社 2011 年版，第 152 页。

④ 宋冰著：《程序、正义与现代化》，中国政法大学出版社 1998 年版，第 376 页。

⑤ 刘作翔：《具体的“民间法”——一个法律社会学视野的考察》，载《浙江社会科学》2003 年第 4 期。

在一种统一的规范化的民间法，民间法都是具体的。也即民间法或习惯法实际上也是一种对人们在社会生活中的各种惯常性做法的统称而已，而具体的惯常性做法是否具有正当性，则是需要具体分析的问题。就本文而言，刑事习惯概念在最终指向上也只能是一种“具体的刑事习惯”，也即社会生活中并不存在一种一般意义上的刑事习惯。

二、刑事习惯的教义学定位

刑事法作为社会治理机制中最末端的机制，必须以其他社会治理机制的存在作为前提。简言之，如果社会治理的非刑事法机制已经非常有效，社会没有出现大的失序，就应当由社会的其他治理机制来对社会秩序进行调整，而不能随意把轻微的导致社会失序的行为作犯罪处理。这应当是中西方人类历史历经惨痛代价而获得的共识性结论。

应当没有疑问的是，在排除人为因素的不正当干扰的前提下，在当今罪刑法定主义的约束下，刑事法机制的前提应当是刑法机制，即如果某种行为在刑法中并未规定为犯罪行为，则后续的刑事诉讼机制和刑罚执行机制必然难以启动和展开。在本文的研究和讨论视域内，刑法机制指涉的就是刑法的教义学机制。因此，在一般意义上要为刑事习惯找到刑法的教义学地位，就是要在刑法教义学的核心即犯罪论体系中找到其地位，一方面为其安放恰当的位置与空间，另一方面为其界定恰当的教义学功能。在当今中国刑法教义学立场之争或刑法知识的转型背景下，对犯罪论体系的选择或站位要么坚持传统的四要件体系（或加以适当完善），要么采纳德日的三阶层体系（或加以变更为两阶层体系）。因此，刑事习惯的教义学体系地位也只能在犯罪论体系的这种选择或站位的前提下方能界定其恰当位置与功能。

今天的中国刑法学界虽然把犯罪论体系的选择看成是刑法教义学知识转型的一个根本问题，但在本文看来，两者除一些思维过程或思维方式存在差异外，传统的四要件体系与三阶层体系之间并不存在实质性分歧。如传统的四要件体系由犯罪客体—犯罪客观方面—犯罪主体—犯罪主观方面构成，在这四要件之外另行讨论排除犯罪的事由（相对于三阶层体系下的违法阻却事由）。在犯罪客体要件之下讨论的实质上是有无法益侵害（要素）问题，这与法益侵害说（结果无价值论）或二元的行为无价值论的逻辑起点并无差异。在犯罪客观方面要件之下讨论的是行为、结果、因果关系（客观归责）、时间、地点、方法等要素，这与三阶层体系之构成要件复合性阶层讨论的要素并无差异。在犯罪主体和犯罪主观方面要件之下讨论的是责任能力的有无（主体年龄是否具备、精神状态是否正常，如主体无责任能力，是精神病等，则相对于三阶层体系下的责任排除事由）、故意、过失等，这与三阶层体系之有责性要件讨论的要素也无差异。在四要件体系之下，正当防卫、紧急避险等违法阻却事由的确是置于四要件之外，但这并不能说明在讨论犯罪客体时不关注违法阻却事由，仅仅是关注的位置不同而已。三阶层体系由构成要件符合性—违法性—有责性构成，在其被引入我国后，经过学者们的改造，有了一些形式上的变种。如张明楷教授的“不法—责任”二阶层体系，实质上把构成要件复合性和违法性阶层合并为不法阶层，并把正当防卫、紧急避险等违法阻却事由纳入不法阶层的结果。[①] 周光权教授的“犯罪客观构成要件—犯罪主观构成要件—犯罪排除事由”的体系，除把正当防卫、紧急避险等作为“违法排除事由”，以及把责任无能力、欠缺违法性意识和期待不可能作为“责任排除事由”外，在大的体系逻辑上与传统的四要件体系并无差异。[②] 在三阶层体系下讨论的违法性意识的可能性和期待可能性问题，完全可以纳入四要件之犯罪主观方面要件下进行讨论。在三阶层体系下讨论的超法规违法阻却事由问题，则完全可以纳入传统犯罪论体系（广义上）之排除犯罪的事由中进行讨论。

同时，由犯罪客体—犯罪客观方面—犯罪主体—犯罪主观方面的体系逻辑也可以看出，在传统的四要件体系之下，犯罪的认定仍然坚持了由客观到主观的分析进路，而并非如一些论者批评的“主观判断可能优于客观判断”。[③] 至于把刑事司法实践中出现的冤假错案归咎于传统四要件体系，从而作为应当用三阶层取代四要件的想法或主张，在本文看来更是找错了对象。因为，在刑法适用过程中产生的冤假错案，是多种因素交织作用的结果，除了与刑事诉讼程序设置的合理性、证据认定的科学性与真实性、法庭审判是否以庭审为中心、犯罪嫌疑人或被告人的辩护权是否真实有效得到保障等复杂因素外，甚至与国家的整个刑事司法体制的合理性或科学性也密切关联。对此，日本学者西原春夫教授的看法仍然不无启发：“构成要件论对于所谓的恶法是无能为力的。在论及构成要件的意义时，千万不能忘记这一点。”“成文的条文在侵害人权的意图面前就不是那么有力，信任法律条文，其本身也起不到人权保障的作用。毋宁说，对人权的侵害大多是由形式上伪装成罪刑法定主义的恶法以及法的恶用所导致的，倒不如说人权保障的政策应当针对这个方向……在此，起人权保障作用的既不是成文法的条文，也不是构成要件，而完全是与法秩序

① 参见张明楷著：《刑法学》（第5版上），法律出版社2016年版。
② 参见周光权著：《刑法总论》（第3版），中国人民大学出版社2016年版细目。
③ 周光权著：《刑法总论》（第3版），中国人民大学出版社2016年版，第82页。

整体相关联的实质正义的观点吧。”①

因此，本文对其他学者们主张的犯罪论体系并不持特别立场，当然，本文会在结论部分初步提出笔者的体系性方案。但应当注意的是，无论是在传统的四要件体系下还是在三阶层体系下，都可以将刑事习惯置于体系相应位置并发挥其相应功能，并不会因为体系的不同而带来刑事习惯功能的差异。对于刑事习惯的教义学地位（体系地位），本文拟从如下方面进行初步讨论。

（一）作为超法规违法阻却事由考量要素的刑事习惯

例如，以“沉尸葬母案”为例。2008 年 11 月 3 日清晨，在福建南安诗山务工的王小喜在其母亲去世后，经与其妻商量，二人将遗体装入编织袋，在袋内装入 3 块石头和 1 块砖头，系好袋口，并在袋外胸口和脚部部位各绑一条绳子。装好遗体后，二人一起骑摩托车，将遗体偷偷运至码头镇大庭村溪边将其沉入河底。就其原因，据报道，是因为其母去世时，王小喜没钱，不能对其母的遗体进行通常的火化等处理，王小喜才有“没钱葬，不然就葬到水里吧”的想法，这样“也算水葬了”。案发后，福建省南安市公安局于 2008 年 11 月 8 日召开新闻发布会，就备受社会关注的男子“沉尸葬母”案进行通报。通报称，嫌犯被以涉嫌侮辱尸体罪依法拘留。② “沉尸葬母案”引发了舆论对社会弱者的关注，即王小喜到底有没有钱安葬亡母？经过警方对王小喜打工收入的后续调查，南安警方称：“在王小喜打工的南安码头镇仙美村某塑胶厂，调取了王小喜的工资表。工资表显示，王小喜月均收入 1000 元以上。他在该厂打工的 4 个月期间，7 月工资 808 元，8 月 1367 元，9 月 855 元，10 月 1418 元。案发时，王身上有现金 700 元，并且厂里还有 9 月和 10 月工资共计 2273 元可以领取。”③

对于“沉尸葬母案”，舆论从弱势群体的视角讨论问题，认为王小喜“没钱葬母”情有可原，不构成侮辱尸体罪。后经警方调查，王小喜实为具有对其母的遗体进行火化安葬的经济能力，所谓案情“出现反转”，应当构成侮辱尸体罪。在本文看来，本案中王小喜被以涉嫌侮辱尸体罪依法拘留，因此，所谓“沉尸葬母案”问题的实质并不在于王小喜是否有钱对其母的遗体进行火化安葬，而在于王小喜的行为是否侵害刑法保护的法益，是否符合侮辱尸体罪的犯罪构成。我国刑法上的侮辱尸体罪是指对尸体进行侮辱的行为。侮辱尸体的行为表现多种多样，如碎尸、拖尸游街或挂尸示众、鞭尸、暴露尸体、沉尸，等等。侮辱尸体罪的保

① ［日］西原春夫著：《犯罪实行行为论》，戴波、江溯译，北京大学出版社 2006 年版，第 78 页。

② 叶志军：《沉尸葬母案中弱者不一定代表正义》，载《中国青年报》2008 年 12 月 10 日。

③ 参见赵鹏云、魏柳菁、谢明飞：《儿子沉尸葬母续：警方称其有能力火化日前遗体》，载《海峡都市报》2008 年 12 月 9 日。

护法益,通常可以认为是死者亲属对死者的情感或社会公众对尸体处理方式的情感。因此,除拖尸游街或挂尸示众、鞭尸、暴露尸体等通常不存在多大争议的侮辱尸体行为可以成立侮辱尸体罪外,如果某种“碎尸”或“沉尸”已属于一种特定民族或文化对尸体处理的风俗习惯,即天葬或水葬,则此种“碎尸”或“沉尸”行为当然并未侵害法益,不符合侮辱尸体罪的犯罪构成,从而不成立侮辱尸体罪。因此,是否成立侮辱尸体罪与行为人对尸体处理的经济能力无关。当然,经济能力可以作为弱势群体分析视角下的酌定量刑情节考虑。

某种行为是否属于侮辱尸体罪的构成要件行为,实际上是与特定地域、特定民族的文化传统、风俗习惯等密切相关。正如天葬或水葬,因其已属于我国一些特定地域和特定民族对尸体处理一种风俗习惯,当然不构成侮辱尸体罪。[①] 国务院颁布的《殡葬管理条例》第 6 条规定,社会应当尊重少数民族的丧葬习俗,如果少数民族自愿改变丧葬习俗的,他人不得干涉。为尊重少数民族的风俗习惯,我国刑法专门规定了侵犯少数民族风俗习惯罪。因此,可以认为,我国刑法规定的侮辱尸体罪正是保证《殡葬管理条例》第 6 条的实现和侵犯少数民族风俗习惯罪具体化的路径之一。根据刑法教义学的犯罪构成原理,碎尸行为或一些不当的尸体处理行为是侮辱尸体罪的重要行为表现,但问题便随之而来:一些民族地区存在的天葬或水葬这样一种对尸体的处理方式,其行为外观在形式上可以完全符合侮辱尸体罪的构成要件。那么实施天葬或水葬行为的相关主体是否可以构成侮辱尸体罪呢?从司法实践来看,并未有或许也不可能有司法机关会把特定民族或地域实施天葬或水葬行为的相关主体按侮辱尸体罪处理的案例。那么天葬或水葬行为在刑法机制中的合理性和正当性又如何解释呢?在刑法教义学的范畴内可以有一个解释视角,即通过被害人承诺而阻却违法性。

就违法性阻却事由的类型而言,被害人承诺或被害人同意是一种重要的事由。而就被害人承诺而言,天葬或水葬行为中的被害人显然不可能是尸体本身,因为尸体已不可能作出承诺(当然生前的承诺或许也应视为有效),因此,天葬或水葬行为中的被害人只能是死者或尸体生前的亲属,当然也可以是社会公众,这也是与侮辱尸体罪的保护法益是死者亲属或社会公众对死者的崇敬情感相一致的。在天葬或水葬行为中,正是因为相关行为主体取得了被害人的同意或承诺,行为不具有法益侵害性,所以,阻却了违法性。当然,用被害人承诺这一视角来解释天葬或水葬这类行为已经形成刑事习惯具有社会相当性的社会现象阻却违法性,已经纯属多此一举了。但从体系性建构的完备性或体系性思考的便宜

---

① 参见胡选洪:《刑事习惯与刑法的解释观——以天葬刑事习惯为视角的分析》,载魏东主编:《刑法解释论丛》(第一卷),法律出版社 2015 年版。

性而言，应当在违法性阻却事由中添列刑事习惯这一事由类型，或者通过刑法教义学在超法规的违法阻却事由这一框架下来讨论刑事习惯这一类型。

基于罪刑法定原则的逻辑和精神，禁止通过习惯（法）入罪已成为中外刑法学界的常识性结论，但能否或如何基于习惯（法）出罪则是需要具体讨论的问题，中外刑法学界的多数学者通常也是在作为出罪机制的意义上讨论习惯（法）之于刑法适用的功能。张明楷教授认为："习惯法对排除犯罪的成立仍然起着重要作用。"①黎宏教授也认为，基于罪刑法定原则，"原则上排除了将习惯作为对被告人定罪量刑的依据。当然，这并不意味着，在刑法适用当中完全不能考虑习惯"。例如，"在我国的一些少数民族当中，男子在日常生产和生活当中有带刀的习俗。在该具有带刀习俗的民族男子抢夺他人财物的场合，就不能不考虑上述民族习俗而将其一概认定为抢劫罪"。"另外，关于定罪量刑，很多刑法条款规定，必须考虑'情节'。'情节'是一个很抽象概括的概念，其中就有可能包含习惯的内容在内。"②但即便把习惯（法）作为刑法适用的除罪机制，意大利学者帕多瓦尼也持反对态度。帕多瓦尼认为，"根据法律渊源效力等级原则，即使在免除犯罪（或排除刑事责任）方面，习惯也不能成为刑法的渊源。因为免除犯罪的规定，实际上是不适用犯罪规范的规定，而任何犯罪规范的适用范围，都只有同等级的法律才能规定限制"，只有"当法律明确规定习惯是犯罪构成要件之一时，它也可以发挥补充性法律的作用。"③我国台湾学者也指出，"另一方面来观察，也可以说在何种情形下不构成犯罪，也必须依照刑事法律的规定判断。因此，如果依照刑事法律规定，行为人的行为已构成犯罪，则法院不能擅自为无罪的谕知。"④可以看出，如果把"法律明确规定习惯是犯罪构成要件之一"作为刑法适用时对习惯（法）的考量条件，加上刑事立法事实上不可能把所有的违法性阻却事由详尽加以规定，这实际上是彻底否定了学界通常认为的习惯（法）作为刑法适用时出罪机制的主张。

现在基本上可以肯定的是，"习惯法在构成要件解释上的机能正被德、日、意等国学者共同发掘甚至普遍承认；有利于被告人的习惯法作为新的超法规的违法阻却事由，也渐渐吸引了学者们的关注，尽管仍存在激烈对峙。"⑤在此，本文

---

① 梁根林、［德］埃里克·希尔根多夫主编：《中德刑法学者的对话——罪刑法定与刑法解释》，北京大学出版社2013年版，第91页。

② 参见黎宏著：《刑法学》，法律出版社2012年版，第19页。

③ ［意］杜里奥·帕多瓦尼著：《意大利刑法学原理》（注评版），陈忠林译评，中国人民大学出版社2004年版，第23页。

④ 黄朝贵：《论习惯对犯罪构成要件之影响》，载《法令月刊》2015年第3期。

⑤ 杜宇著：《重拾一种被放逐的知识传统——刑法视域中"习惯法"的初步考察》，北京大学出版社2005年版，第35页。

也赞同通过超法规阻却事由的方式实现刑法适用中习惯（法）的出罪机制化，问题的关键在于，作为一种超法规的违法性阻却事由，相应的刑事习惯应当具有何种社会合理性，或者有无一般性的标准或规则对该种社会合理性进行检验。我国台湾学者黄朝贵认为："并不是所有习惯可以成为超法定阻却违法事由。……依实质违法性理论，可以作为超法定阻却违法事由之习惯，必须这个习惯已成为社会上普遍接受的现象，而这个习惯虽然与制定法不尽相符，但制定法显然已难以发挥效用，主管机关放任其存在，亦不违背民众之法感，且对社会不致产生重大危险。"①

本文认为，学者黄朝贵提出的判断某种习惯是否可以成为超法规阻却违法事由的四个标准（已为社会上普遍接受、制定法显然已难以发挥效用、不违背民众之法感和对社会不致产生重大危险）是切实可行的，具有可操作性，值得借鉴。另外，借鉴社会相当性的理论思维和判断标准，将"原来宽泛而笼统的'社会'相当性转变为特殊而具体的'区域'相当性"，并"以作为经验事实的行为通常性，与作为规范价值的行为适当性两者同时具备时，才能成立社会相当性"的判断标准框架，②也可以对相关刑事习惯的社会合理性进行检验。

应当注意的是，并非所有的刑事习惯都能阻却违法性，如果司法实践把某种刑事习惯作为超法规的违法性阻却事由来对待，则必须在正当的法律程序③前提下，充分论证其具备诸如天葬或水葬习惯那样的某种社会合理性，否则就难以将其作为超法规的违法性阻却事由。例如，一些少数民族"在本族内部、本族与外族的械斗中，杀死了对方的人"或"佤族猎人头祭谷，杀人也无罪"或"发现通奸者，可以杀死奸夫"④等情形，可能会被部分群体视为属于其风俗习惯。但应当认为，在今天的文明和法治观念下，这些侵害公民最基本法益的行为已难有阻却违法的社会合理性，差异仅在于通过其行为和结果反映出的违法性程度高低，在法律上仅可将其作为量刑情节之参考。正如田成有教授所言："属于最基本、最主要的社会关系，必须要由国家法运用强制性规范予以确定和调整，如刑法所调整的社会关系就是如此，对这类社会关系，国家法必须不折不扣地站稳立场，归于国家法律秩序的范畴，习惯无权干预与分享，更不能用民间习惯去规避、私

① 黄朝贵：《论习惯对犯罪构成要件之影响》，载《法令月刊》2015年第3期。

② 陈璇著：《刑法中的社会相当性理论研究》，法律出版社2010年版，第37、196页。

③ 在程序上，习惯的司法运用涉及程序的启动、证明（对习惯事由本身的举证、质证、证明责任分配等）、对习惯的识别以及法官对习惯进行审查的内容和标准等，都需要在一种正当法律程序的规则指导和约束下进行。参见公丕祥主编：《民俗习惯司法运用的理论与实践》，法律出版社2011年版，第148～175页。

④ 参见吴大华：《论民族习惯法的渊源、价值与传承——以苗族、侗族习惯法为例》，载《民族研究》2005年第6期。

了国家法。”①

（二）作为实质解释观考量要素的刑事习惯

基于刑法学的主要目的也应当为司法实践适用刑法提供有助益的参考，所以刑法学的基础和核心应当是刑法解释学或刑法教义学。基于法律语言文字的抽象性、概括性或类型性，如何解释其内涵与外延，就成为解释者不得不面对的难题。对于如何解释刑法的相关规定，可以说这是目前我国刑法学界争议最为激烈的问题——主要体现为形式解释论与实质解释之争，或形式刑法观、实质刑法观与保守的实质刑法观之争，并进一步延伸至构成要件论，乃至上升为形式犯罪论与实质犯罪论之争②。形式解释论主要就法条规定的文字含义作文义解释，主张文义的射程应当以一般人的预测可能性为界，从而也就在一定程度上确定了刑罚处罚的边界；而实质解释论则重点在于关注行为是否真正对刑法保护的法益造成现实的危险或侵害，在不违背罪刑法定原则的前提下，通过扩张解释可以把某种行为解释为具有刑罚处罚的必要性。

本文认为，不论坚持何种刑法观进路，解释的最终落脚点不外乎是对某种行为究竟应当作犯罪处理还是不作犯罪处理，即确定刑事可罚性的边界。但解释方法的选择或解释结论的得出离不开解释者，而解释者其实是一定时空范围内凝聚的政治、经济、文化、风俗习惯、生活方式，甚至个人经历等因素的混合体，所以不可能真正做到价值无涉。虽然解释者可以“心中充满正义，目光不断往返于规范与事实之间”，但解释结论或许在解释之前早已存在于解释者的内心，所谓解释方法的选择或解释的论证过程，则已仅属某种言语或文字的反向演绎。即如果解释者的正义观或价值观是该种行为应当用刑罚手段予以应对，即应追究行为人的刑事责任，解释者就会找寻各种理由，把诸如将他人贵重首饰扔进大海的行为实质性地解释为符合刑法规定的毁坏财物罪之“毁坏”，把非家庭成员之

① 田成有：《“习惯法”是法吗？》，载《云南法学》2000年第3期。

② 表明形式解释论或实质解释论，形式刑法观、实质刑法观或保守的实质刑法观立场的基本文献可参见：苏彩霞：《实质的刑法解释论的确立与展开》，载《法学研究》2007年第2期；刘艳红：《犯罪构成要件：形式抑或实质类型》，载《政法论坛》2008年第5期；刘艳红：《实质刑法观》，中国人民大学出版社2009年版；刘艳红：《实质的犯罪论体系之提倡》，载《政法论坛》2010年第4期；陈兴良：《形式解释论的再宣示》，载《中国法学》2010年第4期；张明楷：《实质解释论的再提倡》，载《中国法学》2010年第4期；刘艳红：《论正犯理论的客观实质化》，载《中国法学》2011年第4期；魏东：《论社会危害性理论与实质刑法观的关联关系与风险防范》，载《现代法学》2010年第6期；魏东著：《保守的实质刑法观与现代刑事政策立场》，中国民主法治出版社2011年版。对形式解释论、实质解释论或实质刑法观的反思性评论可参见如下文献：邓子滨著：《中国实质刑法观批判》，法律出版社2009年版；周详：《形式解释论与实质解释论之争》，载《法学研究》2010年第3期；欧阳本祺：《走出刑法形式解释与实质解释的迷思》，载《环球法律评论》2010年第5期；程红：《形式解释论与实质解释论对立的深度解读》，载《法律科学》2012年第5期；杨兴培：《刑法实质解释论与形式解释论的透析和批评》，载《法学家》2013年第1期。

间解释为具有“抚养义务”，把载人的大型拖拉机解释为属于“交通工具”，等等，反之亦同。因此，问题便是，基于解释者所持正义观的不同，解释结论必然就会存在差异，这就体现出解释上的某种恣意性。但“法的解释和适用必须具有‘同样的事情作同样的处理’这种意义上的普遍性和客观性”①。这种“普遍性和客观性”又如何获得呢？基于特定时空人类生存发展并延续至今的历史和现实，在绝大多数问题上，某种行为究竟是不是犯罪或是否具有可罚性，根据刑法的规定，不同的解释者之间一般可以达成共识，而对于少数所谓的“难办案件”，价值判断或实质判断就不可避免②。此时，为了保证实质判断的某种“普遍性和客观性”，就应当引入刑事政策这一考量因素——因为“追究还是不追究，这二者之间的紧张关系就已经是刑事政策的概念了”③。而刑事政策的出发点恰恰正是为了解决或应对某种社会生活中的特殊情形（包括刑事习惯）而设。某种刑事习惯及其具有的社会合理性（如特定地域的天葬或水葬习惯）或一定程度的社会合理性（如一定地域的一妻多夫制或走婚制），正是解释者在解释刑法规定的相关行为时，心中存在的前见性或实质性要素，而不可能对之仅作形式的解释。

（三）作为犯罪论体系建构考量要素的刑事习惯

亦如前述，犯罪论体系问题是长期以来刑法学研究中的核心问题、难点问题和焦点问题。目前学界围绕犯罪论体系是应当借鉴德日三阶层体系还是完善传统的四要件体系争论不休——三阶层体系论者在某种程度上似乎已占据上风。但不管是三阶层体系还是四要件体系，核心问题之一仍然是如何把社会生活事案（案件事实）与刑法规定的规范有效对接的问题（以便恰当适用规范并处理案件），犯罪论体系即是学者们构造出来对接案件事实与法律规范的模型或工具。核心问题之二仍然是在案件事实与法律规范有效对接的情况下（符合构成要件），对行为人应否或在多大程度上追究刑事责任（可罚的必要性）。这两个问题对三阶层还是四要件体系都适用。

在三阶层体系下，构成要件一般具有违法性甚至责任推定机能，是否或应否追究行为人的刑事责任（法律后果意义上的刑事责任概念）不会存在争议，无需再额外考虑可罚性（实为刑事政策问题），即构成要件既是违法类型又是责任类型，同时还是可罚类型。但在诸如“盐酸”是否属于“武器”，对行为人携带盐酸进行抢劫是否属于加重强盗罪等问题，既涉及构成要件的解释问题，也涉及可罚

① ［日］松宫孝明著：《刑法总论讲义》（第4版补正版），钱叶六译，王昭武审校，中国人民大学出版社2013年版，第1版前言。

② 参见苏力：《法条主义、民意与难办案件》，载《中外法学》2009年第1期。

③ ［德］克劳斯·罗克辛著：《刑事政策与刑法体系》，蔡桂生译，中国人民大学出版社2011年版，第53～54页。

性的刑事政策问题。日本高桥则夫教授基于对刑法规范作行为规范与制裁规范二分的前提，认为行为人只能违反行为规范，不能违反制裁规范[①]。但高桥则夫实际上是置制裁规范于违法性阶段可罚的违法性地位，于责任阶段可罚的责任地位，因而行为人的行为只要符合构成要件，实际上就既违反行为规范，也违反制裁性规范。[②] 克劳斯·罗克辛教授建立在刑事政策基础上的刑法体系方案，提出“不法”和“责任”是刑法信条学的两个中心范畴，并提出刑事政策的指导思想是，借助在法律上不赞成的或者说允许的风险，应当根据仔细制定的规则，来划分国家的干涉权和公民个人自由之间的界限。各种刑事惩罚不仅应当以罪责为条件，而且应当以预防性刑事惩罚的需要性为条件。[③] 这种“预防性刑事惩罚的需要性”，实为对行为可罚性作刑事政策的考量。[④] 杜宇从刑事习惯作为构成要件的解释源、违法性判断的参照和有责性判断的参照三个方面，对刑事习惯法在犯罪论体系中可能具有的功能意义进行了论述。[⑤] 这实质上也是把刑事习惯置入刑法学的犯罪论体系模具进行观察，虽然形式上可能符合构成要件，但实质上其既不具有违法性，也不具有预防性刑事惩罚的需要性，而其根由正在于某种刑事习惯所具有的社会合理性。在传统的四要件体系下，某种刑事习惯因其具有的社会合理性，进而并不具有社会危害性，也可以得到恰当的解释。

刑事政策往往是刑事法产生的先导，同时刑事司法过程也有刑事政策相伴随。刑事司法过程中之刑事政策主要体现在对实体刑法规范的解释，以及对特定程序过程的选择方面（如简易程序、少年司法程序、刑事和解程序、认罪认罚从宽、缺席审判程序等）。就对实体刑法规范的解释方面，对于案件事实符合刑法规定的何种犯罪罪状的解释以及犯罪论体系的建构是其重要体现，即刑事政策对刑法的解释观以及犯罪论体系的建构具有重要的功能性意义。就我国而言，

---

① 参见［日］高桥则夫著：《规范论和刑法解释论》，戴波、李世阳译，中国人民大学出版社 2011 年版，第 4 ~ 5 页。

② 考虑到日本刑法对犯罪结果无量的规定，可以认为这实际上也是一种融入了刑事政策因素的体系论。但在德日等国的刑事司法实践中，大量符合构成要件的行为并不会真正被诉至法院对其定罪量刑，而是通过检察机关的自由裁量权予以堵截在追诉程序之外（参见张明楷：《司法上的犯罪化与非犯罪化》，载《法学家》2008 年第 4 期）。在中国刑法的条文中虽然对犯罪结果存在诸多量的规定，但实践中一般也是通过司法解释的方式去界定量的大小或量的多少，从而确定行为的可罚性。这实际上都是在实体刑法解释学的体系论之外，在程序论当中又加入了刑事政策的考量因素。

③ 参见［德］克劳斯·罗克辛著：《德国刑法学总论（第 1 卷）——犯罪原理的基础构造》，王世洲译，法律出版社 2005 年版，中文版序言；［德］克劳斯·罗克辛著：《刑事政策与刑法体系》，蔡桂生译，中国人民大学出版社 2011 年版，第 78 页。

④ “体系性思考”与“问题性思考”正是源于这一逻辑。“体系性思考”有助于得出一体化结论，“问题性思考”有助于弥补体系性思考的不足，但在问题性思考时应当更多考虑刑事政策的因素。

⑤ 参见杜宇著：《重拾一种被放逐的知识传统——刑法视域中“习惯法”的初步考察》，北京大学出版社 2005 年版，第 190 ~ 228 页。

虽然目前已有学者就刑事政策与刑法之关系问题作了相应研究,或建构或批判[①],但对这一问题的研究仍然任重道远。在本文看来,在刑法教义学或刑法解释学的体系中如何恰当融入刑事政策这一要素,这或许是未来我国刑法解释学能否再上一个发展台阶的根本出路。因为正如罗克辛教授所言:“有的人认为已经没有发展可能性的刑法教义学,也可以在它的基本原理上不断地重新进行全新的彻底思考。过去几十年里刑事政策和我们的方法论意识的变化,使得我们必须改变总论的体系以适应它们的变化,如果总论之体系的功效还值得维护的话。只有这样,我们才能在这个领域中不断地走到全新的起点上。”[②]

毕竟,法律制度的逻辑要符合生活的逻辑,法律解释学的逻辑又要符合法律制度的逻辑,而生活的逻辑即体现为各种地域、各种民族风俗习惯在人类社会生活中的合理性上。因为风俗习惯已在某种意义上成为社会生活和人们心中真正的法。虽然“这种法律既不是铭刻在大理石上,也不是铭刻在铜表上”,但它却“是刻在公民们的内心里;它形成了国家的真正宪法;它每天都在获得新的力量;当其他的法律衰老或消亡的时候,它可以复活那些法律或代替那些法律,它可以保持一个民族的创制精神,而且可以不知不觉地以习惯的力量代替权威的力量”。[③] 反之,如某种刑事习惯并不具有社会合理性,则在刑事法治立场之下,就应当依法对其进行定性处理,但是可以通过刑事政策的中介作用对其在定性或量刑上作必要考量以实现最终结果上的处罚优待。只有这样,刑法的公众认同才可能真正实现。亦如有学者所言:应当“对社会习俗给予足够的重视,在刑法与社会习俗之间建立有效的对话与沟通机制,并从社会习俗的历史渊源中挖掘有利于支撑刑法规范意蕴的成分”,因为“刑法的认同在本质上首先应当是一种文化认同,其次才是以公正为核心的价值认同”。[④]

---

① 参见陈兴良:《刑法教义学与刑事政策的关系:从李斯特鸿沟到罗克辛贯通——中国语境下的展开》,载《中外法学》2013 年第 5 期;陈兴良:《刑法的刑事政策化及其限度》,载《华东政法大学学报》2013 年第 4 期;劳东燕:《罪刑规范的刑事政策分析——一个规范刑法学意义上的解读》,载《中国法学》2011 年第 1 期;劳东燕:《刑事政策与刑法体系关系之考察》,载《比较法研究》2012 年第 2 期;劳东燕:《刑事政策与刑法解释中的价值判断——兼论解释论上的以刑制罪现象》,载《政法论坛》2012 年第 4 期;陈伟:《刑事立法的政策导向与技术制衡》,载《中国法学》2013 年第 3 期;谢望原:《论刑事政策对刑法理论的影响》,载《中国法学》2009 年第 3 期。

② [德]克劳斯·罗克辛著:《刑事政策与刑法体系》,蔡桂生译,中国人民大学出版社 2011 年版,第 52 页。

③ [法]卢梭著:《社会契约论》(修订版),何兆武译,商务印书馆 2003 年版,第 70 页。

④ 苏永生:《刑法的认同:问题、方法及机制——由一个重婚习俗引发的思考》,载《北方法学》2015 年第 6 期。

三、处罚优待的教义学体系

基于罪刑法定原则的约束,刑事习惯和刑事政策不能作为入罪或出罪的根据或理由,但可以作为处罚优待的根据或理由。因此,融入了刑事习惯和刑事政策的犯罪论体系或体系性方案,在刑法适用过程中自然就具有一种处罚优待功能。

(一)犯罪论体系功能的一般界说

刑法教义学体系的核心是犯罪论体系。从广义上讲,犯罪论体系包括犯罪成立体系(如四要件体系或三阶层体系)、犯罪形态体系、共犯体系和罪数体系;从狭义上讲,犯罪论体系仅指犯罪成立体系。刑法学界一般是在狭义上使用犯罪论体系的概念并对相关问题展开讨论。

关于犯罪论体系的功能,德日学者指出,通过“有组织的整体”,“将杂乱无章的法律材料进行整理并使之体系化”,既为“特定的裁判问题提供普遍适用的模式”,又为“法批判、法律续造与法律更新”提供必要的基础”。① 这种“有组织的整体”即是体系论或犯罪论体系,通过对刑法知识进行体系性的思考,通过犯罪论体系这一工具实现刑法知识的信条化,可以减少审查案件的难度,②以达到“法的解释和适用具有‘同样的事情作同样的处理’这种意义上的普遍性和客观性”。③ 即犯罪论体系的重要功能之一就在于可以为法官的思考提供便利,并减轻其案件审查的难度。立足于传统四要件体系的立场,同时认为犯罪构成的本体“仅为一种学者们自行解释法律的理论”,即犯罪构成之本体属性实为一种“理论说”(理论模型)的立场,④我国学者指出:“犯罪构成作为理论模型具有三大认知功能——进行条件列示、作出语义阐释和提供路径导向,三大功能之协同运作才可致静态的刑法文本循理论范式诱导而准确切入事案。”⑤立足于阶层式体系(三阶层、两阶层或改造过的阶层体系)的立场,我国学者认为,体系性的犯罪判断,让我们的思考经济、让法院的判决可以被预测;因为存在阶层的判断,且不同阶层所使用的理论范畴本文具有很大的包容性,阶层性犯罪论体系使犯罪论的发展始终留有余地;体系性思考,有助于确保刑法判断与思维上的前后一

---

① 参见[德]魏德士著:《法理学》,丁晓春、吴越译,法律出版社2005年版,第140~142页。

② 参见[德]克劳斯·罗克辛著:《德国刑法学总论——犯罪原理的基本构造》(第一卷),王世洲译,法律出版社2005年版,第127页。

③ [日]松宫孝明著:《刑法总论讲义》(第四版),钱叶六译,中国人民大学出版社2013年版,第1版前言。

④ 参见冯亚东:《犯罪构成本体论》,载《中国法学》2007年第4期。

⑤ 冯亚东:《犯罪构成功能论》,载《清华法学》2007年第2期。

贯。[①] 也正是基于阶层式体系的立场,持阶层式体系的学者对传统的四要件体系论进行了如下批评:不区分为违法与责任、难以兼顾形式判断与实质判断、重视控诉机制而轻视辩护机制、主观判断可能优于客观判断、经验判断与规范判断纠缠不清、强调静止性而否认过程性。[②] 阶层式体系论者的这种批评,换言之即是说,四要件体系不具有区分违法与责任、兼顾形式判断与实质判断、重视辩护机制、客观判断优于主观判断、区分经验判断与规范判断、强调过程性的功能,而阶层式体系论则具有这些功能。

说犯罪论体系具有"减少审查案件的难度""同样的事情作同样的处理""进行条件列示、作出语义阐释和提供路径导向"以及让思考经济、让法院的判决可以被预测等功能,都是无可厚非的。因为不论是四要件体系还是三阶层体系,建构体系的目的都是为了能使"静态的刑法文本循理论范式诱导而准确切入事案",[③]实现刑法关于犯罪的相关规定(如罪状)与生活中的案件原型二者之间的有效对接。但犯罪论体系的功能是否仅限于此种导向或解说方式?却是可以继续讨论和深入研究的。

(二)犯罪论体系的入罪与出罪导向功能

实际上,阶层式体系论者真正想说的核心观点是阶层式体系更有助于出罪,从而保障人权,即阶层式体系论具有更好的出罪导向功能。姑且不谈阶层式体系论者对四要件论的批评是否真正符合事实,就德日犯罪论体系建构的基本初衷也可以说是为了从入罪视角认定某种行为是犯罪,而非从出罪视角认定某种行为不是犯罪。因为德日学者也是从犯罪的成立条件视角给犯罪下定义:犯罪是符合构成要件的、违法的、有责的行为;[④]"犯罪是符合犯罪构成的,违法的和有责的行为";[⑤]"成立犯罪,必须满足行为、构成要件符合性、违法性、责任(有则性)的各种要件"。[⑥] "按照当今的学界通说、判例的定义,所谓犯罪,是指'该当于构成要件的违法且有责的行为'"。[⑦] 据此,根据德日刑法理论从犯罪成立条件角度对犯罪的定义,某种行为要成立犯罪,必须同时满足"构成要件符合性、违法性、责任(有则性)的各种要件",缺一不可。这种判断犯罪的思维本身就是一种入罪思维,即只要符合三阶层要件,就要作为犯罪处理。传统的四要件体系实

---

① 参见周光权著:《刑法总论》(第三版),中国人民大学出版社 2016 年版,第 86 ~ 87 页。

② 参见周光权著:《刑法总论》(第三版),中国人民大学出版社 2016 年版,第 78 ~ 85 页。

③ 冯亚东:《犯罪构成功能论》,载《清华法学》2007 年第 2 期。

④ 张明楷著:《刑法学》,法律出版社 2007 年版,第 78 页。

⑤ [德]弗兰茨·冯·李斯特著:《德国刑法教科书》,徐久生译,法律出版社 2000 年版,第 169 页。

⑥ [日]大谷实著:《刑法总论》,黎宏译,法律出版社 2003 年版,第 66 页。

⑦ [日]西田典之著:《日本刑法总论》,刘明祥、王昭武译,中国人民大学出版社 2007 年版,第 44 页。

际上也具有相同的思维逻辑。因为传统的四要件体系认为："犯罪构成，就是依照我国刑法的规定，决定某一具体行为的社会危害性及其程度而为该行为构成犯罪所必需的一切客观和主观要件的有机统一。"①

当然，从入罪思维的反面视角，也可以说无论是阶层式体系还是传统的四要件体系都具有出罪导向功能。② 例如，基于三阶层体系的立场，完全可以这样进行反向思维：如果某种社会生活中的事案在行为、结果、因果关系、时间、地点、方法等方面不符合构成要件符合性，在三阶层入罪判断的第一步即停止下来，后续的判断步骤自然不可再继续，从而变成出罪思维（但德日刑法教义学的一般理论却是认为构成要件阶层一般具有违法性推定机能）；如果属于正当防卫或紧急避险等违法阻却事由，则违法性阶层自然也变成出罪阶层；如果缺乏故意、过失、违法性认识的可能性、缺乏期待可能性等，则有责性阶层也变成出罪阶层。遵循这种出罪思维，阶层式体系当然完全可以成为有利于被告人的辩护体系，所以，阶层式体系论者才会批评说传统的四要件体系"重视控诉机制而轻视辩护机制"。③ 但是，遵循这种出罪思维，传统的四要件体系又何尝不是一种出罪体系！基于传统四要件体系的立场，也完全可以这样思维：如果某种社会生活中的事案在行为、结果、因果关系、时间、地点、方法等方面不符合犯罪客观方面要件，则犯罪的判断步骤在此即停止下来，其他要件的判断自然无从谈起；如果行为人在年龄、辨认控制能力（如有精神病）方面不符合，则犯罪主体要件不具备；如果缺乏故意、过失，则属于无罪过事件，犯罪主观方面要件不具备；如果属于正当防卫、紧急避险等违法阻却事由，则当然不具有法益侵害性，自然犯罪客体要件不符合。④ 因此，遵循这种出罪思维，传统四要件体系当然也完全可以成为有利于被告人的辩护体系。因而，阶层式体系论者对四要件体系论的批评可谓树立的是一个假想敌而已。

在本文看来，犯罪论体系单纯的入罪或出罪导向功能并没有完成对犯罪所有环节的判断。因为，在刑法适用过程中，裁判者除要对行为的性质进行定性外

① 高铭暄、马克昌主编：《刑法学》（第8版），北京大学出版社、高等教育出版社2017年版，第50页。

② 在不同体系中具体的出罪事由或出罪机制可参见方鹏著：《出罪事由的体系和理论》，中国人民公安大学出版社2011年版；储陈城著：《出罪机制保障论》，法律出版社2018年版。

③ 周光权著：《刑法总论》（第三版），中国人民大学出版社2016年版，第81页。杜宇：《犯罪构成与刑事诉讼之证明——犯罪构成程序机能的初步拓展》，载《环球法律评论》2012年第1期。当然，犯罪构成是否真正具有利于诉讼的程序性功能，也有学者进行了较为系统的反思。参见周长军：《犯罪论体系的程序向度：研究误区与理论反思》，载《清华法学》2008年第3期。

④ 本文认为，在四要件体系之外才安排正当化事由（正当防卫、紧急避险等）的位置，确实可以视为传统四要件体系的一个逻辑缺陷。当然，这种缺陷的存在实际上也正是传统的四要件体系在基本功能定位上是一种入罪体系带来的必然结果。

(罪还是非罪,此罪还是彼罪),更重要的环节还在于要对与犯罪行为及其后果相对应的刑罚作出裁量(选择何种刑种,确定多大刑量)。行为人受到何种刑罚处罚和承担多大刑量,对其而言更具有现实意义。这也是刑事司法实践中有时犯罪人和辩护人并不关心行为的定性(构成何种犯罪),而更关心量刑轻重的根本原因。因此,在刑法适用过程中,裁判者对整体犯罪的判断环节包括定性判断环节(定罪判断)和量刑判断环节,两个环节缺一不可。传统的犯罪论体系实际上仅完成了第一个环节即定性判断环节,而忽视了第二个环节即量刑判断环节——因为犯罪论与刑罚论的长期割裂,造成犯罪论与刑罚论似乎完全无关。因此,要想使犯罪论体系具有某种处罚优待的功能,则在犯罪成立体系即犯罪论体系的要件安排上就要为处罚优待功能的发挥安置具体的要件角色,通过这一具体的要件角色方能实现犯罪论体系处罚优待功能之发挥。

(三)犯罪论体系的处罚优待功能

所谓犯罪论体系的处罚优待功能,就是指犯罪论体系应当具有一个独立的要件承担处罚优待的角色,或者说这一要件的基本内涵或功能就是处罚优待导向的,而非处罚严厉导向的,经过这一处罚优待要件环节或步骤的检验,与其他要件一起完成整体犯罪的全过程判断。在本文看来,可以独立承担这一处罚优待功能的要件就是融入了刑事习惯和刑事政策精神的刑事处罚必要性要件。在本文中,刑事处罚必要性要件,其根本内涵和核心理念包含两个方面:一方面,刑事处罚必要性的大小会对定性产生影响。《刑法》实际上是关于刑罚的法律,因此,是否值得动用刑罚进行处罚是区分犯罪与其他民事违法或行政违法的关键。从处罚优待的视角观察,如果针对某种行为不值得动用刑罚(无刑事处罚必要性)对其进行处罚,则该种行为就不是犯罪。另一方面,刑事处罚必要性的大小会对量刑产生影响。从处罚优待的视角观察,刑罚处罚实际上存在一个从“有罪必罚”向“有罪不一定必罚”(从轻、减轻或者免除)的观念转变。因此,在本文中,刑事处罚必要性这一独立的检验环节承担的处罚优待功能实际上包含了定性优待和量刑优待两个方面,但定性优待和量刑优待并不都会出现在同一案件中。如此考虑体系性方案,乃基于如下理由:

其一,把刑事处罚必要性作为整体犯罪认定过程中需要进行检验的环节或步骤的思想,中外刑法学者已不缺乏相应论述。亦如前述,德国著名刑法学家克劳斯·罗克辛教授建立在刑事政策基础上的刑法体系方案,提出“不法”和“责任”是刑法信条学的两个中心范畴,并提出刑事政策的指导思想是,借助在法律上不赞成的或者说允许的风险,应当根据仔细制定的规则,来划分国家的干涉权和公民个人自由之间的界限。各种刑事惩罚不仅应当以罪责为条件,而且应当以预防性刑事惩罚的需要性为条件。[①] 这种"预防性刑事惩罚的需要性",实为对行为可罚性作刑事政策(刑事习惯可以融入其中)的考量。[②] 我国刑法学者杜宇教授从刑事习惯作为构成要件的解释源、违法性判断的参照和有责性判断的参照三个方面,对刑事习惯法在犯罪论体系中可能具有的功能意义进行了论述。[③] 这实质上也是把刑事习惯置入刑法学的犯罪论体系模具进行观察,虽然形式上可能符合构成要件,但实质上其既不具有违法性,也不具有预防性刑事惩罚的需要性,而其根由正在于某种刑事习惯所具有的社会合理性。在本文看来,一方面,虽然可以认为克劳斯·罗克辛教授建立在刑事政策基础上的目的理性体系是融入了刑事习惯和刑事政策的考量因素,但在克劳斯·罗克辛教授的体系性方案中,并未明确把"预防性刑事惩罚的需要性"作为一个独立的要素赋予其处罚优待的功能角色。另一方面,在克劳斯·罗克辛教授的体系方案中,"预防性刑事惩罚的需要性"实际上仅扮演着定性优待(出罪)功能的角色,而无量刑优待功能的角色。杜宇教授把刑事习惯因素融入三阶层体系的每一个阶层进行判断,这种做法当然既没有把刑事处罚的必要性作为体系性方案的一个独立要件,也没有找到刑事习惯连接国家法的真正中介或桥梁与功能效果——刑事政策与处罚优待,使刑事习惯尚处于一种"裸"的社会事实层面,难以作为体系性方案建构的一个考量因素。另外,我国刑法理论通说在关于犯罪基本特征的表述中一般都有"应受惩罚性"这一特征,即犯罪是应受刑罚处罚的行为[④],但其缺陷仍然在于没有将这一特征与体系性方案结合起来。

其二,在量刑时考虑刑事处罚必要性,在我国刑事司法实践中已逐步获得包括最高法院在内的裁判者的认同。例如,在最高人民法院 2018 年 12 月 19 日发

---

① 参见[德]克劳斯·罗克辛著:《德国刑法学总论——犯罪原理的基础构造》(第1卷),王世洲译,法律出版社 2005 年版,中文版序言;[德]克劳斯·罗克辛著:《刑事政策与刑法体系》,蔡桂生译,中国人民大学出版社 2011 年版,第 78 页。

② 对克劳斯·罗克辛教授的理论,梁根林教授深表赞同,并举例指出:"按照罗克辛的理论,强奸既遂以后双方自愿保持性关系却不定罪就可以得到很好的理论诠释,因为根据罗克辛的理论逻辑,被告人行为符合构成要件、具有不法甚至具有由其不法行为所决定的有责性(应罚性)以后,还要具体考察与判断行为人是否具有由用刑罚予以预防主要是特别预防的必要性所决定的答责性(需罚性)。如果没有用刑罚予以特别预防的必要性即答责性与需罚性,就不应当对被告人定罪。""罗克辛的理论构建……把刑事政策的考量纳入刑法理论体系之中,使之成为犯罪论体系的一部分,传统上在刑法体系之外运行的刑事政策的诉求就借由体系化,实现了与罪刑法定与刑法理论逻辑的完全贯通与融通。"参见梁根林:《刑事一体化与罪刑法定、刑事政策与刑法体系的深度融通》,载《中国检察官》2018 年第 1 期(上)(总第 283 期)。

③ 参见杜宇著:《重拾一种被放逐的知识传统——刑法视域中"习惯法"的初步考察》,北京大学出版社 2005 年版,第 190 ~ 228 页。

④ 高铭暄、马克昌主编:《刑法学》(第八版),北京大学出版社、高等教育出版社 2017 年版,第 47 页。

布的第十九批指导性案例之王立军案中,在裁判理由部分,内蒙古自治区巴彦淖尔市中级人民法院再审认为:原判决认定的原审被告人王力军于 2014 年 11 月至 2015 年 1 月期间,没有办理粮食收购许可证及工商营业执照买卖玉米的事实清楚,其行为违反了当时的国家粮食流通管理有关规定,但尚未达到严重扰乱市场秩序的危害程度,不具备与《刑法》第 225 条规定的非法经营罪相当的社会危害性、刑事违法性和刑事处罚必要性,不构成非法经营罪。原审判决认定王力军构成非法经营罪适用法律错误,检察机关提出的王力军无证照买卖玉米的行为不构成非法经营罪的意见成立,原审被告人王力军及其辩护人提出的王力军的行为不构成犯罪的意见成立。可见,"刑事处罚必要性"作为一个明确的概念或定罪检验环节已经为刑事司法实践所认同并践行。再如,"河北五道古火会梨花瓶案":被告人杨凤申(已满 75 周岁)为河北省文化厅命名的非物质文化遗产赵县五道古火会代表性传承人。2016 年 2 月 19 日,被告人因该村过庙会,组织部分村民制造烟花药被举报。警方当场查获用于制造"梨花瓶"(一种用于表演的烟花道具)的烟火药 15 千克,"梨花瓶"成品 200 个(每个瓶内药量约为 1.46 千克)。经对查获的烟火药进行鉴定,该火药具有爆炸性。一审以非法制造爆炸物罪,判处被告人有期徒刑 4 年零 6 个月,二审以相同罪名免予刑事处罚。二审法院在阐述判决理由时指出,考虑到杨凤申作为非遗传承人,其制造烟火药的目的是为了履行法定传承义务,为在庙会进行烟火表演,制造烟火药行为未造成实际危害后果。犯罪时已满 75 周岁等特殊情况,故决定对其免予刑事处罚。[①] 在"梨花瓶案"中,姑且不论二审法院认定被告人杨凤申的行为构成非法制造爆炸物罪是否适当,仅就量刑部分而言,二审法院"考虑到杨凤申作为非遗传承人,其制造烟火药的目的是为了履行法定传承义务"和"犯罪时已满 75 周岁等特殊情况",实际上仍然是一种对"刑事处罚必要性"进行检验的思维。

其三,刑事处罚必要性具有相应的刑事立法或司法解释根据。刑事处罚的必要性这一处罚优待角色要件,在我国《刑法》的相关规定中主要以"不""不是""不认为""不得定罪处罚""不认为是犯罪""不是犯罪""不按犯罪处理""不负刑事责任""不予追究""不以犯罪论处""可以免除处罚""免予刑事处罚""不追究刑事责任"以及大量的"兜底条款"(可以通过解释或价值判断排除处罚必要性)等形式表现出来。例如,在《刑法》第 3 条关于罪刑法定原则的规定中规定:"法律没有明文规定为犯罪行为的,不得定罪处罚。"《刑法》第 12 条和第 13 条中有"不认为是犯罪"的相关规定。《刑法》第 16 条中有"不是犯罪"的规定。

---

① 参见河北省赵县人民法院刑事判决书,(2017)冀 0133 刑初 4 号,河北省石家庄市中级人民法院刑事判决书,(2017)冀 01 刑终 557 号。

《刑法》第37条规定：对于犯罪情节轻微不需要判处刑罚的，可以免予刑事处罚，但是，可以根据案件的不同情况，予以训诫或者责令具结悔过、赔礼道歉、赔偿损失，或者由主管部门予以行政处罚或者行政处分。《刑法》第67条和第68条有“可以免除处罚”的规定，《刑法》第201条有“不予追究刑事责任”的规定，等等。

相关司法解释中也存在把刑事处罚必要性作为处罚优待考虑的规定。例如，2015年6月1日起施行的《最高人民法院关于审理掩饰、隐瞒犯罪所得、犯罪所得收益刑事案件适用法律若干问题的解释》中第2条规定：掩饰、隐瞒犯罪所得及其产生的收益行为符合本解释第一条的规定，认罪、悔罪并退赃、退赔，且具有下列情形之一的，可以认定为犯罪情节轻微，免予刑事处罚：(1)具有法定从宽处罚情节的；(2)为近亲属掩饰、隐瞒犯罪所得及其产生的收益，且系初犯、偶犯的；(3)有其他情节轻微情形的。行为人为自用而掩饰、隐瞒犯罪所得，财物价值刚达到本解释第1条第1款第(1)项规定的标准，认罪、悔罪并退赃、退赔的，一般可不认为是犯罪；依法追究刑事责任的，应当酌情从宽。2013年10月23日起实施的《最高人民法院、最高人民检察院、公安部、司法部印发〈关于依法惩治性侵害未成年人犯罪的意见〉的通知》。该通知第27条规定：已满14周岁不满16周岁的人偶尔与幼女发生性关系，情节轻微、未造成严重后果的，不认为是犯罪。2 013年4月27日起施行的最高人民法院、最高人民检察院《关于办理敲诈勒索刑事案件适用法律若干问题的解释》第6条规定：敲诈勒索近亲属的财物，获得谅解的，一般不认为是犯罪；认定为犯罪的，应当酌情从宽处理。被害人对敲诈勒索的发生存在过错的，根据被害人过错程度和案件其他情况，可以对行为人酌情从宽处理；情节显著轻微危害不大的，不认为是犯罪。2013年4月4日起施行的最高人民法院、最高人民检察院《关于办理盗窃刑事案件适用法律若干问题的解释》第8条规定：偷拿家庭成员或者近亲属的财物，获得谅解的，一般可不认为是犯罪；追究刑事责任的，应当酌情从宽。2011年4月8日起施行的最高人民法院、最高人民检察院《关于办理诈骗刑事案件具体应用法律若干问题的解释》第4条规定：诈骗近亲属的财物，近亲属谅解的，一般可不按犯罪处理。另外，类似司法解释尚有2013年1月23日起施行的《最高人民法院关于审理拒不支付劳动报酬刑事案件适用法律若干问题的解释》第6条，2010年3月15日起实施的最高人民法院、最高人民检察院、公安部、司法部《印发〈关于依法惩治拐卖妇女儿童犯罪的意见〉的通知》第31条，2006年1月23起实施的《最高人民法院关于审理未成年人刑事案件具体应用法律若干问题的解释》第7条、第9条和2006年1月23日起施行的《最高人民法院关于审理未成年人刑事案件具体应用法律若干问题的解释》第9条第2款，等等。

其四，把刑事处罚必要性作为体系性方案一个独立的检验要件/步骤/环节，使刑罚论与犯罪论实现了有机的连接与统一，开辟了刑罚论与犯罪论（或罪刑关系论）融合一体化研究的新路径。长期以来，刑法学界关于刑罚论与犯罪论的研究都处于一种分裂或割裂状态，研究重心或焦点集中于犯罪论，似乎只要解决了犯罪认定问题（行为定性问题）后，处罚问题或量刑问题即成为某种当然之事。因此，学界当前关于中国刑法知识转型的讨论也聚焦在是应当引入阶层式犯罪论体系还是应当坚持传统的四要件体系之争，少有把刑罚论或量刑问题作为研究的问题或视角焦点。一方面，虽然司法实践中关于量刑（实为刑罚论的内容）的规范化改革如火如荼，但刑法学界也少有关注。另一方面，虽然部分学者基于刑罚处罚的合理性提出了“以刑定罪”来划定犯罪圈大小[①]和“以量刑反制定罪”（“以刑制罪”）的思路，[②]把刑事政策的思想融入犯罪认定过程中，但这些想法基本上都是基于为合理处理个案而提出，并没有上升到体系性方案或犯罪论体系建构的高度，把刑罚论与犯罪论的研究融合或统一起来。另外，与司法实践中量刑的规范化改革相对应，虽然张明楷教授对量刑问题进行了较为系统的研究，[③]但在其体系性方案中，刑罚论与犯罪论仍然是割裂的，刑事处罚的必要性并没有与犯罪论体系发生关联或融为一体。

其五，刑事处罚必要性与刑罚目的论之特殊预防论在价值理念上具有内在一致性。在刑罚目的论方面，学界一般有报应论、预防论（或功利论）和综合论（并合主义或一体论）的基本分野。报应论以对犯罪人进行惩罚为基本理念（犯罪人是罪有应得）。在预防论方面，针对不同的对象，预防论可分为一般预防论与特殊预防论。针对犯罪人之外的社会一般人，一般预防论又可分为消极的一般预防论（通过惩罚犯罪人使一般人不敢犯罪，因而可称之为威慑论）和积极的一般预防论（使一般人从内心确立对刑法的认同进而忠诚于刑法，从而不愿犯罪，因而可称之为忠诚论）之分。针对犯罪人自身，预防论被称为特殊预防论（通过对犯罪人进行惩罚和教育改造，使得犯罪人不再具有重新犯罪的机会或成

---

① 参见冯亚东：《罪刑关系的反思与重构——兼谈罚金刑在中国现阶段之适用》，载《中国社会科学》2006 年第 5 期。

② 参见高艳东：《从盗窃到侵占：许霆案的法理与规范分析》，载《中外法学》2008 年第 3 期。劳东燕：《刑事政策与刑法解释中的价值判断——兼论解释论上的“以刑制罪”现象》，载《政法论坛》2012 年第 4 期。梁根林教授指出：“从量刑的妥当性的基点出发，反过来考虑与我们裁量的相对妥当的刑罚相适应的构成要件是哪个，从而反过头来考虑该定什么罪。这就是刑罚（量刑）对犯罪（定罪）的反向制约关系”。参见梁根林：《现代法治语境中的刑事政策》，载《国家检察官学院学报》2008 年第 4 期。就当前我国刑法学界的整体而言，“以刑定罪”或“以刑制罪”的罪刑关系思路基本上受到否定，传统的“以罪定刑”的罪刑关系思路仍获支持。在本文看来，要坚持传统的“以罪定刑”的罪刑关系思路，在犯罪体系性方案中对刑事处罚必要性进行检验就显得尤其必要。

③ 参见张明楷著：《责任刑与预防刑》，北京大学出版社 2015 年版。

为守法新人）。但需要注意的是，特殊预防论必须以值得动用刑罚手段对行为人进行特殊预防为前提，如果不值得动用刑罚手段对行为人进行特殊预防，特殊预防就无从谈起。

因此，本文坚持的特殊预防论实质上与刑事处罚必要性具有内在理念逻辑上的一致性。综合论或一体论试图避免单纯的报应论或预防论存在的缺陷，但基本路向上仅在于是用报应限制预防还是为了预防可以超越报应的限制。在具体量刑方面表现为，是在责任刑的限度内（报应论对应的即是责任刑）考虑预防刑（预防论对应的即是预防刑）的裁量，即为了预防不能突破报应的上限；还是为了预防的需要，可以突破责任刑的上限。[①] 在本文中，刑事处罚的必要性作为一个独立存在的承担着处罚优待功能的犯罪论体系要件，在与刑罚目的论的对应关系上是与预防论之特殊预防论相对应的。[②] 特殊预防需要的刑罚的刑种和刑度由行为人的人身危险性高低/大小决定，行为人的人身危险性高低/大小表现为其再犯可能性/危险性高低/大小。因此，刑事处罚必要性的判断实际上体现为对行为人人身危险性高低/大小或对行为人再犯可能性/危险性高低/大小的判断。即在判断对行为人是否具有刑事处罚的必要性使时，考虑具体社会生活事案（案件）的各种特殊性，通过专门的评估机制对行为人的人身危险性或再犯可能性进行评估，如果行为人的人身危险性或再犯可能性/危险性较低，不具有再犯可能性/危险性或再犯的可能性/危险性较低，就不值得动用刑罚手段对行为人进行处罚，从而行为人也就不具有刑事处罚的必要性。

对行为人进行人身危险性判断或进行人身危险性评估也是具有相关法律根据的。例如，《刑法》第13条关于“情节显著轻微危害不大的，不认为是犯罪”的规定，何谓“情节显著轻微危害不大”？除客观行为和危害结果外，行为人的人身危险性肯定是需要考虑的内容。又如，《刑法》第61条规定：对于犯罪分子决定刑罚的时候，应当根据犯罪的事实、犯罪的性质、情节和对于社会的危害程度，依照本法的有关规定判处。在考虑“犯罪的事实、犯罪的性质、情节和对于社会

---

① 关于刑罚目的或刑罚功能的系统性研究，可参见陈兴良著：《刑法哲学》（第五版），中国人民大学出版社2015年版；邱兴隆著：《关于惩罚的哲学：刑罚根据论》，法律出版社2000年版。关于责任刑与预防刑的关系及其裁量，可参见张明楷著：《责任刑与预防刑》，北京大学出版社2015年版；张明楷：《论预防刑的裁量》，载《现代法学》2015年第1期。

② 在本文看来，特殊预防论完全可以兼容报应论，报应只能是在特殊预防需要的限度内的报应。同时，一般预防论不应该成为刑罚目的论的表现，因为消极的一般预防论或威慑论把人完全视为客体或工具看待，早已受到刑罚目的论史的否定和受到难以证实的诟病；而积极的一般预防论虽然与行为无价值论具有理念逻辑上的一致性，但其对刑法的认同进而对刑法“忠诚”的理想预设早已为犯罪学的基本理论和逐年不断攀升的犯罪数量所证伪。如果一定要坚持考虑报应论和一般预防论的因素，本文坚持的特殊预防论也完全能够兼容传统的报应论和一般预防论：即报应只能是在特殊预防需要的限度内的报应，而一般预防仅属于特殊预防的反射效果而已。

的危害程度”时,人身危险性也是需要考虑的内容。最高人民法院发布的《关于常见犯罪的量刑指导意见(二)(试行)》(2017 年 5 月 1 日起试行)关于危险驾驶罪的量刑中规定:对于醉酒驾驶机动车的被告人,应当综合考虑被告人的醉酒程度、机动车类型、车辆行驶道路、行车速度、是否造成实际损害以及认罪悔罪等情况,准确定罪量刑。对于情节显著轻微危害不大的,不予定罪处罚;犯罪情节轻微不需要判处刑罚的,可以免予刑事处罚。另外,根据我国《刑法》的相关规定,对判处管制、缓刑,实行假释的罪犯,依法实行社区矫正。由最高人民法院、最高人民检察院、公安部、司法部联合印发,2012 年 3 月 1 日起施行的《社区矫正实施办法》第 4 条第 1 款规定:人民法院、人民检察院、公安机关、监狱对拟适用社区矫正的被告人、罪犯,需要调查其对所居住社区影响的,可以委托县级司法行政机关进行调查评估。同时,我国《刑事诉讼法》第 177 条第 2 款关于酌定不起诉规定:对于犯罪情节轻微,依照刑法规定不需要判处刑罚或者免除刑罚的,人民检察院可以作出不起诉决定。《刑事诉讼法》第 282 条关于对未成年人附条件不起诉规定:对于未成年人涉嫌刑法分则第四章、第五章、第六章规定的犯罪,可能判处一年有期徒刑以下刑罚,符合起诉条件,但有悔罪表现的,人民检察院可以作出附条件不起诉的决定。人民检察院在作出附条件不起诉的决定以前,应当听取公安机关、被害人的意见。因此,无论是实体刑法、司法解释关于犯罪情节等的规定,还是刑诉法关于酌定不起诉或附条件不起诉的规定,都离不开对行为人人身危险性或再犯可能性的具体认定或评估。

在对人身危险性或再犯可能性进行评估的具体内容方面,完全可以借鉴《社区矫正实施办法》第 4 条第 2 款的规定。《社区矫正实施办法》第 4 条第 2 款规定:受委托的司法行政机关应当根据委托机关的要求,对被告人或者罪犯的居所情况、家庭和社会关系、一贯表现、犯罪行为的后果和影响、居住地村(居)民委员会和被害人意见、拟禁止的事项等进行调查了解,形成评估意见,及时提交委托机关。借鉴《社区矫正实施办法》第 4 条第 2 款的规定,对行为人进行人身危险性评估,一般可考虑从如下方面进行:第一,主观心理因素,如需要、动机、兴趣、人身观、世界观、性格、气质、能力,事后认罪、悔罪情况等。第二,客观行为因素,如行为表现,是偶犯还是惯犯,是初犯还是再犯或是累犯,是否还有其他违法违规行为、有无违法犯罪记录,行为的起因、手段和后果,事后赔偿、和解情况等。第三,其他参考因素,如生活经历、受教育状况、职业状况、家庭状况、行为习惯、个人习性等。①

① 参见张明楷:《论预防刑的裁量》,载《现代法学》2015 年第 1 期。陈剑强、卢建军:《刑法适用中的人身危险性及其评估》,载《甘肃警察职业学院学报》2014 年第 1 期。

至于人身危险性评估的主体、评估的方法、评估原则等方面的问题，本文不再展开具体讨论。但不可否认的是，在当前的社会条件下，人身危险性评估的科学性或客观性等仍然面临诸多需要进一步研究的问题，但“实践操作中的困难不是否定科学评估的实质理由”，“人身危险性评估需要理念与方法的同步跟进”。“我们既要肯定人身危险性理论的现实意义，又要对其评估问题不离不弃地予以深入反思，通过理论界与实务界群策群力的智慧贡献与实践努力，在理念与方法的双重指引下，方能为人身危险性评估探索出科学、可行的新路径。”①

其六，刑事处罚必要性的基本内涵或角色功能与刑事习惯、刑事政策自身的角色功能具有内在一致性。亦如前述，在罪刑法定原则约束下，刑事习惯不能成为入罪或出罪的理由和根据，但可以作为酌定量刑情节成为从轻、减轻或免除处罚的理由或根据，即作为处罚优待的根据和理由。就刑事政策而言，“两少一宽”刑事政策（“少捕少杀，处罚一般从宽”）的基本精神也是从有利于行为人即处罚优待为其基本出发点的。作为我国当前基本刑事政策的宽严相济刑事政策，最高人民法院在印发《关于贯彻宽严相济刑事政策的若干意见》（法发〔2010〕9号，以下简称《意见》）的通知中要求，要“切实增强贯彻执行宽严相济刑事政策的自觉性，将这一政策的基本要求落实到刑事审判工作的每一个环节中去，切实做到该宽则宽，当严则严，宽严相济，罚当其罪，确保裁判法律效果和社会效果的高度统一”。“要根据犯罪的具体情况，实行区别对待，做到该宽则宽，当严则严，宽严相济，罚当其罪，打击和孤立极少数，教育、感化和挽救大多数，最大限度地减少社会对立面，促进社会和谐稳定，维护国家长治久安。”《意见》虽然要求对相关犯罪要准确把握和正确适用依法从“严”的政策要求，以达到“有效震慑犯罪分子和社会不稳定分子，达到有效遏制犯罪、预防犯罪的目的”。但应当认为，即便在这种从“严”的政策要求下，裁判者对刑种的选择和刑度的裁量也不能超越《刑法》规定的相应限度。《意见》也要求要准确把握和正确适用依法从“宽”的政策要求。《意见》规定：“从‘宽’，主要是指对于情节较轻、社会危害性较小的犯罪，或者罪行虽然严重，但具有法定、酌定从宽处罚情节，以及主观恶性相对较小、人身危险性不大的被告人，可以依法从轻、减轻或者免除处罚；对于具有一定社会危害性，但情节显著轻微危害不大的行为，不作为犯罪处理；对于依法可不监禁的，尽量适用缓刑或者判处管制、单处罚金等非监禁刑。”具体表现为，对未成年犯、自首或立功犯、初犯、偶犯、老年犯、预备犯、中止犯、从犯、胁从犯、防卫过当、避险过当等情形要“从宽”。应当认为，对这些情形之所以要“从宽”，除客观上危害轻微外，另一个重要原因就在于行为人的人

① 陈伟：《认真对待人身危险性评估》，载《比较法研究》2014年第5期。

身危险性小或再犯可能性小,进而刑事处罚的必要性就小。因此,刑事处罚必要性的基本内涵或角色功能与刑事习惯、刑事政策自身的角色功能是具有内在一致性的。

四、结论　初步的体系性方案

在刑事习惯与刑事政策的背景下,完整的犯罪判断步骤为:犯罪客观要件(要素包括自然人主体、年龄等;单位;行为、结果、因果关系、时间、地点、方法等;违法阻却事由:正当防卫、紧急避险、被害人承诺、职务行为等)——犯罪主观要件(要素包括故意、过失;责任阻却事由:精神状态、期待不可能、违法性认识欠缺等)——刑事处罚必要性要件(要素为人身危险性、客观处罚条件等)。

在这种体系性方案中,从犯罪客观要件到犯罪主观要件的判断步骤为入罪判断或入罪要件(行为定性要件),其与传统的三阶层体系或两阶层体系在要件或要素结构上并无实质差异。因此,传统的阶层式体系具有的入罪或出罪功能以及其他优点,本文的体系性方案同样具备。通过犯罪客观要件和犯罪主观要件两个步骤的判断,定罪或罪与非罪的问题至此已得到解决。

亦如前述,在本文的体系性方案中,刑事处罚必要性要件的基本角色或基本功能是为了实现处罚优待,基本理念在于由"有罪必罚"向"有罪不一定罚"(从轻、减轻或免除)的观念转变。当然,在具体的刑法适用过程中,通过对行为人刑事处罚必要性高低的评估,刑事处罚必要性要件在一定程度上也可以为在有罪基础上的刑罚裁量提供有价值的参考。因为"有罪必罚"时,对刑种的选择和对刑量的裁判,也离不开对行为人人身危险性的具体考量(但不能超过责任刑的上限)。另外,在刑事处罚必要性的思维逻辑下,传统犯罪论体系中关于犯罪停止形态(犯罪预备、犯罪未遂和犯罪中止)的问题就成为一个对相关形态是否具有刑事处罚必要性进行考量的问题,而罪数形态问题自然就成为一个量刑问题。

亦如前述,虽然刑事司法实践中存在以某种行为因不具备刑事处罚必要性,进而否定其成立某种犯罪的裁判模式(如前述王立军案)——这明显是一种"以刑定罪"或"以刑制罪"的思维模式。根据本文的体系性方案思维逻辑,这种"以刑定罪"或"以刑制罪"的裁判模式在一定程度上就是可以接受的。

同时,在这种体系性方案下,刑事习惯、刑事政策与基于刑法教义学的刑法适用之间也可以实现良性互动。

The Doctrine System of Criminal Custom and Punishment Preferential Treatment

Hu Xuan-hong

Abstract: Criminal custom is a common practice of certain ethnic groups in their daily life in which there is some conflict or tension with the provisions of criminal substantive law or criminal procedure law formulated by the state. In the system of doctrine of criminal law, which is related to criminal policy, criminal custom can be considered as the cause of the violation of the law, the concept of substantive interpretation, and the construction of the criminal theory system. Making the need for criminal punishment, criminal custom is integrated into criminal practice and the spirit of criminal policy, an independent element of a systematic program or an independent step in the determination of the offence, which facilitates both characterization and sentencing. Such a systematic scheme, in the course of criminal law application, naturally has a penalty preferential function.

Key words: criminal practice　systemic program　penalty preferential treatment function

民事诉讼中行为保全的操作难题与应对

■ 罗维鹏*

[内容摘要] 我国民事诉讼中的行为保全在司法实践中运用的较少,尚存在若干操作难题。"启动难"指法院主动启动行为保全有困难且法院判断是否启动行为保全有困难。"审查难"指法院缺乏重点的审查内容和独立的判断标准、审查程序不健全、当事人缺乏辩论。"执行难"指执行范围模糊、执行主体单一、执行措施难以强制化、执行过程缺乏有效地监督。"救济难"指救济制度欠缺体系化、复议救济的效果不理想。以上困难,需要在制度层面和操作层面作进一步的完善。

[关键词] 行为保全 启动 审查 执行 救济

行为保全是指避免当事人遭受损失或损失扩大以及保证将来判决得以执行,申请人可在诉讼前或诉讼中向法院提出申请,或者法院在特殊情况下依职权责令被申请人

* 罗维鹏,法学博士、西南财经大学法学院讲师。

为一定行为或不为一定行为的强制性保障措施。在国外，行为保全表现为禁令和假处分。美国、英国、德国和日本的民事诉讼法律均有比较详细的规定，包括管辖、申请条件、审理程序和救济等。我国行为保全制度由《民事诉讼法》第100条至第105条以及第108条构成，包括保全的适用、管辖、启动、审理、执行和救济，其最大的特点是行为保全与财产保全的“混合立法”，即民事诉讼法将行为保全与财产保全统称为“保全”，共同适用第100条至第105条以及第108条的规定。这种“混合立法”造成了行为保全在实践中的“启动难”“审查难”“执行难”“救济难”等问题。然而，现行民事诉讼法及其司法解释却没有进一步细化，可谓一大遗憾。鉴于此，为了使行为保全制度趋于完备并且从知识产权领域和海事诉讼领域普遍适用于民事诉讼一般领域，本文重点讨论行为保全制度在司法适用中的操作难题及其应对，以期服务理论与实践。

一、行为保全的启动难

根据《民事诉讼法》第100条第1款并结合第101条第1款可知，我国民事诉讼中的行为保全可以由法院依职权启动或者法院根据当事人的申请而启动，但应当满足一些限制性的条件，包括“难以执行”“其他损害”“难以弥补”“情况紧急”等。在实践过程中，由于这些条件的语义模糊性，产生了一些问题：

第一，法院主动启动行为保全比较困难。法院依职权作出行为保全是对当事人权利的积极保护，但从现实条件来看，比如在家事审判中，除了当事人在诉讼中的行为之外，还有很多符合行为保全的情形但法院可能并不知晓，法院主动发现“难以弥补的损失”“紧急情况”很多时候并不现实。这样不仅会降低法院的工作效率，而且由法院对不当或错误启动保全承担之后的国家赔偿责任，还会降低法院启动行为保全的积极性。事实上，也很少有法院依职权启动保全，该规定形同虚设。① 从比较法的层面来看，域外较早设置行为保全的国家和地区，其行为保全绝大多数是依当事人的申请而作出的。《英国民事诉讼规则》第25.3条、第25.4条规定当事人请求临时性救济（包括诉前和诉讼中）需要提交申请。在德国、日本和我国台湾地区，假扣押诉讼以提交假扣押申请而开始。②

第二，行为保全的启动标准比较模糊。从条文表述和实务反馈来看，法院对是否启动行为保全有两个困惑：一是如何认定“难以执行”“其他损害”“难以弥

① 参见黄文艺：《比较法视域下我国民事保全制度的修改与完善》，载《比较法学研究》2012年第5期。

② 参见［德］汉斯－约阿希姆·穆泽拉克著：《德国民事诉讼法基础教程》，周翠译，中国政法大学出版社2005年版。

补”？我国现行法律规定沿袭了大陆法系的一般做法。例如，在德国，当事人申请假处分，应当有“现状变更，权利不能实现，或难于实现”之虞，或者“因避免重大损害、或防止急迫的强暴行为，或因其他理由”。[①] 在日本，申请行为保全要有证据表明变更系争物现状可能使其债权人不能实现权利或实现权利有困难，以及所争执的权利关系会给权利人造成显著的损失或紧迫的危险。[②] 但是，这种语义丰富的表述会给当事人举证和法院的认定造成很大困难，导致不同法官、不同案件的适用标准不一样，使启动行为保全的主观性过强而规范性降低。

二是在非紧急的情况下是否一定不能作出行为保全？实践中，法院一般是在案件具备法定要件并且出现紧急情况才会作出行为保全。这是因为一些法官误将行为保全的其他启动条件等同于其紧急性的条件。而在英美法系，情况并非如此。尽管英国的中间禁令制度也提及“紧急情况”，但强调的是在紧急情况下在签发起诉令状之前法官可凭一方的申请作出中间禁令。[③] 所以紧急性决定的是法官是否要听取双方当事人的辩论而不是启动中间禁令程序的决定条件。相比之下，我国将“难以执行”“其他损害”或“难以弥补”作为启动行为保全的要件，不仅会误导司法实践，而且其内容有待进一步明确。例如，在判决可能难以执行或者当事人可能受到难以弥补的损害，但情况不紧急时，当事人将无法申请行为保全。又如，在情况确实紧急但不会使判决难以执行或使当事人受到难以弥补的损害时，当事人也无法申请行为保全。

还有一个问题值得探讨：诉前行为保全和诉讼行为保全适用不同的启动条件，这样规定的现实意义并不明显。启动诉前行为保全必须存在紧急情况，而启动诉讼行为保全却未有此要求。从性质和目的来看，保全措施作为一项临时救济措施，旨在暂时保护当事人的权利，使诉讼得以进行以及未来判决得以执行，即便在非紧急情况下也是保全措施应有之义。在非紧急情况下的临时救济措施的缺失，以及在紧急情况和非紧急情况下裁定程序缺乏有机衔接，这些都极大地减损了临时救济中的程序正义。[④] 事实上，占绝大部分的保全申请都是在诉前或者起诉的同时提出，而在起诉的同时提出应当相当于在诉前提出。因此，我国《民事诉讼法》对诉前保全和诉讼中保全的启动条件作区别对待，并没有太大的

---

① 参见《德国民事诉讼法》第935条、第940条。前者是关于争执标的物的假处分，后者是定暂时状态的假处分。

② 参见吕辉：《论日本行为保全制度及其启示》，载《湖北社会科学》2013年第2期。

③ 参见杨宜良、杨大明著：《禁令》，中国政法大学出版社2000年版。

④ 参见宋汉林：《民事临时救济制度比较研究——以程序正义为视角》，载《湖北社会科学》2013年第8期。

意义，两者在很大程度上存在重复，只是表述上或者角度的不同而已。①

以上不足可以从两个方面改进：一方面，明确依职权启动行为保全的条件。关于行为保全启动的主体，有些学者认为，应当取消法院依职权启动保全措施的规定。② 本文并不完全赞同，鉴于我国社会的法治建设还不健全，很多当事人不知晓保全措施的存在与功能，为了保护当事人的合法权利，法院可以主动启动行为保全。但是，应将行为保全的依职权启动作为依申请启动的例外情况，并且严格限制适用条件，包括：（1）法院依职权启动行为保全只能发生在当事人起诉后。因为如果当事人尚未起诉，法院就依职权进行行为保全，显然与民事诉讼"不告不理"原则相悖。（2）保全的行为必须处于紧急状态，即当时没有时间通知或者等待当事人按正常程序提出申请。相反，如果时间上完全可以等待当事人自己提出行为保全的申请，法院则是向当事人说明情况，不能越俎代庖。（3）法院依职权做出的行为保全应当附有一定的期限，该期限内旨在消除危害状态或者使诉讼回到正轨，至于之后是否再继续采取保全措施则依当事人是否申请而定。（4）行为保全不得使当事人之间的实体请求提前实现，正如德国学者认为的，无论何种假处分都不允许达到最终清偿的目的。③

另一方面，明确和简化行为保全的启动条件，统一启动标准。在启动标准上，目前我国的诉前行为保全和诉讼行为保全的启动条件虽然表面有区别，但无实质的差异，可以不再作区分。例如，"难以执行""其他损害""情况紧急""难以弥补的损害"等条件的外延都很广，若判决难以执行当然会给申请人造成难以弥补的损害，而"其他损害"更像是法律的兜底条款，包含了可能造成的一切损害。最后，无论是在诉前还是在诉讼中，申请人都可能遇到紧急情况，况且紧急性是行为保全的基本特征和必备条件，其与起诉时间的先后并没有必然关系。

二、行为保全的审查难

行为保全的审查涉及三个问题：一是法院审查的内容；二是当事人的程序参与度；三是行为保全的审查周期。当前我国行为保全制度在上述前两个方面的问题尤其明显。

第一，法院缺乏重点的审查内容和独立的判断标准。一般情况下，法院要审

---

① 参见李仕春：《民事保全程序基本问题研究》，载《中外法学》2005 年第 1 期。

② 相关论述可参见史飚：《完善我国财产保全制度初探》，载《法制与社会发展》2002 年第 2 期；宋汉林：《民事临时救济制度比较研究——以程序正义为视角》，载《湖北社会科学》2013 年第 8 期。

③ 参见［德］汉斯 – 约阿希姆·穆泽拉克著：《德国民事诉讼法基础教程》，周翠译，中国政法大学出版社 2005 年版，第 423 页。

查申请人的请求是否具备作出行为保全的条件,[①]这是对保全请求的审查。然而,在法院依职权作出行为保全的情况下,既然不存在审查请求的问题,那么法院应当审查什么?这成为一大实务难题;另一个难题是厘清保全请求与案件实体争议的关系。这两个问题,民事诉讼法及其司法解释均未规定。根据《关于诉前停止侵犯注册商标专用权行为和保全证据中适用法律问题的解释》第 3 条、第 4 条,《海事诉讼特别程序法》第 56 条和《涉及家庭暴力婚姻案件审理指南》第 33 条第 1 款的规定,法院审查的内容有两个:一是申请人是否享有实体权利;二是被申请人是否有侵权行为或者违约行为。如此来看,似乎法律把对保全请求的审查划入对案件实体问题的审查范围,或者说保全请求的审查结果依赖实体问题的审查。实践中,不少法官以申请人胜诉的可能性来决定是否作出行为保全,胜诉性高的则会支持保全请求。这样的做法固然有其问题,即混淆了行为保全争议与案件实体争议的关系,虽然行为保全有辅助本案诉讼顺利进行的功能,但不能以本案胜诉的可能性来决定行为保全,因为法院对保全请求的审查和对实体争议的审查应当分属不同的阶段。最明显的表现是诉前行为保全,若照上述做法申请人还未起诉法官预断了胜诉的可能性,那么如何保证正式诉讼的公正性?这明显是将审查行为保全与审理实体争议本末倒置。另外,在国外担保也仅是行为保全的形式要件。[②] 但是,由于我国法律对行为保全的审查内容规定的很笼统,而行为保全的条件又苛刻,[③]在这样的背景下很多法官为了谨慎起见,以申请人是否担保作为裁定行为保全的条件,很多时候"担保"则成为启动保全(包括财产保全和行为保全)的必要条件。

实际上,本案胜诉的可能性和担保都不应作为法院决定行为保全的重点内容,甚至唯一标准。这在国外,英美法系法官侧重利益衡量,[④]大陆法系法官侧重审查申请人有无申请的权利。[⑤] 域外立法例也没有将担保视为作出保全的必

---

① 需要说明的是,法院对申请人提出的行为保全申请应有两次审查:一次是审查申请人的请求是否符启动行为保全的条件,目的是决定是否受理;另一次是审查申请人的请求是否具备作出行为保全的条件以决定是否支持申请人的请求。两者存在区别,前文对前者已作分析,在此仅分析后者。

② 参见陈莹:《我国行为保全制度的建构》,载《厦门大学法律评论》2006 年第 1 期,第 97 页。

③ 例如,最高人民法院《关于全国部分法院知识产权审判工作座谈会纪要》强调:"人民法院采取财产保全或先予执行措施应当严格按照民事诉讼法的有关规定慎重进行。在采取财产保全或先予执行措施前,应当严格审查当事人是否提出了财产保全或者先予执行的申请并提供了可靠足够的担保。"

④ 例如,英国法官作出中间禁令时主要考虑:(1)是否有一个严肃的争端;(2)赔偿是否足够救济原告的损失;(3)平衡双方的公平与否;(4)特殊因素,如原告是否愿意起诉。美国法官在决定是否作出预备禁令是要考虑:(1)原告实体胜诉的可能性;(2)原告是否会受到难以挽回的伤害;(3)预备禁令对其他人的影响;(4)预备禁令对公共利益的影响。

⑤ 例如,德国和日本的法官主要审查:(1)申请人是否享有假处分请求权;(2)申请人的理由。申请人只需要向法官说明或者解释其申请理由即可。

要条件。相比之下，我国的做法比较保守，法官不会轻易作出行为保全，即便作出也是根据申请，即便有申请还要有担保。我国尚未建立审查行为保全申请的规范标准。

为此，法官对行为保全的审查可以重点把握以下几点：(1) 申请人有请求权。行为保全具有从属性，申请人的行为保全请求权来源于其民事权利受到了侵害，申请人与被申请人之间存在民事争议。这是法院作出行为保全的首要条件。(2) 客观上有作出行为保全的必要，如申请人的权利正在或者将要受到侵害，或者保全被申请人的行为是对申请人权利的合理保护。(3) 申请人能够说明自己请求的合理性。从保全程序的证明标准来看，无论英美法系还是大陆法系均不要求申请人能提供全面的证据以证明自己的主张，申请人只要大致说明请求属实即可。(4) 平衡双方当事人的利益。行为保全的对象是被申请人的行为，在法官难以确定孰是孰非的时候，需要比较采取行为保全对被申请人的限制与不采取行为保全使申请人所受的损失之间的大小。(5) 不得损害公共利益。一般的行为保全案件不会涉及公共利益，但在消费者权益保护案件、环境侵权案件或者人数众多的诉讼等案件中则有可能涉及公共利益。因此，虽然行为保全是针对被申请人作出的，但是，法官在作出裁定时必须考虑相关因素，不能因为限制被申请人的行为而有损社会利益。

第二，法院审查程序的不完善，当事人缺乏程序参与。法院的审查程序是指法院通过什么样的形式审理行为保全的申请，重点是保障当事人在这过程中的权利义务。《美国联邦民事诉讼规则》第 65 条规定的两种中间禁令——预备禁令和临时性禁令的最大区别就是审查程序不同。预备禁令不得在未通知对方当事人的情况下作出，而临时性禁令原则上以书面或者口头通知当事人或其律师。[①] 所以，美国的民事保全中程序保障的基本特点在于从专门性诉讼技术层面对程序的适用加以规定，并在实践中赋予双方当事人平等陈述机会、采纳双方审寻主义或者当事人平等主义。[②]《德国民事诉讼法》第 921 条、第 924 条也重视当事人的程序参与权，对保全程序是否需要经过言词辩论作了不同的处理。例如，假扣押申请的裁判，如经过言词辩论，以终局判决为之；否则，以裁定为之。此外，如果申请人对假扣押裁定有异议，法院应当依职权指定言词辩论的日期。同样，法国法律规定的紧急审理程序原则上采用对审原则进行。法院每年要预先规定紧急审理程序口头辩论的开庭时间。即使在节日或假日中，紧急审理的法官也可以准许在指定时间里传讯当事人出庭，或者在法官官宅开庭。此外，法

① 详见《美国联邦民事诉讼规则》第 65 条。

② 参见王福华：《民事保全程序中的程序保障》，载《法律科学》2002 年第 6 期。

官应当保证传讯和开庭之间有充足的时间间隔以便被传讯的当事人准备其防御办法。[①] 以上规定旨在给予当事人充分的辩论机会,保障当事人的程序参与权。

然而,我国法律在这方面却没有规定,当事人即使提出异议,法院也仅是采取单方面审询的方式处理,大多只是书面审查,法院在没有任何一方当事人参与的情况下作出裁决。[②] 最高人民法院中国应用法学研究所曾发布《涉及家庭暴力婚姻案件审理指南》,其第 34 条第 2 款对当事人程序参与权有所提及:"人民法院经审查或听证确信存在家庭暴力危险,如果不采取人身安全保护措施将使受害人的合法权益受到难以弥补的损害的,应当做出人身安全保护裁定。"该条所言的"审查或听证"可以视为法院的审查程序,但是,如何审查或者听证,该指南中未再说明。从理论上讲,审查可以有书面审查和口头审查、实质审查和形式审查、开庭审查和不开庭审查等;听证是组织双方当事人到场,法院就申请人的请求听取被申请人的意见,从而得出最后结论的程序。在实践中,法院多是用书面的方式审查行为保全并作出裁定,只不过会在送达时向被申请人说明违反裁定的后果,象征地听取被申请人的意见。这种方式没有实质意义,因为裁定一经作出立即执行,听取意见更多的是起到"告知"的作用,即便被申请人不服而提出异议,他也应通过复议方式,异议的事项无法在告知时即时解决。

因此,增加行为保全程序中当事人的论辩规则,这既是法院的审理程序也是当事人权利的保障程序。例如,在《民事诉讼法》第 100 条后增加一条:"情况紧急的,可以不经言词辩论在四十八小时内作出裁定。"这样既能确立言词辩论原则,又能设定出一些例外情况。一方面,法院审理行为保全,原则上应当经过当事人的辩论。这是英美法系和大陆法系的一贯做法。在英国,原告申请中间禁令应尽量让被告知道。这除不至于令被告感到太意外,还在于给被告一定的辩论机会。美国法律规定临时性禁令和预备禁令均应有听审程序。《法国民事诉讼法》第 484 条规定:"紧急裁决是由一名并非受理本案的法官依据法律授权,为立即实施必要的措施,根据一方当事人的请求,并在向对方到场或被传唤到场的情况下作出的临时性决定。"这是因为行为保全一经作出,被申请人的人身行为将被限制,所以法官应当谨慎处理,在程序公正的原则下应组织当事人进行辩论。另一方面,当事人有权参与辩论并不意味着法官只能辩论后才可以作出裁定。申请人申请行为保全通常是遇到了紧急情况,如果法院在此时仍是机械地先召集当事人辩论而后再作裁定,结果很可能对申请人已无济于事。可以借鉴法国的经验,如果情况紧急,法官会通过书面审理当事人提供的证据来判断是否

① 参见张卫平、陈刚著:《法国民事诉讼法导论》,中国政法大学出版社 1997 年版,第 273 页。

② 参见江伟主编:《民事诉讼法专论》,中国人民大学出版社 2005 年版,第 282 ~ 283 页。

作出紧急裁决令。因此，尽管增加了辩论原则，但是从诉讼效率的角度来看，书面审理可以作为例外规定。

三、行为保全的执行难

行为保全在我国《民事诉讼法》中确立至今已有六七年，但司法实践中做出行为保全的案例十分稀少。从目前情况来看，行为保全在执行中的多数法律依据和做法都是参照财产保全，然而财产保全制度本身也不完备，这就导致行为保全的执行难题更为突出。有的法院为了谨慎起见，基本上是以是否有担保来判断做出行为保全与否，此外执行的过程也只是靠被申请人的“自觉性”。可以认为，我国行为保全在裁定作出前是谨慎的，但在裁定后的执行却比较任意，具体表现如下：

第一，执行的范围模糊。《专利法》第66条、《商标法》第65条和《著作权法》第55条均有类似规定，专利权人、商标权人、著作权人或者利害关系人有证据证明他人正在实施或者即将实施侵犯专利权、商标权或著作权的行为，如不及时制止将会使其合法权益受到难以弥补的损害的，可以在起诉前向人民法院申请采取责令停止有关行为。所谓的“有关行为”在实践中很难把握，法官自由裁量的空间很大。《海事诉讼特别程序法》第51条规定：“海事强制令是指海事法院根据海事请求人的申请，为使其合法权益免受侵害，责令被请求人作为或者不作为的强制措施。”这里的“强制措施”常见的是强制放货和强制签发提单。有学者认为，海事强制令的实施会阻却被请求人依法行使其他的合法权利（如留置权），因为海事强制令代表国家的司法裁判行为，被申请人必须服从。在没有进入实体审判的正常程序之前，当事人往往也没有机会去行使自己的抗辩权，所以海事强制令的实施在某些情况下确实会阻却被请求人依法行使其他的合法权利。[①] 这就是因为法律没有明确可以对哪些行为发出海事强制令。从上述情况可以推知，在一般的民事诉讼领域也会面临同样的问题。

因此，相对明确[②]哪些行为可以被保全或者不可以被保全以及保全的程度，将是成功适用行为保全制度需要解决的一个现实问题。“相对明确”这是由行为保全的对象决定的，因为行为没有财产那么固定，在财产保全中法律可以明确

---

① 参见吴琼：《我国海事强制令制度的法律分析与立法完善》，载《学术界》2006年第5期。

② 之所以是“相对明确”，是因为行为保全不像财产保全那么具体，行为保全的对象是被申请人的行为，行为是一个抽象的概念。社会生活中，人的行为纷繁多样，保全的行为会因案件的不同而不同。因此，无法通过法律将其十分明确的规定下来，这样的做法在境外也没有相应的立法例。法律能做的是：(1)确定一个相对明确的范围，如列举一些典型的行为（德国）；(2)由法官自由裁量，但法律又对具体方法有一定的指示或提示（台湾）地区；(3)列举不得保全的行为（英国）。

规定哪些财产可以执行,哪些不可以执行,而在行为保全中,哪些行为可以做,哪些行为不可以做,难以通过法律的形式予以一一列举,此外作为或不作为的程度也难精确化。因此,相对明确我国行为保全的执行范围需要通过制定司法解释或者法院内部的工作指南,从正、反两个方面着手:

首先,从正面规定执行行为保全时应当注意和考虑的因素:(1)保全的应当是被申请人直接实施的侵害行为或者有因果关系的间接侵害行为;(2)法院责令或者禁止被申请人的行为必须与当事人之间的实体争议有关;(3)责令或者禁止被申请人的行为应当与被申请人的基本条件相符,如年龄、性别、身体状况、智力水平、宗教习惯;(4)行为保全的执行范围应有一个最低限度。其次,从反面列举式的排除不应被保全的行为,例如:(1)不得限制被申请人的人身自由,如拘禁、拘留;[①](2)不得影响被申请人正常的生产、生活;(3)不得责令或者禁止与本案无关的行为。除上述考虑因素之外,鉴于法官难以掌握和感受到底哪些行为可被当事人接受和容忍,以及哪些行为是当事人无法做到的,因此在行为保全的裁定书中或者行为保全执行的过程中,可以根据案情由当事人选择能真正维护自己权利或者自己能够做到的保全方法。

第二,执行的主体单一。很多国家的法律都对法律文书的执行机构都有专门的规定,尽管具体情况不同,大体上是由法院内设的机构执行和由法院外设的执行官执行两种类型。[②] 根据最高人民法院 2011 年发布的《关于执行权合理配置和科学运行的若干意见》第 15 条、第 16 条的规定,财产保全应当由人民法院的执行局执行。在《民事诉讼法》修改后,行为保全的执行也照此逻辑。但问题在于,行为保全通常是要求被申请人不得做出一定的行为,是一种消极的不作为。既然是消极行为,那么执行人员该如何执行?例如,行为保全的内容是被申请人不得在申请人的土地上出行或者被申请人不得将子女送出国外。这样的行为保全只能由被申请人自己来完成,法院执行局的作用只是在被申请人不履行义务时找第三人代为履行或者对被申请人处以迟延履行金等强制执行措施。从实践来看,法院执行行为保全并非如执行财产保全那样去实际地控制被申请人行为,所谓的"执行"不过是将双方当事人召集起来,向被申请人说明不履行义务时将面临的法律后果,之后让被申请人作一个能保证履行的承诺,最终由被申请人照裁定的内容履行即可。由此可见,行为保全多是靠当事人自觉履行。

---

① 这只是指正常的行为保全不得限制被申请人的人身自由,而在特殊情况下可以拘传被申请人。最高人民法院《关于人民法院执行工作若干问题的规定(试行)》第 97 条规定:"对必须到人民法院接受询问的被执行人或被执行人的法定代表人或负责人,经两次传票传唤,无正当理由拒不到场的,人民法院可以对其进行拘传。"

② 参见高执办:《国外执行机构概览》,载《人民司法》2001 年第 3 期。

但如果由执行局执行也有不利之处：一是依《民事诉讼法》的规定，行为保全一经作出立即执行，但在法院内部实行审执分离的职能分工，行为保全裁定自作出后到交由执行局执行还需要一个转交环节，这与立即执行不符；二是执行局与审判庭属于同一法院，然而物是死的，人是活的，行为保全需要一个动态的管理，如果被执行人居无定所那将如何确保执行局能有效地管理动态的行为和处于运动中的被申请人？

法谚道："当事人不能担当自己的法官。"若让被申请人自己执行自己的行为，无论是执行的公正性还是效率都将大打折扣，也不会完全令申请人信服。因此，法律有必要赋予申请人一定的自助执行权。所谓申请人的自助执行权，实则是民事自助权在执行中的表现，[①]属于特殊情况下的私力救济，不具有司法强制力。这也可视为是最高人民法院《关于适用〈中华人民共和国民事诉讼法〉的解释》（以下简称《民事诉讼法解释》）第503条第2款申请执行人"自己代为履行"的变通。当然，这里的自助执行措施也不是无限制的，有些措施不可为之，超出限度时申请人应当承担相应的法律责任。因此，申请人在自助执行时应当以下两个原则：一是坚持合法原则，即不得侵害被申请人的权利，否则应当承担侵权责任，构成犯罪的还要追究刑事责任；二是比例原则，执行的时间、地点、方式和对象，必须与行为保全裁定的内容相符。此外，申请人在自助执行后必须实时或者及时将执行的情况向法院报告，如果发现申请人在执行时走向极端，损害到被申请人的权益，则应当停止执行。

第三，执行措施难以强制化。民事执行理论认为，执行标的是行为时分为作为和不作为，作为包括可替代的作为和不可替代的作为，通常不作为也是不可替代的。执行可替代行为与不可替代行为的规则不同，前者可以通过多种途径实现，后者则是通过预设违反义务的惩罚措施从而威慑被申请人予以作为。[②] 例如，《德国民事诉讼法》规定有"可代替作为"的强制执行和"不可代替作为"的强制执行，在债务人不履行义务时，前者可以由第三人代替实施后向债务人收取费用；后者将对债务人处以强制罚款，甚至强制拘留。[③] 台湾地区"强制执行法"第128条规定不可替代行为的执行方法是拘提、管收和怠金。英美法系国家虽然

---

① 需要说明的是，根据诉讼法理，执行是指法院依照法律规定的程序，运用国家强制力强制义务人履行义务，实现已经发生法律效力的判决、裁定及其他法律文书确定的内容的行为。依靠国家强制力是执行的首要特征。显然，申请人不是国家机关且不具有国家强制力，申请人执行行为保全应当是在法律的授权下，通过代替、督促或监督等方式使被申请人履行行为保全的义务，以保护自己的权利。

② 例如，我国《海事诉讼特别程序法》第59条规定："被请求人拒不执行海事强制令的，海事法院可以根据情节轻重处以罚款、拘留；构成犯罪的，依法追究刑事责任。对个人的罚款金额，为一千元以上三万元以下。对单位的罚款金额，为三万元以上十万元以下。拘留的期限，为十五日以下。"

③ 详见《德国民事诉讼法》第887条、第888条。

并不区分行为的可替代性与不可替代性，但是如果被申请人拒绝履行，将会被处以藐视法庭罪。[①] 我国《民事诉讼法》第 252 条规定，法院可以委托有关单位或者其他人来执行，但费用由被执行人承担。这显然属于对可替代行为的执行。关于不可替代行为的执行被规定在最高人民法院《关于人民法院执行工作若干问题的规定（试行）》（以下简称《执行规定》）第 60 条第 3 款："对于只能由被执行人完成的行为，经教育，被执行人仍拒不履行的，人民法院应当按照妨害执行行为的有关规定处理。"该条中，对不可替代行为的执行所采取的办法是"按照妨害执行行为的有关规定处理"并未采用其他国家的有关做法。我国对行为的执行是执行制度最薄弱的环节，也是实践中最难完成的执行。因此，有学者认为，我国立法对于行为的执行并没有实际有效的措施。[②] 例如，执行海事强制令既不能对自然人采取直接强制的措施，也无法对法人采取直接强制。实践中，海事强制令的执行除由被申请人自觉履行外，只能采取第三人代为履行或间接强制的办法。[③] 因此，这是一种比较被动的强制。

综合考虑，在试图强制执行行为保全时，应当视具体情况而定：一是直接强制。《执行规定》第 60 条第 1 款规定："被执行人拒不履行生效法律文书中指定的行为的，人民法院可以强制其履行。"虽然直接强制不能以被申请人的人身为执行对象，强迫被申请人履行义务，但是，如果某个行为保全涉及财产并且关系密切时，可以通过强制被执行人行为的方式以保护申请人的权益。例如，行为保全责令被申请人交付指定财物或权利凭证，被申请人拒不交出的，法院依照《民事诉讼法》第 103 条的规定处理。如果被申请人交付的是特定物，原物被隐匿或非法转移甚至是毁损的，法院则裁定被申请人折价赔偿或按原物的价值强制执行被申请人的其他财产。再如，责令被申请人迁出争议房屋而被申请人逾期不履行的，执行员强制执行或者法院可以为涉案房屋安装门锁以阻止被申请人进入。

二是间接执行，即法院用直接实现判决目的之外的其他方法对被执行人施加压力，促使被执行人完成判决确定的内容，包括支付迟延履行金、替代执行、罚款和拘留。罚款和拘留属于严重的民事制裁措施且一般最后采取，《民事诉讼法》对此已有明确的规定。重点是如何选择迟延履行金和替代执行的问题：（1）首选支付迟延履行金的方式比较合理。因为行为保全基本上是靠被申请人

① 详见《美国联邦民事诉讼规则》第 70 条；《英国民事诉讼指引》第 25A 章附录一。

② 参见郭小冬：《论保全裁定的执行》，载《当代法学》2010 年第 4 期。

③ 参见郑田卫：《中国海事强制令制度创新与完善的法律研究》，载司玉琢主编：《中国海商法年刊》（2001 年卷），大连海事大学出版社 2002 年版，第 106 页。

完成，支付迟延履行金能被够加重被申请人的经济负担加重，具有督促其尽快、自觉履行义务的功能。(2)其次是第三人替代执行。第三人替代执行对于强制执行涉及财物的行为保全有较好的效果。这种情况下，由第三人代为履行义务，费用由被申请人负担。例如，《日本民事诉讼法》第733条和第734条将间接执行分为第三人能为的行为与第三人不能为的行为，前者指由第三人代替债务人履行义务，产生的费用由债务人承担；后者指如果债务人的义务不能由第三人代替履行，则债务人需要赔偿债权人的损失。我国《民事诉讼法》第252条和《民事诉讼法解释》第503条也有类似的规定。需要注意的是，如果情况紧急必须立即强制执行，则不宜采取支付迟延履行金的措施；再如果被申请人经济实力强，支付迟延履行金对其没有太大的“压力”时，则要首先选择第三人替代执行的强制措施。(3)支付迟延履行金与第三人替代执行可以配合使用。如果支付迟延履行金不足以消除申请人所受的侵害，可以与此同时积极为采取第三人替代执行做准备。例如，申请人请求支付迟延履行金的同时选择好第三人，如果迟延履行金仍不足以督促被申请人履行义务，则申请转为第三人替代执行。同样，如果选择了第三人替代执行但第三人不执行时，申请人可以请求法院取消第三人替代执行，而转为支付迟延履行金。这种迟延履行金从第三人不执行之日开始计算，只有这样才能加重被申请人的经济负担，迫使其履行义务。

三是转化执行，这是在支付迟延履行金和第三人替代履行没有作用时退而求其次的选择。特别是针对涉及财物的行为保全，可以首先对标的物进行评估，待估算出价值后强制执行被申请人的价值相当的其他财产，从而起到间接实现保全的目的。例如，法院责令被申请人交付一幅名画，如果被申请人逾期不执行且对其采取支付迟延履行金或者第三人替代执行均无效果时，强制被申请人交付一副书法、瓷器、古玩或者汽车等其他等价物。这样既可以在物质和心理上弥补申请人，又可以迫使被申请人尽快履行原行为以“换回”其财物。

第四，执行的过程缺乏有效地监督。我国现行法律尚未规定行为保全执行中的监督措施，[①]实践中仅依靠申请人自己的能力尚不能有效地督促被申请人履行义务。因此，必须加强对被申请人的监督力度。鉴于行为保全直接关系到当事人的利益而法院又难以实时监督行为保全的执行情况，可以在执行中赋予申请人、其他机关或其他有监督能力的人以一定的监督权，从而尽可能的实现行

① 《涉及家庭暴力婚姻案件审理指南》第36条规定：“人民法院将人身安全保护裁定抄送辖区公安机关的同时，函告辖区的公安机关保持警觉，履行保护义务。公安机关拒不履行必要的保护义务，造成申请人伤害后果的，受害人可以以公安机关不作为为由提起行政诉讼，追究相关责任。”尽管辖区公安机关有监督义务，但是，《涉及家庭暴力婚姻案件审理指南》并非法律或司法解释，其效力远低于前者。

为保全的内容,及时发现执行中的问题,保护当事人的权利。

这种监督需要注意以下几点:(1)有权监督被申请人执行行为保全的主体主要是行为保全的申请人、法院指定的其他单位或个人。(2)申请人、其他机关或者个人的监督活动可以根据具体情况而灵活为之。例如,前往被申请人处观察情况或者由律师通过实地调查、打电话等方式询问被申请人执行的情况。(3)监督人员如果在监督中发现被申请人不履行义务应当及时向法院报告,由法院再做进一步的处理。如果监督时发现确有紧急情况需要立即制止的,如发现被申请人正在转移、隐匿财产,监督人员可以采取应急处理措施,如将被申请人企图转移、隐匿的财产扣留,并及时向法院报告。法院接到报告后如果认为应急处理合法的,可以裁定强制执行;认为应急处理不合法的,应当立即解除。

四、行为保全的救济难

行为保全的救济制度既要保护申请人的利益,也要弥补被申请人的损失。完备的行为保全救济制度包括当事人的异议权、行为保全的解除机制和错误行为保全的赔偿三部分。当事人的异议权,是指申请人、被申请人或第三人因不服行为保全而提出的异议。根据行为保全程序阶段的不同,当事人既可以对行为保全的裁判提出异议,也可以对行为保全执行提出异议。[①] 行为保全的解除,是指法院根据当事人的申请或者依职权撤销行为保全的裁定以及免除或解除行为保全的执行措施。[②] 错误行为保全的赔偿,是指因申请人的申请错误或法院的执行错误给被申请造成被申请人损失的,被申请人可以依此要求赔偿。[③]

关于行为保全的救济制度,《民事诉讼法》第 105 条规定:"申请有错误的,申请人应当赔偿被申请人因保全所遭受的损失";第 108 条规定:"当事人对保全或者先予执行的裁定不服的,可以申请复议一次。复议期间不停止裁定的执行";第 225 条规定:"当事人、利害关系人认为执行行为违反法律规定的,可以向负责执行的人民法院提出书面异议。"相比之下,我国行为保全的"救济难"问

---

① 例如,《德国民事诉讼法》第 924 条第 1 款规定:"对于假扣押的裁定,可以提出异议。"日本行为保全的救济制度包括保全异议、撤销保全和保全抗告。《法国民事诉讼法》第 490 条规定,对紧急审理裁定可以向上诉法院提起上诉。在《俄罗斯联邦民事诉讼法典》中原告、被告、第三人均有权对诉讼保全提出异议。

② 例如,《德国民事诉讼法》第 925 条规定:"法院可以准许、变更或撤销就扣押的全部或一部,也可以于提供担保后准许、变更或撤销之。"第 927 条第 1 款规定:"即使在准许假扣押后,如情况变更,特别是就扣押的理由消灭,或申请提供担保时,可以申请撤销假扣押。"《日本民事保全法》第 37 条规定,发出保全命令的法院认为申请人在两周以上不起诉的,可解除保全裁定。

③ 例如,《美国联邦民事诉讼规则》第 65 条规定,申请人应为临时性禁令或者预备禁令提供担保,该担保用以支付被错误地禁止或限制的当事人可能遭受的损失或损害。《德国民事诉讼法》第 945 条也规定,假扣押或假处分的命令经判明自始不合法或被撤销时,请求发出命令的当事人负赔偿责任。

题在于以下两个方面：

第一，救济制度欠缺体系化。首先，国外中间禁令和假处分的救济制度有多主体、多层次、多途径的特点，而从我国《民事诉讼法》的规定来看，法律对行为保全的救济偏向申请人和被申请人，而缺乏对第三人权利的救济。其次，在国外的救济制度中，当事人既可向作出裁定的法院提出请求，不服的还可向其上级法院上诉。因此，国外的救济请求可能会经过两级法院的处理。但在我国，无论复议还是赔偿诉讼，均是在法院而且只经过了一级法院的处理。最后，我国行为保全的救济只有复议和赔偿两种途径，暂未规定当事人（特别是被申请人）能直接申请撤销行为保全。换言之，如果当事人受到的损失达不到请求赔偿的条件，只能提起复议且只有一次机会，既不能上诉，也不能申请抗诉；对被驳回保全申请的申请人而言他也只有提复议的机会。

第二，复议救济的效果不理想。当前我国保全的复议制度缺乏实效性，已成学界共识。复议不是上诉，本来立法者是想再给当事人一次权利救济的机会，但是由于相配套的制度的缺失，当事人只能向作出裁定的法院提出复议的申请，面对同一法庭、同一法官，结果可想而知。另外，民事诉讼法未规定申请复议的时间和做出复议决定的时间，如果这一过程持续的时间较长，被申请人的损失就有扩大的可能。在行为保全中，以上情况对当事人十分不利。

综上所述，可以尝试从以下三个方面完善和修改我国行为保全的救济制度：

一是构建多层次的救济机制。多层次的救济机制旨在打破现阶段行为保全的救济措施局限于原审法院内部的不良格局。在原审法院内部，出于方便当事人的考虑，当事人对行为保全不服时可以直接向法院提出异议，被申请人认为行为保全损害自己合法权利时也可以向法院提出赔偿请求或者诉讼。在上下级法院之间，可以选择两种路径：其一，如果当事人对行为保全裁定不服，可以向上一级法院提出复议。《民事诉讼法》第 116 条规定："罚款、拘留应当用决定书。对决定不服的，可以向上一级人民法院申请复议一次。复议期间不停止执行。"这一规定可同理于行为保全，将行为保全的复议审理权交由上一级法院更能体现法院对行为保全的监督，避免复议面对同一法庭、同一法官的情况。其二，当事人对行为保全异议的处理不服，可以向上一级法院上诉。例如，被申请人认为行为保全裁定错误提出异议而被法院驳回，可以就该裁定向上一级法院上诉。

二是完善和修改复议的程序。修改和完善复议规则的关键在于对制度结构的调整和细化。一方面将行为保全的复议法院上提至作出裁定法院的上一级法院，另一方面规范复议程序，特别是限定复议的时间。例如，当事人对财产保全裁定不服的，可以向上一级人民法院申请复议一次，复议期间不停止执行。人民法院对复议申请，应当在三日内作出复议决定，并通知复议申请人。

三是赋予第三人异议权。第三人认为行为保全裁定侵害到自己的合法权利时可以请求法院消除影响或者解除保全。基于处分原则,第三人行使异议权可以考虑两种方式:一是向法院提出异议,请求作出行为保全裁定的法院变更或者解除保全;二是第三人的异议之诉,即第三人认为行为保全阻碍自己的权益时,可以向作出保全的法院提起异议之诉。

Operational Problems and Solutions of the Act Preservation in Civil Procedure

Luo Weipeng

Abstract: The act preservation is rarely used in China civil procedure, and there are some operational problems. "Difficulties in starting" means that it is difficult for the court to start the procedure of act preservation by itself, and hard to decide whether it is need to decide an act preservation. "Difficulties in judging" means that the main points and an independent standard are lacked for the decision on act preservation, and the judging procedure is imperfect, and the court debate is also lacked. "Difficulties in implementing" includes the ambiguous scope of implementation, the single subject of the implementing, difficulties in the measures of the enforcements, and the lack of supervision during the process of enforcement. "Difficulties in legal remedying" includes the lack of legal remedy system, and the unsatisfactory reconsideration. All the above need to be further improved at the institutional level and operational level.

Key words: act preservation starting judging implementing remedying

治愈机会丧失侵权案件救济路径研究

钱 宁*

[内容摘要] 医患双方是构筑良好医疗环境的责任共同体，当传统理论面对医疗侵权领域新出现的治愈机会丧失侵权案件陷入解决困境时，就需要对传统理论做出适当突破和调整，以弥补传统侵权理论的不足，从而实现对治愈机会丧失侵权案件中受害患者的正义救济。我国对于治愈机会丧失侵权案件尚未形成统一的裁判标准，结合借鉴域外既有的相关理论与判例解决模式，当依照证据优势规则可以确定诊疗过失与患者损害之间的因果关系时，则依照传统侵权理论实现对患者的救济；当诊疗过失与患者损害之间的因果关系达不到相当性的证明程度时，则应依其因果关系的契合程度按比例规定侵权责任。

[关键词] 治愈机会丧失 医疗侵权 诊疗过失 比例责任

* 钱宁，武汉大学法学院硕士研究生、陕西省宝鸡市陈仓区人民法院法官助理。本文在写作过程中得到了恩师张善斌教授的悉心指导，在此特表感谢。

一、引论：治愈机会丧失侵权案件的救济困境

在史海生、史文超（系本案患者的配偶及女儿）诉复旦大学附属华山医院（以下简称华山医院）医疗损害责任纠纷案中，患者因“背部增生物多年，近3个月明显增大”于2010年9月11日就诊于华山医院皮肤科门诊，诊断：黑色素瘤，建议手术切除+病理。同年9月17日。患者至华山医院于局麻下行背部皮肤色素性肿块扩大切除术，术后病理诊断：（背部）复合痣，切缘净，细胞生长活跃，请临床注意随访。后患者于同月20日门诊换药、30日拆线。再后患者自感不适于2012年2月2日在复旦大学附属肿瘤医院就诊，检查结果为转移性恶性肿瘤，并分别在肿瘤医院闵行分院与新华医院进行数次化疗。2012年8月2日，患者入华山医院，入院诊断为左颞黑色素瘤脑转移伴出血，并在华山医院进行一系列治疗。同年10月16日患者死亡，死亡诊断为恶性黑色素瘤晚期。法院经委托鉴定后审理认为：本案患者的治愈率指每百名早期恶性黑色素瘤患者经外科扩大切除术后治愈的比例，此为概率，自然存在因各种原因被排除在外的患者，并非指某一个体，给予相应治疗后的治愈率，现有医学科学尚无保证个体的预后效果，结合本案案情法院以华山医院的过错与损害后果之间无因果关系为由对原告的诉讼请求未予支持，仅判令被告对原告进行一定补偿。[①]

从上述案例可以看出，当前在医疗侵权领域，存有一类特殊的侵权纠纷，即患者身患疾病，在就诊的过程中，医方如因自身的诊疗过失，导致患者丧失疾病的治愈机会，因而伤残甚至死亡，这样一类医疗损害案件即为本文所要探讨的治愈机会丧失侵权。治愈机会丧失侵权纠纷是典型的多因一果案件，一般而言，导致患者最终损害的因素除了医方诊疗过失，还存在患者自身疾病的自然发展、诊疗活动的自然风险等非医方过失因素。这些因素交织在一起，在诉讼中，就造成了依据既有案件证据很难将医方行为与患者损害之间的因果关系证明到具有相当性程度的局面。那么，如何才能科学、妥善地解决治愈机会丧失侵权纠纷案件呢？本文将围绕这一中心主题展开探讨。

在医疗领域，由于医方的医疗行为本身带有一定的侵袭性和风险性，尤其是当医方的诊疗活动出现不当失误时，这种风险可能就会骤然增加，并且这种风险往往又会给患者带来身体以及精神上的痛苦，然而依照传统的侵权理论，即便是依靠当前发达的科技水平以及相关专业人员的精湛技艺，我们也很难将其在此类侵权损害赔偿之诉中予以精确量化，如此一来，患者在此种情况中便很难获得救济。因此，有研究认为，在特定情形下，典型的在误诊案件中，由于医生未能提

① 参见上海市第二中级人民法院（2016）沪02民终3964号民事判决书。

供适当的治疗而使患者丧失治疗的机会，通过统计资料的分析，可以获得治疗效果的比例关系（治愈率、有效率），继而以患者丧失的治愈机会作为依据令医方承担相应比例的损害赔偿责任，[①]这就是关于治愈机会丧失侵权理论的阐述。

从表面看，虽然丧失治愈机会型侵权纠纷为医疗侵权纠纷所涵盖，然而，通过对比，不难发现它有其自身的特殊性。在司法实践中，如若以传统审理一般医疗侵权纠纷的方法来予以裁决，将会给法官带来无尽的困扰。首先，丧失治愈机会侵权纠纷案例中患者所患疾病的临床表现一般为治愈率较低，引发其损害后果的原因错综复杂，一般侵权理论中侵权责任的构成要件在丧失治愈机会侵权型案件的责任认定中有很大的适用障碍，医方的过失行为与患者损害结果之间的因果关系难以确定。其次，丧失治愈机会侵权型案件比一般医疗侵权案件的后果要严重，患者非死即伤，由此引发的医患矛盾更加尖锐。最后，丧失治愈机会侵权的损害后果有其自身的特殊性。在通常情况下，医方的诊疗过程本就有其自身的专业性与风险性，不同医生对于患者的同样疾病可能有着不同的治疗方案，不同方案导致不同的治疗效果，有的治疗方案可能会使病情好转较快，有的医生则乐于"迂回治疗"的保守方案。正如有学者中肯地指出，医事诊疗包含着一连串反复进行并逐步修正而完成的行为，在诊疗活动中，甚至包含有试行错误的过程。[②] 由于丧失治愈机会侵权纠纷中患者疾病的治愈率本就较低，在此情况下，即便医方采取适当的诊疗措施，也不能保证疾病的痊愈，甚至造成患者的死亡或伤残结果亦不是完全不可能，而在此情况下，如若再加之医方的医疗过失，错过最佳治疗时机，患者所遭受的不利结果将不可逆转。再者，患者因医方的过失所遭受的损害，即治愈机会的丧失，此种损害的特殊性不同于一般医疗侵权的损害结果，如何认定患者治愈机会丧失的损害，域内外理论界尚未形成定论。综合治愈机会丧失侵权纠纷的解决困境，相关案件在我国司法实践中"同案不同判"的案例屡有发生。[③]

---

① 参见乔乐天著：《论医疗侵权责任的要件构成》，法律出版社 2016 年版。

② 参见黄丁全著：《医事法新论》，法律出版社 2013 年版。

③ 如在李良银、王雪玉诉枞阳县人民医院、安庆市立医院医疗损害责任纠纷案与文首提到的史海生、史文超诉复旦大学附属华山医院医疗损害责任纠纷案中，同样是患者身患恶疾，医方在诊疗过程中存在一定的过失，因为裁判标准的不统一，法院最终作出了截然不同的判决。在前案中，法院认为，患者从住院治疗到死亡，仅仅三天时间，足以证明患者病情危重，发展迅速、其自身疾病是死亡的重要原因。但应当指出，目前对该病的认识及诊疗水平，如果能及时诊断并及时、恰当、完善地治疗，即使重症患儿，可有成活机会。最终法院酌情确定医方承担了 35% 的赔偿责任。在后案中，法院经委托鉴定后审理认为，本案患者的治愈率指每百名早期恶性黑色素瘤患者经外科扩大切除术后治愈的比例，此为概率，自然存在因各种原因被排除在外的患者，并非指某一个体，给予相应治疗后的治愈率，现有医学科学尚无保证个体的预后效果，结合本案案情法院以华山医院的过错与损害后果之间无因果关系为由对原告的诉讼请求未予支持，仅判令被告对原告进行一定补偿。具体分别参见安徽省安庆市中级人民法院（2015）宜民一终字第 01645 号民事判决书和上海市第二中级人民法院（2016）沪 02 民终 3964 号民事判决书。

二、治愈机会丧失侵权纠纷案件救济模式之比较

关于机会丧失的案例最早出现在国外,比如英国的 Chaplin v. Hick 案、美国的 Mange v. Unicorn Press 案,这些案件以原告的损害赔偿请求权要件已经成立、并以丧失机会的比例作为损害赔偿的计算参考为特征,在我国台湾地区也有过因医师延误整治而导致患者存活机会丧失的案例。① 通过对比域外的做法,归纳起来,对于治愈机会丧失侵权纠纷,其救济模式大致有以下几种。

(一)肯定机会价值,将机会丧失本身作为赔偿客体

采这种做法的国家主要有英国、法国等。英国有关机会丧失的判例,最早出现在契约法上,原告参加被告主办的选美大赛,并且有机会夺得奖项,然因被告的违约行为使原告失去了表演机会,原告遂将被告告上法院,请求赔偿丧失获奖机会的损害,法院肯定了机会的价值,最终支持的原告的诉求。② 从损害的视角来看,英国将侵权法上的损害分为已经发生的损害和某种可能的机会性利益丧失的损害,前者即传统意义上的一般损害,依据一般侵权理论可径直作出裁判。后者则需要法官对受害人机会利益丧失的可能性大小做出评估,比如,原告因被告侵权受伤,若日后因此患病的概率为 30%,则被告应对原告损失的避免未来患病的 30% 的机会予以赔偿。③ 需要指出的是,鉴于英国机会丧失的判例覆盖范围较广,法院并未将医疗侵权领域的治愈机会丧失侵权作为特殊类型的案件处理,而是依据一般机会丧失理论来处理,这样做固然可以让当事人获得一定救济,但由于医疗案件的特殊性,患者受到损害的多因性与复杂性,法院在裁判此类案件时并未对传统因果关系理论有所突破,当事人在对因果关系进行举证时难度很大,因此,治愈机会丧失型医疗侵权案件的受害人在英国所获得的救济仍然有限。相较英国而言,法国关于机会丧失理论适用的标准要宽松很多,在法国,无论是何种侵权,在其他构成要件具备的情况下,如若当事人所遭受的损害能够确定,具有有价性与可赔性,受害当事人即可获得适当的救济。无论是医疗侵权,还是其他侵权领域,只要因加害方的侵权行为致使受害方的某种有利事件的发生概率消失,因丧失机会而构成的损害本身就具有直接性与确定性。④ 在司法实践中,一个侵权行为发生,如果受害人因该侵权行为丧失了诸如升职、考

① 参见陈聪富著:《因果关系与损害赔偿》,北京大学出版社 2006 年版。

② 参见 1911 K. B. at 787,788,791,793. 转引自陈聪富著:《因果关系与损害赔偿》,北京大学出版社 2006 年版。

③ 参见田韶华:《论机会丧失的损害赔偿》,载《法商研究》2005 年第 4 期。

④ 参见《法国民法典》(下),罗结珍译,法律出版社 2005 年版。

试抑或是将某种疾病治愈的机会，[①]受害方均可通过诉讼要求受害方赔偿其丧失机会的损失。

（二）修正传统因果关系理论

采这种做法的典型地域如美国以及我国台湾地区等。经学者调查，在美国的大多数州，对于机会丧失的损害，受害人是可以提起诉讼请求侵权人予以赔偿的。[②] 在具体司法实践中，对于医疗侵权领域的治愈机会丧失纠纷案件，法院在裁判时大致予以了分情况对待：当患者疾病的治愈率高于50%时，此时，医疗过失对患者的损害已经达到了实质影响，依据证据优势规则，患方可就自己所遭受的损害向医方请求全部赔偿；当患者疾病的治愈率未超过50%时，此种情形下依据传统理论下的证据优势规则已然不能对医方课以过重责任。然而，由于患者丧失的机会本身也是一种损害，因此，法院会判令医方在因自己诊疗过失而对患者造成治愈机会丧失的比率范围内承担侵权责任，即医方的赔偿额度会扣除掉因患者自身疾病发展所导致的损害部分。在我国台湾地区，亦存在关于治愈机会丧失型的医疗侵权纠纷判例，如台湾地区"最高法院"著名的"台上字第1876号"判决，在案例中，患者身患急性心脏病，由于医方的疏于照顾，致使患者最终因心肺衰竭而发生死亡。纠纷诉至法院，纵然相关鉴定机构出具鉴定意见，明确指出鉴于该疾病的高死亡率，即使医方尽到了适当的诊疗注意义务，患者亦不一定可避免死亡。然而，"最高法院"仍然认为，即使患者的疾病存在高死亡率的风险，但是若经过合理适当的诊疗，患者仍然有存活的可能，医方未尽适当诊疗义务而致使患者丧失了存活机会，医方行为与患者死亡之间存在因果关系，故而医方应当承担赔偿责任。[③]

（三）日本法上的"期待权理论"

在日本，法院在审理相关司法案件时，在患者因医方的诊疗过失行为与自身疾病的共同合力作用下而遭受损害情形下，由于并没有确切证据表明如果医方采取正确合理的诊疗行为患者的治愈机会就会得到保障，因此，法官们用"对符合现代医疗水准的适当诊疗的期待利益受到损害"替换了传统医疗侵权理论中的"损害"概念，以此而使患者能获得适当的救济。这样的做法源于有名的"期待权损害理论"，所谓期待权，是指因具备权利之部分要件，受法律保护，依社会经济需要，使它成为交易客体，赋予其权利性质的法律地位。[④] 当期待权受损，

---

① 参见张民安著：《现代法国侵权责任制度研究》，法律出版社2003年版。

② 参见王岳、邓虹主编：《外国医事法研究》，法律出版社2011年版。

③ 参见《"最高法院"民刑事裁判选辑》第9卷第3期，第34页。转引自陈聪富著：《因果关系与损害赔偿》，北京大学出版社2006年版。

④ 参见申卫星著：《期待权基本理论研究》，中国人民大学出版社2006年版。

依侵权行为法的规定可请求损害赔偿。[①] 依期待权理论,当患者身患某种疾病时,一定程度上患者对医方有进行合理诊疗的期待,此应属人之常情,而在治愈机会丧失侵权中,医方因医疗过失行为对患者造成损害而使得患者的期待落空。因此,在此种情况下,患者有权基于"期待权"受损而向医方要求损害赔偿。当患者死亡不可避免时,以期待获得符合当时医疗水平恰当治疗的利益受侵害作为损害,[②]日本法院的做法取得了良好的社会效果。

三、治愈机会丧失侵权救济的价值考量及理论分析

(一)治愈机会丧失侵权救济的价值考量

当代侵权责任法的诸项救济规则以民事活动中行为人的通常行为模式为主要假定情形,因此,法律中才抽象出诸如因果关系、损害等侵权要素,判断侵权事实的成立与否,只需按照各侵权构成要件逐一判断综合认定即可。而当争议的对象转换为治愈机会丧失侵权纠纷时,问题的语境也就发生了变化,这里不再是医方过错与患者损害后果具有因果关系的简单叠加,而是侵权要素内涵界定的再审视,此间即包括对损害认定及因果关系衡量标准的厘清。总而言之,机会丧失理论的出现,源于社会高速发展的今天,面对日趋多元化的社会生活,侵权行为的多元化,必然导致损害的多元化,而多元化的损害,又会倒逼出多元化的救济方式。于是,当治愈机会丧失型侵权纠纷出现,传统侵权理论解决无力时,就亟需一种新的救济方式用来弥补传统理论的缺陷。

纵观域外解决治愈机会丧失型侵权纠纷案例的理论与司法实践的既有经验,从侵权责任的构成要件的视角来看,其纠纷破解方式方法无外乎分为两类:一类是诸如美国、中国台湾等国家和地区,从因果关系的认定层面入手,在无法依据优势证据规则认定医方过失与患者损害之间因果关系具有相当性的情形下,突破传统的相当因果关系理论,判令医方在因其诊疗过失导致患者治愈机会丧失损害比例的范围内承担责任;另一类是诸如法国、日本等国家,法官们在裁判此类案件时并未突破传统的因果关系理论,而是对传统意义上的损害概念做以调整,赋予新意,[③]从而实现了对患者的救济。

无论是突破传统因果关系理论,还是重新界定侵权损害事实,皆是对传统侵权理论局限性的补充,并且它们都在各自的国家地域收效甚佳。侵权法上的损

---

① 参见赵敏、章程:《期待权损害研究——借鉴日本延命利益之损害赔偿案的分析》,载《医学与法学》2015 年第 7 卷第 6 期,第 87 页。

② 参见夏芸著:《医疗事故赔偿法》,法律出版社 2007 年版。

③ 如前文已述法国肯定机会的有价性与可赔性,日本用"对符合现代医疗水准的适当诊疗的期待利益受到损害"替换传统医疗侵权理论中的"损害"概念。

害填补原则与适用整个民法领域的公平原则决定了治愈机会丧失型侵权纠纷救济的必要性，而通过对传统侵权理论的适当突破与有限调整，证实了治愈机会丧失型侵权纠纷救济的可行性。

（二）治愈机会丧失侵权的本质

我国《侵权责任法》第2条关于侵权行为的一般规定，将侵权法的保护客体规定为“民事权益”，并对民事权益作出了列举式的释义。2018年民法典各分编草案第六编第一章的一般规定在确定保护客体时也使用了“民事权益”。民事权益包括法律所明认的权利以及民事主体被法律法规所保护的一切法益，患者身患疾病，其可能获得的治愈机会，应当属于侵权法所保护的法益，此应无疑义。[①] 存有疑义的是，治愈机会丧失侵权案件中，患者所丧失的治愈机会的本质，当为其法律所保护的何种权益受到了侵害？

分歧观点在于患者所丧失的治愈机会系人格权受侵害与期待权受侵害之争。前者观点认为，治愈机会的丧失，最终导致患者死亡，或身体内外部有形组织受害，皆为人格权项下的生命权与身体健康权受侵害，患者或亲属精神遭受创伤的，亦可以此请求精神损害赔偿。而后者观点则认为，治愈机会的丧失，本质上应理解为患者对自身疾病获得合理治疗的期待权益被侵害。期待权理论发源于德国，但种类仅限于财产利益上的期待，后引入日本后，适用范围被延伸至医疗侵权。两种观点争议的焦点，在于对患者受侵害之事实的理解与认定，即治愈机会丧失的本质。期待权论者无疑将治愈机会的存续升华为患者的合理期待，机会丧失，期待破灭，此语境下，机会本身也是保护客体，损害事实即机会的丧失；相对而言，人格权论者在损害事实的认定上则略显保守，他们坚持一般侵权案件中人身利益或财产利益受损的损害内涵，认为治愈机会丧失的本质即患者的人身权益受损，侵权行为人侵害了法律所保护的被侵权人的人格权。

本文认为，在对待上述分歧时，把握好两点对理解治愈机会丧失侵权的本质不无裨益：一为法律的态度如何，二为是否有现实必要。法律对于人格权的保护，由来已久且日臻全面，尤其是新近的民法典分编草案的出台，更是明确了人格权的独立成编，甚是可喜，将治愈机会丧失的患者之利益纳入人格权的保护范畴，已几无理论障碍。对于期待权理论，虽经德国发源并经日本司法实务运用于医疗侵权领域，然而我国法律并未赋予其保护地位，并且即就在其发源地德国，对于期待权的运用类别也仅限于财产上的期待利益保护，如果扩大其适用范围，不难发现该理论的实践悖论——如果治愈机会的丧失本质上为患者对于其病痛获得合理治疗的期待利益受损，那么凡是在服务行业，受服务者皆有享受合理服

① 参见陈聪富著：《因果关系与损害赔偿》，北京大学出版社2006年版。

务的期待，一旦发生纠纷，被服务者均可援引期待权理论诉诸法律。而事实上，在一般的服务合同中，假使服务方因自身过错“破坏”了接受服务一方的合理期待，此情形下，如果需要对提供服务者进行苛责，则其应与违约而非侵权更为接近。再者，如果说患者在就诊的过程中存在一定期待利益，与其说患者是对其获得合理的诊疗服务享有期待，不如说是对其自身疾病治愈享有合理期待，如此，将患者治愈疾病的期待包含于人格权之保护范畴，既破解了期待权理论扩大适用的实践悖论，又可达到法律保护的目的。

（三）治愈机会丧失侵权的责任范围

侵权行为法上的因果关系可分为责任成立的因果关系与责任范围的因果关系，其中责任成立的因果关系是指可归责的行为与权利受侵害之间具有因果关系，责任范围的因果关系是指“权利受侵害”与“损害”之间的因果关系，[①]责任成立的因果关系属于事实上的判断，而责任范围的因果关系则是要对侵权行为应对哪些损害承担赔偿责任作出判定。在“治愈机会丧失”型侵权案件中，医方有过失行为，患者人身权益受损，最终发生损害事实，医方过失行为与患者人身权益受侵害之间的因果关系即属于责任成立上的因果关系，而患者最终发生的诸如死亡的后果，固然很大程度上由其自身本来的疾病所导致，当然亦不排除医方的过失行为对最终的死亡结果有一定的作用力，因此，明确丧失生存机会侵权的责任范围，对保护患者的合法权益、明确各方的责任有着重要意义。

我国《侵权责任法》第16条和第22条分别规定了侵权人侵害他人人身权益并造成损害后应当赔付给被侵权人的诸项费用，[②]依照其规定，当发生“治愈机会丧失”型侵权责任纠纷时，如果医方因其诊疗过失导致患者受有损害（存在因果关系），那么医方应当对其过错行为所导致的损害对患者承担包括人身损害和精神损害以及各项合理支出在内的全部费用的赔偿。当然，这并不意味着在任何情况下，只要因果关系存在，医方即要全赔，正如《侵权责任法》第26条所规定的：“被侵权人对损害的发生也有过错的，可以减轻侵权人的责任。”此即为侵权法上的过失相抵原则，根据过失相抵原则，如果患者方对损害后果自身存有过错，则可以在该过错的程度范围内适当减轻医方的责任。因此，当治愈机会丧失侵权纠纷发生时，应当根据患者的损害结果与医方过失侵害患者人身权益之间因果关系的契合度确立责任范围，患方对损害后果有过错的，

---

① 参见王泽鉴著：《侵权行为》（第三版），北京大学出版社2016年版。

② 《侵权责任法》第16条规定：“侵害他人造成人身损害的，应当赔偿医疗费、护理费、交通费等为治疗和康复支出的合理费用，以及因误工减少的收入。造成残疾的，还应当赔偿残疾生活辅助具费和残疾赔偿金。造成死亡的，还应当赔偿丧葬费和死亡赔偿金。”第22条规定：“侵害他人人身权益，造成他人严重精神损害的，被侵权人可以请求精神损害赔偿。”

可依法减轻医方的责任。

四、我国治愈机会丧失侵权案件的救济进路

(一)救济路径选择

由于我国尚未形成统一的裁判标准,以至于在司法实践中,针对类似的治愈机会丧失侵权纠纷案件,"同案不同判"的现象时有发生,严重损害我国的司法权威。[①] 为了突破这种困境,结合域外既有的司法经验与判例,以我国的法治土壤为基础,本文认为,我国在处理治愈机会丧失侵权纠纷时,应采适当突破传统因果关系理论的模式,并不对损害予以重新划定,即肯定损害是为患者的死亡或伤残结果,在判定因果关系时,如果依照传统优势证据规则可以判定医方过失与患者损害之间存在相当因果关系,则可依照传统理论作出裁判;如果依照既有证据因果关系达不到传统的证明程度,则可依照治愈机会丧失理论适当突破传统,按照医方过失行为与患者损害之间的因果关系契合度确定双方的责任比例。本文提出此观点,主要基于以下几点考量:首先,在当前的司法背景下,治愈机会丧失侵权纠纷作为医疗侵权领域内的一类特殊案件,数量的持续上升已经使此类案件成为医疗侵权领域绕之不开的难题,传统侵权理论非破不可。其次,从侵权责任的构成要件上看,结合当前世界的两大类救济模式,突破传统因果关系理论与突破传统对损害事实的界定,相较而言,前者更适合我国法治环境。在我国,如果重新界定损害事实,将丧失的治愈机会本身界定为损害,如此一来,诉讼中关于损害的认定将依赖于统计上的运算,大大加大了诉讼成本。再次,对于损害界定如日本模式,将损害界定为患者对合理诊疗的一种期待,对此,我国并无期待权理论的法律支撑,如果贸然引入此理论恐引操作问题与前文所述的实践悖论,此将与便利解决此类纠纷的初衷背道而驰。最后,当因果关系未达到传统意义上的证明程度时,法官综合考虑致害各素因确定当事人各方责任比例的案例在我国司法实践中亦有迹可循,[②]这样的做法即是对传统侵权因果关系证明标

---

① 如在李某等诉枞阳县人民医院、安庆市立医院医疗损害纠纷案中,法院认为虽然患者所患疾病是致其死亡的重要原因,然而应当指出,目前对该病的认识及诊疗水平,如果能及时诊断和恰当治疗,及时重症患儿,亦可有成活机会,故法院判令医方的侵权责任成立[具体参见安徽省安庆市中级人民法院(2015)宜民一终字第01645号民事判决书],本案中法院的判决与文首引言部分所述案例形成了鲜明对比。

② 如在徐当申诉大冶真爱妇科医院、武汉市艾迪康医学检验所有限公司医疗损害责任纠纷一案中,医方由于诊疗过失错过病患的最佳治疗时机导致患者最终死亡,在依案件证据不能证明诊疗过失与患者死亡之间达到相当因果关系程度的情况下,法官依据专门机构的鉴定意见指出患者受害与医方诊疗过失、自身疾病均有一定程度的因果关系,考虑各素因对损害后果作用大小,最终确定了各方的责任比例,参见湖北省大冶市人民法院(2015)鄂大冶民初字第00420号民事判决书。

准的适当修正,与治愈机会丧失理论的内涵一致。

(二)治愈机会丧失理论的适用界限

任何理论都有其适用界限,治愈机会丧失侵权理论也不例外。在治愈机会丧失型侵权案例中,受害方的损害赔偿请求权一旦成立,其即不可避免地会产生如下问题:治愈机会丧失理论的适用界限是什么?其是否可适用于所有的医疗过失损害纠纷案件?当患者疾病的治愈率低到一定程度,此时若发生损害是否仍一律适用治愈机会丧失理论?

治愈机会丧失理论,是在传统侵权理论解决某些特殊医疗过失损害纠纷时出现适用困境的情况下产生的,其本身是为那些特殊医疗过失侵权出现救济不足的案例提供了纠纷解决之道,弥补了传统侵权理论的空白。因此,在一般医疗过失损害纠纷中,若医方的过失足以直接导致患者遭受损害,在这样的情形下,医疗过失行为与患者损害结果之间的因果关系已经达到"全有"境界,因此,法官在裁判此类案件时已无适用治愈机会丧失理论的必要,可径直依照侵权法上的相当因果关系理论与过错归责原则对案件作出裁判。故而本文认为,只有当相关医疗侵权案件的因果关系程度达不到传统的证明标准时,此时方可依照治愈机会丧失理论对各方当事人应当承担责任的比例予以规定,从而对案件作出科学合理的裁决。

再者,当患者自身疾病本身的治愈率极低时,是否仍然还有适用治愈机会丧失理论的必要,对此,本文的观点是:一般而言,治愈机会丧失理论只有在传统侵权理论解决无力时,作为"替补",其方才"上场",因此,治愈机会丧失理论适用的案件一般均表现为患者疾病的治愈率较低。但如果患者疾病的治愈率原本就极低,医方的诊疗过失对患者损害的作用力微乎其微时,此时再对医方课加过重的赔偿责任就不甚妥当了。医患双方本是构筑良好医疗环境的共同体,如果在医疗侵权中对医方课以严责,极有可能导致医方在诊疗过程中为了规避责任风险而对患者处处采取避重就轻的保守治疗,最终于患方更是不利。因此,在这种法律并不合适作出细致规制的情形下,就需要法官们运用好法律赋予的自由裁量权,权衡各方具体素因,合理归责。

五、结 语

作为侵权法上最古老的理论之一,因果关系理论是侵权责任构成要件中的一个关键要素。在医疗侵权领域,对医方的诊疗过失行为与患者所遭受的损害之间因果关系的认定直接关乎着医疗侵权的成立与否,然而,随着医疗侵权领域丧失生存机会侵权型案件的增多,传统的因果关系理论面临着巨大的冲击。医者方的医疗过失行为、患者自身的病情恶化、医疗技术手段的固有风险等,皆是造成患者损害结果的可能性因素。在多因一果的形态下，依照传统的因果关系理论，患者将面临着论证因果关系的巨大挑战。为了应对这一困境，以美国、中国台湾等为代表的国家和地区突破了传统因果关系理论的局限性：医方的诊疗过失行为与患者损害之间的因果关系达不到相当性的证明程度，其也应当在患者治愈机会丧失的比例范围内承担责任；以法国、日本为代表的国家则试图通过对损害事实外延界定的适当延展，承认丧失的机会本身也属于损害，以借此缓和传统因果关系理论的不足。两种救济模式在各地域均收效尚可，然而，治愈机会丧失型案件与相关理论的产生，绝非对传统侵权理论的颠覆，其应以当传统理论解决无力之情形为限，如果依证据优势规则可以确定因果关系的相当性，则自无适用治愈机会丧失理论的必要。在我国司法实践中，由于尚无法国、日本模式的立法支撑，法官在裁判相关案件时可以综合考虑各致害素因，按照相应比例划定各方责任。

Research on Remedy Path of Tort Cases of Loss of Cure Opportunity

Qian Ning

Abstract: Both doctors and patients are responsible communities for building a good medical environment. When the traditional theory falls into a difficult position in the face of the newly emerged cases of medical tort, it is necessary to make appropriate breakthroughs and adjustments to the traditional theory in order to make up for the shortcomings of the traditional tort theory and thus realize the just relief for the victims in the cases of loss of cure opportunity. Our country has not yet formed a unified judgment standard for cases of infringement of cure opportunity loss, and when the causal relationship between diagnosis and treatment negligence and patient damage can be determined according to the rules of evidence superiority, the relief for patients will be realized according to the traditional infringement theory. When the causal relationship between the diagnosis and treatment negligence and the patient's injury does not reach the level of proof of equivalence, the tort liability shall be determined according to the degree of coincidence of the causal relationship.

Key words: loss of cure opportunity　medical tort　medical negligence　proportional liability

认罪认罚从宽的路径探索

——基于程序与实体的双重视角

■ 陈　雨*

[内容摘要]　党的十八届四中全会后，认罪认罚从宽制度作为宽严相济刑事政策的具体体现，成为司法改革的重要部分。近几年的试点实践，认罪认罚从宽效果明显，但却出现了程序与实体价值追求上的偏差，引起较大争议且不利于认罪认罚从宽制度的完善。认罪认罚从宽的程序价值主要在于繁简分流、提高诉讼效率，保障犯罪人权益，激励犯罪人认罪认罚；实体价值在于达到报应刑与预防刑的刑罚目的。应摒弃"效率优先"的理念，回归程序与实体并重的应然理念，以认罪认罚从宽的程序与实体价值为导向，分别从程序与实体两个维度作出不同的安排与完善。

[关键词]　认罪认罚从宽　程序价值　实体价值

一、问题的提出

党的十八届四中全会通过的《中共中央关于全面推进

* 陈雨，四川大学法学院硕士研究生。

依法治国若干重大问题的决定》明确提出“完善刑事诉讼中认罪认罚从宽制度”，从此认罪认罚从宽制度的完善便作为宽严相济刑事政策的具体体现，成为司法改革的重要部分。近两年，在顶层设计方面，规范体系逐渐形成。中央全面深化改革领导小组于2016年7月审议通过的《关于认罪认罚制度改革试点方案》；全国人大于2016年9月通过的《关于授权最高人民法院、最高人民检察院在部分地区开展刑事案件认罪认罚从宽制度的试点》（以下简称《认罪认罚从宽决定》），授权在北京等18个地区开展刑事案件的认罪认罚试点工作；“两高三部”于2016年11月印发的《关于在部分地区开展刑事案件认罪认罚制度试点工作的办法》（以下简称《认罪认罚从宽试点办法》）等均是认罪认罚从宽重要的制度来源，为其改革试点与完善提供了立法保障。在2018年4月和8月，全国人大常委会先后审议了《中华人民共和国刑事诉讼法（修正草案）》（以下简称《刑诉法修正案》）。无论是“一审稿”还是“二审稿”，均将认罪认罚从宽制度纳入其中，表明了对认罪认罚从宽制度试点实践经验的吸收与肯定。在地方实践方面，认罪认罚从宽效果明显。对于认罪认罚案件，检察机关审查起诉平均用时26天，人民法院15日内审结的占83.5%。适用速裁程序审结的占68.5%，适用简易程序审结的占24.9%，适用普通程序审结的占6.6%；当庭宣判率为79.8%，其中速裁案件当庭宣判率达93.8%。①

由此可见，在完善认罪认罚从宽制度的大背景下，简化程序适用率大大提高，总体诉讼时间大幅缩短，整体司法效率迅速提升。这对处于转型期、刑事案件数量激增、司法人员处于饱和状态的我国司法实践来说，无疑是雪中送炭。因此，认罪认罚制度试点整体效果受到各方好评，根据第三方的评估结果显示，“律师满意度为97.3%，被告人满意度为94.3%”。② 其中，最满意的应是司法人员，因为认罪认罚从宽制度简化了诉讼程序，减少了整体工作量，减小了办案压力。面对如此高效且受各方欢迎的结果，那么能否为再进一步提升司法效率，允许犯罪嫌疑人、被告人只是单纯为了快速结束诉讼程序的“折磨”而认罪认罚呢？换言之，在犯罪嫌疑人、被告人的人身危险性并不必然减少、特殊预防必要性并不必然降低的情况下，可否单纯地为了提高办案效率、简化诉讼程序，换取犯罪嫌疑人或被告人适用速裁或简易程序的同意，而对犯罪嫌疑人或被告人从宽处罚

① 参见周强：《关于在部分地区开展刑事案件认罪认罚从宽制度试点工作情况的中期报告》，载http://www.court.gov.cn/zixun-xiangqing-75122.html，2018年7月15日访问。

② 周强：《关于在部分地区开展刑事案件认罪认罚从宽试点工作情况的中期报告》，载《人民法院报》2017年12月24日第1版。

呢?[①] 与之紧密相连的问题是,应该基于何种理念完善认罪认罚从宽制度呢?

采取肯定态度的学者或实务人士,在着重主张程序上的构建与完善的同时,也崇尚"效率优先"的理念。有学者认为,"认罪认罚从宽本质上是权力主导下的程序加速机制,是为缓解'案多人少'状况而对我国传统刑事诉讼模式的局部改革"。[②]还有学者将认罪认罚从宽作为"中国式的辩诉交易"制度,应嵌入"控辩协商"模式,[③]对其的构建或完善可借鉴美国的辩诉交易制度。[④] 更有学者明确指出,在我国刑事案件数量大幅度上升且绝大多数为轻案的背景下,效率与公正产生冲突时,应确认效率优先的理念。[⑤] 在司法实践中,"认罪并未成为程序简化的直接原因",[⑥]办案人员在操作上更倾向于程序效率优先。多数法律职业者也将认罪认罚从宽制度认为是以被告人的认罪认罚态度换取从宽处理,从而节约司法资源,提高诉讼效率。[⑦]

持否定态度的观点认为,认罪认罚从宽制度不同于域外的辩诉交易,其并未脱离我国既有的实体法、程序法的规范内容;[⑧]若单纯以提高办案效率的功利需求为由就可以对犯罪人从宽处理,等于在一定程度上承认辩诉交易,如此将动摇刑罚基本正义理念与价值追求。[⑨] 不可单纯为了追求司法效率而对认罪认罚者从宽处理。[⑩]

总之,该问题的实质是程序效率与实体公正之间的冲突,是认罪认罚从宽制度在实践中出现的程序价值与实体价值的追求偏差,无论是学界还是实务界,对此争议较大,态度不一。但该问题属于认罪认罚从宽的基础理论问题,决定着实践中认罪认罚从宽制度应当如何完善,因此,该问题亟待解决。现有的文献主要

---

① 段阳伟、朱方鸿:《认罪认罚从宽制度再解读——以实体法与程序法价值追求为视角》,载《中国检察官》2018 年第 7 期。

② 秦宗文:《认罪认罚从宽制度的效率实质及其实现机制》,载《华东政法大学学报》2017 年第 4 期。

③ 参见顾永忠:《关于"完善认罪认罚从宽制度"的几个理论问题》,载《当代法学》2016 年第 6 期。

④ 参见张可:《辩诉交易之本土适用:一场未完成的变革》,载《河南大学学报(社会科学版)》2017 年第 3 期。

⑤ 参见侯婉颖、张颖:《刍议认罪认罚从宽制度的目的考量——以 S 市 X 区人民检察院案例探索的功效为视角》,载《中国检察官》2017 年第 1 期。

⑥ 白宇:《认罪认罚从宽制度与刑事案件分流体系构建》,载《甘肃政法学院学报》2017 年第 1 期。

⑦ 参见刘广三、李艳霞:《论认罪认罚从宽制度的立法完善——以实证研究为视角》,载《山东大学学报(哲学社会科学版)》2017 年第 4 期。

⑧ 参见李立丰:《"认罪认罚从宽"之应然向度:制度创新还是制度重述》,载《探索与争鸣》2016 年第 12 期。

⑨ 参见王瑞君:《"认罪认罚"实体法视角的解读及司法适用研究》,载《政治与法律》2016 年第 5 期。

⑩ 参见侯婉颖、张颖:《刍议认罪认罚从宽制度的目的考量——以 S 市 X 区人民检察院案例探索的功效为视角》,载《中国检察官》2017 年第 1 期。

从认罪认罚从宽制度与域外的辩诉交易制度的关系的角度来给出答案，而少有从认罪认罚从宽的基础理论与价值衡量的视角来分析此问题。为此，本文首先从认罪认罚从宽的程序价值与实体价值出发，对该问题进行初步回答，得出程序效率和实体公正应当并重的结论；其次再根据该两者并重的理念，对认罪认罚从宽在程序与实体两个层面就部分重要问题提出完善建议。

二、认罪认罚从宽的价值定位

认罪认罚从宽制度主要由三个概念构成，即“认罪”、“认罚”以及“从宽”。其中“认罪”“认罚”是启动刑事简化程序的条件，同时也是“从宽”的适用前提，“从宽”则是适用结果。“认罪”“认罚”的具体含义学界尚有争议，但“从宽”的基本含义学界已达成基本共识。从宽包括程序上的从宽与实体上的从宽，即程序从简与量刑从宽。程序从简主要体现在侦查阶段的变更、解除强制措施、撤销案件，审查起诉阶段的酌定不起诉，以及审判阶段速裁程序与简易程序的适用等；量刑从宽则主要体现在审判阶段的从轻、减轻或者免除处罚等。由此可见，认罪认罚从宽制度既兼具了程序与实体的双重属性，同时也具有程序与实体上的价值。

（一）认罪认罚从宽的程序价值

认罪认罚从宽制度与以审判为中心的诉讼制度改革是近期我国司法改革的重要部分，前者是宽严相济刑事政策的制度实践，是对新诉讼形势的创新，后者是国家坚持依法治国的重要举措，是实现司法公正的重要制度保障，二者相辅相成，相互配合，统一于对实体公正与程序正义的共同追求。但随着我国社会转型，一方面刑事案件数量急剧上升，同时呈现出轻案居多的特点，另一方面司法资源一直处于短缺状态，人案矛盾日益突出，两者的关系也日趋紧张。因此需要优化司法资源的配置，将大多数的司法资源投入复杂的刑事案件中。而对于大量的轻案，则可根据犯罪人的认罪认罚态度等案件具体情况分别适用酌定不起诉、速裁、简易等程序。由此可见，优化资源配置、实现案件繁简分流、提高诉讼效率、解决案多人少的矛盾无疑是认罪认罚从宽制度的程序价值之一。

实现案件繁简分流、提高诉讼效率是认罪认罚从宽制度最主要、最基本的程序价值。除此之外，认罪认罚从宽制度还应具有保障犯罪人权益和激励犯罪人认罪认罚的程序价值。由于认罪认罚制度是由犯罪人放弃部分程序性权益，通过简化程序，使程序快速、不拖延地进行，让犯罪人尽快地摆脱权利不稳定的状态。由此速裁程序、简易程序得到大量适用，但也因其快捷、时间短的特点，再加上控辩双方力量不对等的原因，在司法实践中难免会侵害到犯罪人的权利。因此，在诉讼过程中，认罪认罚从宽制度其本身就应具有保障犯罪人权益的程序价值。此外,实体上的从宽是犯罪嫌疑人、被告人认罪认罚的主要动力,司法机关大多提供量刑上的优惠来“吸引”犯罪嫌疑人、被告人主动认罪认罚。而这种量刑优惠具体体现为检察院的量刑建议,而由于法官的自由裁量权,量刑建议在司法实践中的运用还存在较大的结果不确定性和可恣意性,使犯罪嫌疑人、被告人缺乏可预期的“安全感”,这十分不利于激励犯罪嫌疑人、被告人主动认罪认罚。因此,作为将犯罪嫌疑人、被告人“认罪认罚”的行为与最后其被“从宽处罚”的实体结果连接起来的桥梁,诉讼程序本身也应承担一份激励犯罪人主动认罪认罚的“责任”。由此可见,认罪认罚从宽制度也应具有激励犯罪人认罪认罚的程序价值。

(二)认罪认罚从宽的实体价值

认清认罪认罚从宽制度的实体价值,首先要弄清认罪认罚从宽的正当性依据。在法律规范层面,我国刑事实体法虽然没有明确规定认罪认罚从宽制度,但却有认罪从宽的相关规定。其中,认罪认罚从宽制度最直接的规范来源便是我国刑法中关于自首与坦白的规定。根据具体情况,自首和坦白的犯罪人,可以获得从宽处罚的实体利益。因此,自首和坦白被认为是认罪从宽最常见的表现形式。2017年3月,最高人民法院出台的《关于常见犯罪的量刑指导意见》中也有关于认罪从宽的相关规定:“对于当庭自愿认罪的,根据犯罪的性质、罪行的轻重、认罪程度以及悔罪表现等情况,可以减少基准刑10%以下。依法认定自首、坦白的除外。”[①]在刑法理论层面,认罪认罚从宽处罚的理论根据来源于整合了报应刑论和与预防刑论的刑罚合并主义理论。[②] 其中,报应刑来源于黑格尔的报应理论,认为刑罚以“不法”为基础,以“犯罪”为前提,是对不法的绝对否定和犯罪的等值报复,而这种报复又是以正义与秩序为尺度的。[③] 合并主义中的预防刑论,是指的特殊预防论而非一般预防论。在恢复性司法理念下,报应刑作为一种恢复性“报复”,着眼于正义与秩序的恢复而非预防,因此,能够为认罪认罚从宽制度中的“从宽”确定一个量刑的幅度。特殊预防着眼于对犯罪人的教育与矫正,我国法定量刑情节与酌定量刑情节主要涉及的就是特殊预防所要考虑的因素。[④] 而在认罪认罚案件中,无论是犯罪人主动认罪认罚,表现出的悔过态

① 最高人民法院《关于常见犯罪的量刑指导意见》第6条。

② 参见刘计划、孔祥承:《论认罪认罚从宽制度的建构——基于理论与实践的双重展开》,载《烟台大学学报(哲学社会科学版)》2018年第2期。

③ 乔宗楼:《黑格尔报应刑理论的价值分析》,载《江南大学学报(人文社会科学版)》2005年第4期。

④ 刘计划、孔祥承:《论认罪认罚从宽制度的建构——基于理论与实践的双重展开》,载《烟台大学学报(哲学社会科学版)》2018年第2期。

度，还是犯罪人与国家机关进行“协商”的过程，均体现了特殊预防的教育与矫正功能。因此，预防刑可以在报应刑确定的“从宽”幅度上，进一步为认罪认罚从宽制度确定一个具体的刑罚。

由此可见，报应刑与预防刑是认罪认罚从宽制度的正当性依据。是否从宽应以犯罪人的人身危险性的高低的判断标准，“认罪认罚”仅仅只是形式要件，其仅从单方面反映了行为人的人身危险性较低，因此特殊预防的必要性较小，可以在报应刑之下判处较轻的刑罚。[①] 换言之，认罪认罚从宽制度中的从宽处罚是报应刑与预防刑合力作用下的结果。因此，认罪认罚从宽的实体价值即在于达到报应刑与预防刑的刑罚目的。

（三）价值追求偏差的回正

在厘清认罪认罚从宽制度的程序价值与实体价值之后，让我们回到最开始的问题，即能够单纯提升诉讼效率，以从宽处罚作为“筹码”换取犯罪人的认罪认罚呢？笔者对此持否定态度。首先在价值层面上，认罪认罚制度是宽严相济刑事政策的体现，而具体如何体现则需要依靠认罪认罚从宽制度的程序价值与实体价值共同完成。如前文所述，法官之所以会从宽处罚犯罪人的原因在于，犯罪人真诚地认罪认罚了，即实质意义上的人身危险性的降低，而并非是因为犯罪人认罪认罚之后能够快速的接受审判，结束诉讼程序。人都有趋利性，若允许单纯为了提升诉讼效率，以从宽处罚作为“筹码”换取犯罪人的认罪认罚，那么每个犯罪人即使内心毫无悔改之意，也会先表面认罪认罚从而获取量刑优惠，那么认罪认罚从宽制度的实体价值将荡然无存。此外，这还会导致认罪认罚制度的名存实亡，因为每个案件的每个犯罪人都认罪认罚而毫无区分度的话，那就没有所谓宽严相济的认罪认罚从宽制度了。

其次在法律规范层面，虽然《认罪认罚从宽试点办法》规定的内容中大多属于程序法的范畴，如对认罪认罚的适用范围、强制措施、速裁、简易程序的适用条件以及在认罪认罚案件中律师如何全面、有效地提供援助都作出了明确的规定。看似偏重认罪认罚从宽制度的程序价值，但《认罪认罚从宽试点办法》第 4 条，仍然着重强调认罪认罚从宽应坚持的实体法原则，即“充分考虑犯罪的社会危害性和犯罪嫌疑人、被告人的人身危险性……根据犯罪的事实、性质、情节、后果，依照法律规定提出量刑建议，准确裁量刑罚”。这体现了对认罪认罚从宽制度实体价值的重视。

最后在实践层面，以从宽处罚作为“筹码”换取犯罪人的认罪认罚在我国并无实现的制度基础。这种带有极强“协商”性质的“交易”的前提是，协商双方的

---

① 参见王瑞君：《如何解决个案量刑时报应刑与预防刑的冲突》，载《政治与法律》2013 年第 5 期。

地位、力量要基本对等。刑事诉讼是个人与国家之间的对抗,双方力量悬殊,因此需要律师的介入来保护犯罪人的权利。但律师辩护率低是我国司法实践中普遍存在的一个问题。该“交易”的达成还需要相关制度的配套,如沉默权、律师保障、证据开示等制度。① 因此,我国不存在该“交易”的适用基础。若没有适用基础而强行适用,那提高办案效率的初衷能否实现引人质疑。此外,该“交易”的存在也会带来司法腐败等负面效应。

综上所述,不可单纯地为了提高办案效率、简化诉讼程序,以从宽处罚作为“筹码”换取犯罪人的认罪认罚。总之,程序价值与实体价值都是认罪认罚从宽制度追求的目标,两者同等重要,不可偏重哪一个而轻视另一个。应摒弃“效率优先”理念,回归程序与实体价值并重的应然理念,以认罪认罚从宽的程序与实体价值为导向,分别从程序与实体两个维度做出不同的安排与完善。

三、认罪认罚从宽的程序推进与完善

因此,根据上述几种程序价值,认罪认罚从宽制度的程序应当向有更高的层次化、差异化、规范化、可预期性和保障性,使犯罪嫌疑人、被告人获得可预期的“安全感”以及认罪认罚的“愿意感”的方向推进。由此可见,认罪认罚制度的程序推进须达到如下两点要求:

其一,认罪认罚制度的程序设计要更具层次化,来实现优化资源配置、案件繁简分流、解决案多人少的程序价值。关于认罪认罚从宽制度是否具有独立地位,学界还未达成定论,但从两个《试点办法》的相关规定来看,认罪认罚从宽制度附体于速裁程序、简易程序、刑事和解程序与普通程序当中。换言之,认罪认罚从宽制度可以适用于上述的各类程序。其中普通程序、简易程序和速裁程序,程序依次简化,适用范围依次减小。其中速裁程序和简易程序都是普通程序的简化程序,但前者简化得更多,适用的范围更小,后者简化得更少,适用范围大于并包含前者的适用范围,当案件超出速裁程序但属于简易程序的适用范围时,应当优先适用简易程序审理,普通程序应最后适用。通过对不同程序的选择,从而达到繁简分流的效果,因此程序适用范围是否合理是决定繁简分流效果的关键。但《认罪认罚从宽试点办法》第 16 条和第 18 条仅以“认罪认罚”“3 年有期徒刑”等标识对速裁程序和简易程序的适用范围进行了简单的区分。同时将《认罪认罚从宽试点办法》第 17 条规定的不适用速裁程序的例外情形与不适用简易程序的例外情形做对比,我们发现除第 4 项外两者基本一致。这不仅会出现程

① 参见张可:《辩诉交易之本土适用:一场未完成的变革》,载《河南大学学报(社会科学版)》2017年第3期。

序适用上的选择交叉和空白，而且在司法实践中，极有可能会造成因当事人不同意适用速裁程序或认罪认罚的程度较速裁程序规定略有不符而直接适用普通程序的不合理性“跳跃”。[①] 出现此种情况的主要原因，是我国刑事诉讼法未确立程序层次化体系划分，不能完全涵盖认罪认罚从宽的全部内容，使许多本应速裁、简易审理的合意性案件被迫转为普通程序审理，难以真正实现繁简分流。

其二，认罪认罚从宽制度的程序设计要更具差异化，来实现激励犯罪嫌疑人、被告人认罪认罚的程序价值。但在司法实践中，存在不同案件适用同样的程序但却难以体现差异性的情况。例如，对于基层法院管辖的认罪不认罚案件，虽然不适用速裁程序，但仍属于简易程序适用范围的，某些地区规定可适用简易程序审理。那么问题来了，同样是简易程序，认罪不认罚的简易程序与认罪认罚但不同意速裁程序而适用简易程序的差异在哪呢？对于处于同一层次上的程序，若不同情形下的差异性不够大，那么将不足以吸引犯罪嫌疑人、被告人认罪认罚，将难以实现激励效果。

因此，应当构建一个以合意性为主线，以认罪、认罚为节点的层次化、差异化的程序体系。目前，除普通程序外，在全国范围内适用的简化程序种类较多，其中包括速裁程序、简易程序以及“普通程序简化审”程序。“普通程序简化审”程序是在司法实践中司法机关探索出来并尝试适用来解决相关问题的审理程序，属于对我国既有普通程序简化审的发展，虽然不能说是完全独立于普通程序、简易程序和速裁程序之外的独立体系，但是，可将其视为上述三类基本程序的补充程序类型。[②] 笔者认为，应当在《刑事诉讼法》中增设该简化程序，以此弥补普通程序与其他两类程序在适用时界限模糊的潜在不足。构建的具体内容如下：首先，以是否认罪为第一个节点，不认罪的或被追诉人认罪但不同意适用简易程序的，由繁到简适用普通程序或“普通程序简化审程序”审理；其次，以是否认罚为第二个节点，认罪不认罚的由简到繁依次适用简易程序、“普通程序简化审程序”、普通程序审理；最后，认罪认罚的根据被追诉人的程序选择权由简到繁依次适用速裁程序、简易程序、“普通程序简化审程序”和普通程序审理。具体程序如图1所示。

---

① 参见周新：《我国刑事诉讼程序类型体系化探究——以认罪认罚从宽制度的改革为切入点》，载《法商研究》2018年第1期。

② 参见周新：《我国刑事诉讼程序类型体系化探究——以认罪认罚从宽制度的改革为切入点》，载《法商研究》2018年第1期。

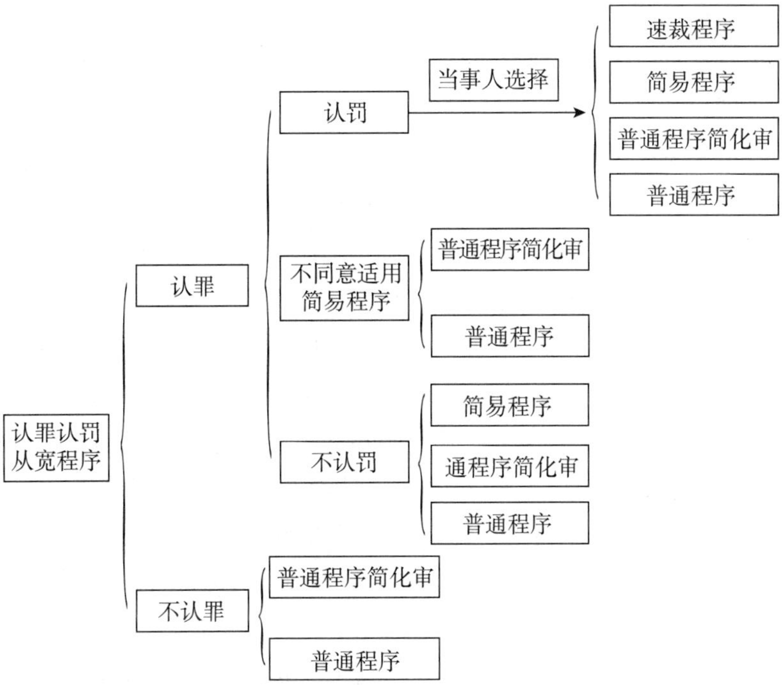

图1 认罪认罚适用程序示意

对于处于同一层次上的程序，其差异性可以从审查重点、简化内容、审判组织这三方面体现。首先，认罪认罚从宽制度程序的差异性应体现在审查重点的不同上。对于认罪且认罚的案件，应重点审查被追诉人认罪及程序选择的自愿性、指控事实的真实性及量刑建议的适当性。对于认罪不认罚的案件，较认罪且认罚案件，除上述审查重点外，还应为量州争议留出必要的审查和辩论空间。其次，认罪认罚从宽制度程序的差异性应体现在简化内容的不同上。因被追诉人不同意适用速裁程序而适用简易程序的认罪认罚案件可以不进行法庭调查、法庭辩论、当庭宣判，但在判决宣告前应当听取被告人的最后陈述。而适用简易程序的认罪不认罚案件可以简化有关指控犯罪事实和罪名的法庭调查和辩论程序，但关于量刑的调查和辩论程序不应简化。最后，认罪认罚从宽制度程序的差异性还应体现在审判组织的不同上。对于适用速裁程序的认罪认罚案件应当适用独任制，对于适用简易程序的认罪认罚或认罪不认罚的案件可以适用独任制或合议制。通过审查重点、简化内容、审判组织这三方面的差异可以很好的激励犯罪嫌疑人、被告人进行认罪认罚。

除了构建一个以合意性为主线，以认罪、认罚为节点的层次化、差异化的程序体系来实现认罪认罚从宽制度优化资源配置、案件繁简分流、解决案多人少以及激励犯罪嫌疑人、被告人主动认罪认罚的程序价值外，还应进一步加强对被追诉人在认罪认罚过程的保障机制，以实现认罪认罚从宽制度保障犯罪人权益的程序价值。从目前认罪认罚从宽的试点情况来看，主要可以从以下两个方面加强犯罪人的权益保障：

一是要保障被追诉人程序的自主选择权。这种程序的选择权，是犯罪嫌疑人、被告人“自愿性”的重要体现，也是认罪认罚从宽制度程序正义的内在要求。其一，要明确程序自主选择权的适用主体。对于未成年或患有精神病的被追诉主体，以及其他诸如醉酒、吸毒等影响当事人意识状态的情形，即使当时人主动认罪认罚，也不应单独赋予其程序的自主选择权。① 这并非对当事人的限制，而恰恰是对其程序自主选择权的尊重和保障。其二，程序的自主选择权要以信息对等为前提。既要求司法机关在被追诉人行使程序选择权前，将相关的权利义务以及可能产生的后果充分告知被追诉人。同时要保证被追诉人充分理解了该告知。其三，对于司法机关在被追诉人认罪认罚过程中未履行充分告知义务，且因此影响了被追诉人程序自主选择权的行使的，应设立程序救济机制。

二是要加强律师的有效辩护与实质帮助。其一，要保证律师的全程参与。在简化程序适用率极高的认罪认罚案件中，被追诉人已经放弃了部分的程序权益，因此更应获得律师提供的建议与指导。其二，要进一步细化和完善律师值班制度。值班律师应正确认识自己的诉讼地位，发挥应有的作用，避免法律帮助工作流于形式，尽最大可能为被追诉人提供有效的帮助，争取最大的合法权益。其三，要强化并保障辩护律师的相关权利。加强辩护律师的会见权，打通其与被追诉人沟通的渠道。保障辩护律师的阅卷权，使其能够充分接触并掌握相关的案件信息，力求缩小控辩之间信息不对等的差距，从而为被追诉人争取最大化的权益。

四、认罪认罚从宽的实体完善

从试点的情况来看，在实体层面，认罪认罚从宽制度主要还存在如下问题：一是对“认罪”“认罚”的含义在理解上还存在较大差异。二是对“认罪认罚”的判断标准尚不明确，实体审查机制尚不健全。② 第二个问题实质上是第一问题所带来的连锁反应。三是对“从宽”缺乏统一的量刑幅度标准。若这些关键的

① 彭俊磊、郑红军：《审判中心视域下的认罪认罚从宽制度改革完善思考——基于司法公正的价值目标追求》，载《法律适用》2018 年第 15 期。

② 彭俊磊、郑红军：《审判中心视域下的认罪认罚从宽制度改革完善思考——基于司法公正的价值目标追求》，载《法律适用》2018 年第 15 期。

问题无法得到很好的解答，认罪认罚从宽制度便不能顺畅地运行，其实体价值也无从实现。在厘清这些关键问题的同时，也是对认罪认罚实体上的完善，更有利于认罪认罚从宽制度实体价值的实现。

首先，要明确"认罪认罚"的含义，即厘清"认罪认罚"中"罪"与"罚"的范围。对于"认罚"的含义学界并无太大争议，《认罪认罚从宽试点办法》有明确的表述，即"同意量刑建议，签署具结书"。但对于"认罪"的界定，学界却未达成共识，现有的主流观点有以下两种：一是认为认罪仅指"对被指控犯罪事实的承认和叙述，并不当然包含对罪名的认同"；①二是认为认罪是对"检察院指控的犯罪事实和罪名给予了认可"，②即认为认罪的范围包括被指控的犯罪事实和罪名。该两种观点的区别在于认罪程度的不同。根据《认罪认罚从宽试点办法》以及《刑诉法修正案》的文本表述，"认罪"具体表现为"自愿如实供述自己的罪行"与"对指控的犯罪事实没有异议"。其中并未提到被追诉人需要对被指控的罪名进行认同。此外，我国刑法中关于自首、坦白的规定中也有"如实供述自己的罪行"的表述。根据张明楷教授的观点，该条规定中的"自己的罪行"主要指的是客观犯罪事实。③ 因此，根据法律规范的文本表述，"认罪"的范围应是被指控的客观犯罪事实。但根据"认罚"的含义，量刑建议是在明确的指控罪行的基础上提出的，那就意味着"认罚"的同时也"认罪"了，这便与法律规范的文本表述产生了矛盾。因此，需要从更加宏观的视角来分析。若"认罪"的范围同时包括被指控的犯罪事实和罪名，一来使认罪认罚从宽制度的使用条件过于严格，限缩了其使用范围，不利于实现认罪认罚从宽制度繁简分流、提升诉讼效率的程序价值，也不符合认罪认罚从宽制度的设计初衷；二来被追诉人罪名的确定属于审判阶段的法律适用问题，在审前就做出定论，不符合以审判为中心诉讼制度改革的要求。由此可见，"认罪"仅指对被指控的客观犯罪事实的认可。加上"认罚"的含义，"认罪认罚"的整体含义则是被追诉人对被指控的客观犯罪事实以及量刑建议的认可。

其次，明确"认罪认罚"的实质性审查标准。法院是宣告被追诉人具体刑罚的最终场所，对于认罪认罚从宽案件的审理具有终局性。而只有明确"认罪认罚"的审查标准，法官才能作出公正的量刑裁判，而该标准便是实质性审查。实质性审查是一种全面性审查，要求法官在法庭上不仅要审查被追诉人签署的认

---

① 魏晓娜：《完善认罪认罚从宽制度：中国语境下的关键词展开》，载《法学研究》2016 年第 4 期。

② 陈瑞华：《"认罪认罚从宽"改革的理论反思——基于刑事速裁程序运行经验的考察》，载《当代法学》2016 年第 4 期。

③ 张明楷著：《刑法学》，法律出版社 2016 年版，第 563 页。

罪认罚具结书的真实性与合法性，还要审查被追诉人认罪认罚的自愿性以及从检察院出具的量刑建议的适当性。前者是对客观存在的相关案件材料的查验，如侦查机关搜集的证据材料、检察机关移送的认罪认罚具结书以及被追诉人与被害人之间达成的谅解协议等书面材料。这些材料的真实性与合法性可以通过该材料本身之间或与其他证据材料之间的相互印证来查验。因其有客观存在的材料，因此审查的难度并非太大。而对后两者的审查则是属于主观判断的范畴，往往要求法官具有较为丰富的经验。对于被追诉人认罪认罚自愿性的审查，法官不仅需要仔细阅读相关的书面材料，而且还需要在法庭上直接接触被告人，通过与被告人不断沟通交流以及对被告人的言谈举止、表情神态等进行细致的观察，从而形成自由心证。必要时，原则上还可要求检察机关承担被追诉人认罪认罚自愿性的证明责任，由检察机关出示案件相关证据，证明具结书的真实合法。① 检察院出具的量刑建议的适当性问题，是实体公正的综合衡量问题。法官应在认定被告人认罪认罚自愿性的前提下，结合犯罪人的犯罪行为性质、认罪悔过态度、犯罪行为对社会的影响大小以及被害人是否谅解等多方面因素进行全面综合的审查判断。只有明确“认罪认罚”的审查标准，围绕有关“认罪认罚”相关问题进行全面的实质性审查，法官才能作出公正的裁判，从而实现认罪认罚从宽制度的实体价值。

最后，细化“从宽”的量刑幅度。获取实体上从宽处罚的优惠是被追诉人认罪认罚最重要的动力，在一定程度上影响着被追诉人的认罪认罚自愿性以及配合程度。对量刑规则进行专门规定的现行法律有最高人民法院于 2017 年 3 月出台的《关于常见犯罪的量刑指导意见》。但从该意见的内容来看，其中大部分是对被追诉人的年龄、犯罪行为状态、是否立功、是否为累犯等常见量刑情节，以及交通肇事罪、故意伤害罪、强奸罪等常见犯罪与情节的量刑幅度进行规定。而与认罪认罚从宽量刑相关的只有第 4 条、第 5 条、第 6 条，并且只是用“综合考虑自首的动机、时间、方式、罪行轻重、如实供述罪行的程度以及悔罪表现”“综合考虑如实供述罪行的阶段、程度、罪行轻重以及悔罪表现”等概化性的表述确定了自首、坦白的从宽量刑的最高上限，即分别为 40% 与 20% 。② 而对被追诉人哪个阶段进行认罪认罚应具体给予多少量刑优惠并未规定。为防止“从宽太窄”而使被追诉人失去“认罪认罚”的动力，避免“从宽太宽”而放纵犯罪，因此需要细化每个阶段被追诉人认罪认罚的“从宽”幅度。由于自首与坦白是认罪认罚

① 刘岑岑：《“以审判为中心”背景下的认罪认罚从宽制度解读与完善》，载《学习与探索》2017 年第 1 期。

② 参见最高人民法院《关于常见犯罪的量刑指导意见》第 4 条、第 5 条、第 6 条。

最主要的两种表现形式,因此,暂将自首的从宽最高限度作为认罪认罚的最高从宽幅度。而《关于常见犯罪的量刑指导意见》对被追诉人当庭认罪的,规定了10%以下的从宽幅度,①这可视为被追诉人在审判阶段认罪认罚的最高从宽限度,同时也是在其他阶段认罪认罚的最低从宽限度。笔者认为,被追诉人越早认罪认罚,获得的量刑就越大。因此,被追诉人在侦查阶段就积极认罪认罚的则可适用10%～40%的从宽优惠,在审查起诉阶段认罪认罚的则可适用10%～30%的从宽优惠。

五、结 语

认罪认罚从宽制度作为宽严相济刑事政策的具体体现,其具有优化司法资源配置、案件繁简分流、提高诉讼效率以及激励犯罪人主动认罪认罚、保障犯罪人权益的程序价值与实现报应刑和预防刑刑罚目的的实体价值。面对学界与实务界在认罪认罚从宽制度价值追求上的偏差,应及时回归纠正。以认罪认罚从宽制度的程序价值为导向,构建一个具有更高层次性、差异性、预期性与保障性的繁简分流程序;以认罪认罚从宽制度的实体价值为导向,对"认罪认罚"含义、"认罪认罚"审查标准的明确以及认罪认罚"从宽"幅度的细化等重要问题进行解答。秉承程序与实体并重的应然理念,从程序与实体两个维度同时出发,这样才能更好地完善认罪认罚从宽制度。

Exploration of Plea Bargain Procedure in China

—Based on Dual Perspectives of Procedure and Entity

Chen Yu

Abstract: After the fourth Plenary session of the 18th CPC Central Committee, Plea Bargain Procedure in China has become an important part of judicial reform as a concrete manifestation of the criminal policy of Combining Leniency with severity. In recent years, the pilot practice shows that the effect of leniency is obvious, but there is a deviation between the pursuit of procedural and substantive value, causing greater controversy and is not conducive to the improvement of the leniency system. The procedural value of lenient confession of guilt lies in simplifying and diverting, improving the efficiency of litigation, protecting the rights and interests of criminals, encouraging criminals to confess and

① 参见最高人民法院《关于常见犯罪的量刑指导意见》第6条。

punish, and the substantive value lies in achieving the purpose of retributive punishment and preventive punishment. We should abandon the idea of "efficiency first" and return to the idea that both procedure and entity should be paid equal attention to. Guided by the procedure and entity value of lenient confession and punishment, we should make different arrangements and perfections from the two dimensions of procedure and entity.

Key words: plea bargain procedure value entity value

实证法学

董事勤勉义务的司法审查标准探究

——以实证与比较分析为视角

■ 周春光*

[内容摘要] 长期以来,在公司治理机制中涉及董事勤勉义务之司法审查标准的问题一直颇为棘手,其适用标准的模糊性与难以界定性在实证与学说中均有所体现。一般而言,董事违反勤勉义务之责任承担方式、范围与法律后果会受到董事勤勉义务司法审查标准的制约与影响。经过对司法案件的梳理,现行董事勤勉义务主要以形式审查为主导,存在整体案例数量较少事实下之行为预设与研判乏力、标准不统一导致的地区成效良莠不齐、规制不确定性制约实施细则的推进、配套的硬制度供给和软文化建设尚付阙如等问题之存在。董事勤勉义务的司法审查标准设计是以公司与股东利益保护为基点,兼具激励董事参与公司治理之目的。审查标准需要从制度、文化和细则三个维度建构:制度安排,针对商业判断规则的借鉴,保证公司内部控制机制的有序化,避免司法活动的过多介入;文化建设,采取“分片”管理的思想,开展董事企业文化体系

* 周春光,西南财经大学法学院民商法学博士生。

培育；规则精细，针对不同行业和职位要求，区分不同种激励机制，建立不同程度的勤勉义务规则。司法程序只能提供事后救济，治本的关键在于事前预防，从更宏大的视阈联动紧密结合，才能更好地把握适应发展需要的勤勉义务审查标准，以解决争端为导向探究规制路径，实现公司治理过程中董事行为激励与失职问责之价值平衡。

[关键词] 勤勉义务 适用标准 比较分析 价值平衡

一、问题：董事勤勉义务司法实践中之困境

作为公司治理下股东与管理层之间制度设计的重要内容，董事勤勉义务的司法审查标准在实践中暴露出的问题意味着利益协调与平衡理念在裁判中的超负荷运行。

勤勉义务和忠实义务在我国公司法中进行相应之规定。① 由以上规范内容不难发现，虽然域外法中的信义义务在我国公司法之立法规制过程中被借鉴与引入，但总的来说勤勉义务之于董事的规定显得较为单薄、粗糙与乏力，尤其是勤勉义务之于董事的基本构成、理论内涵、勤勉的责任程度以及司法审查的路径与标准等要素都缺乏具体的规定。下面笔者将对我国司法裁判中运用勤勉义务进行裁量的案例梳理分析。

我国现行《公司法》是于2014年3月1日正式实施的，其是在修改2005年《公司法》之基础上产生。为了保证样本之充分性与数据之完整性，笔者选取的是2005年《公司法》正式施行后的实证数据（以2016年1月1日为起算起点），对涉及勤勉义务的案例进行梳理，考察这些案例是运用了什么样的标准进行判

---

① 《公司法》第21条规定："公司的控股股东、实际控制人、董事、监事、高级管理人员不得利用其关联关系损害公司利益。违反前款规定，给公司造成损失的，应当承担赔偿责任。"该条特别规定了公司董事与高管在关联交易中负有的忠实义务。第147条规定："董事、监事、高级管理人员应当遵守法律、行政法规和公司章程，对公司负有忠实义务和勤勉义务。董事、监事、高级管理人员不得利用职权收受贿赂或者其他非法收入，不得侵占公司的财产。"该条概括性地规定了公司董事与高管负有勤勉义务与忠实义务，强调了守法与遵章的重要性。《公司法》对公司董事的忠实义务也在第148条作出了列举性规定："董事、高级管理人员不得有下列行为：（一）挪用公司资金；（二）将公司资金以其个人名义或者以其他个人名义开立账户存储；（三）违反公司章程的规定，未经股东会、股东大会或者董事会同意，将公司资金借贷给他人或者以公司财产为他人提供担保；（四）违反公司章程的规定或者未经股东会、股东大会同意，与本公司订立合同或者进行交易；（五）未经股东会或者股东大会同意，利用职务便利为自己或者他人谋取属于公司的商业机会，自营或者为他人经营与所任职公司同类的业务；（六）接受他人与公司交易的佣金归为己有；（七）擅自披露公司秘密；（八）违反对公司忠实义务的其他行为。董事、高级管理人员违反前款规定所得的收入应当归公司所有。"第149条规定："董事、监事、高级管理人员执行公司职务时违反法律、行政法规或者公司章程的规定，给公司造成损失的，应当承担赔偿责任。"明确了公司董事违反法律和章程之后应当对公司的损害进行赔偿责任的承担。

断的。笔者选择"中国裁判文书网"的查询系统,在"案例高级检索"中检索项"全文关键词"输入"勤勉义务",判决时间选择"2006 年 1 月 1 日至 2018 年 4 月 15 日","参考案由"点击进入,"判决书"选定为文书类型,选择分类案由为"损害股东利益责任纠纷和损害公司利益责任纠纷"确定检索条件进行高级检索,结果显示共有 674 个案例。笔者经过整理发现:除去一审案件,主体为非董事案件和重复案件,有效案例共有 343 例,仅涉及勤勉义务的为 41 例,仅涉及忠实义务的案例为 218 例,两者均包含的为 84 例。笔者在进行分析时由于采样需要并未具体细分董事与高管在具体案件中违反勤勉义务之区别,故合并进行的司法裁判实证分析。

忠实义务、勤勉义务比重如图 1 所示。

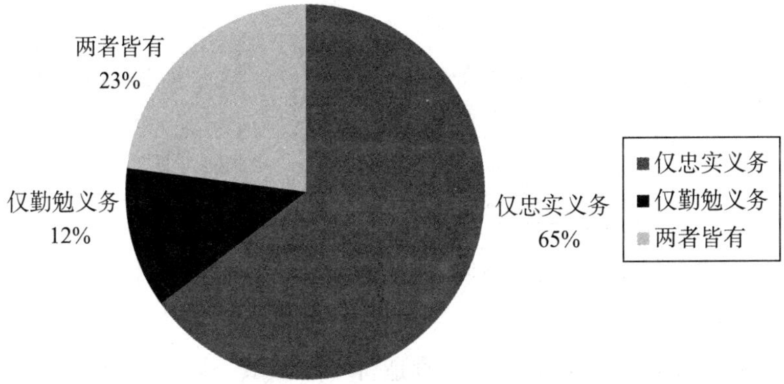

图 1　2006～2018 年董高违反信义义务案分类

各年份的分布情形如图 2 所示。

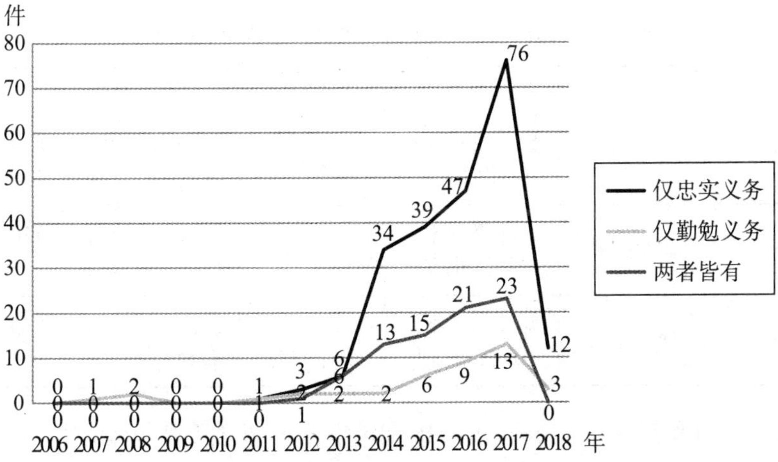

图 2　2006～2018 年董高违反信义义务案件数

从图 1 和图 2 可以发现，总体上，从 2006 年～2018 年这 13 年中法院审理涉及信义义务的案件数量较少，近年来才逐渐有上升之走势。且其中 13% 的案件仅涉及勤勉义务，从数量上而言与仅涉及忠实义务的案件相去甚远。由此可见，在实践的司法进程中，借助勤勉义务之法理进行纾解争议的确还比较少，其原因与上文梳理的立法困境是有着紧密的联系的。笔者继续从涉及勤勉义务的案例中进行了把握，从 2013 年起采取随机抽样的方式每年选取 3 个案例简要的进行裁判路径把握，本文以一审初始年份作为分类的标准依据。

表 1　2013 年涉及董高勤勉义务随机选取案例的情况

案件序号	被告	诉由	案件结果	裁判依据
1	董事长	履行职务不当导致公司损失	胜诉	《公司法》第 147 条第 1 款、第 149 条
2	副总经理	履行职务不当导致公司损失	胜诉	《公司法》第 147 条第 1 款、第 149 条、第 151 条
3	业务负责人	履行职务不当导致公司损失	胜诉	《公司法》第 147 条第 1 款、第 149 条

1. 王旭东与四川泸州宏达路桥有限公司损害公司利益责任纠纷案[（2013）泸民终字第 687 号]

2. 李玉环与王云喜、南京永华工程造价咨询有限公司损害公司利益责任纠纷案[（2013）宁商终字第 68 号]

3. 北京德丰正泰商贸有限公司与孙青波损害公司利益责任纠纷案[（2013）三中民终字第 01709 号]

表 2　2014 年涉及董高勤勉义务随机选取案例的情况

案件序号	被告	诉由	案件结果	裁判依据
4	董事长	滥用职权导致公司损失	败诉	《公司法》第 147 条第 1 款、第 57 条
5	副总经理	履行职务不当导致公司损失	败诉	《公司法》第 147 条第 1 款、第 148 条、第 149 条
6	执行董事	履行职务不当导致公司损失	败诉（二审改判）	《公司法》第 147 条第 1 款、第 149 条

4. 海安万和实业有限公司、郭文山、谢茂华、江苏双楼万和投资有限公司、江苏双楼建设集团有限公司损害公司利益责任纠纷案[（2014）苏商终字第 0235 号]

5. 上海广茂达光艺科技股份有限公司诉王丽萍损害公司利益责任纠纷案

[(2014)沪一中民四(商)终字第109号]

6. 郑敏与广州市祥烽盛贸易有限公司、陈少辉损害公司利益责任纠纷案[(2014)穗中法民二终字第430号]

表3　2015年涉及董高勤勉义务随机选取的案例情况

案件序号	被 告	诉 由	案件结果	裁判依据
7	项目负责人	履行职权不当导致公司损失	败 诉	《公司法》第147条第1款、第148条第1款、第149条
8	董事兼总经理	履行职务不当导致公司损失	胜 诉	《公司法》第21条、第147条第1款、第148条第1款、第149条
9	副总经理兼营运总监	滥用职务导致公司损失	败 诉	《公司法》第147条、第148条、第149条

7. 永昌县辉通能源科技有限公司与王彦明损害公司利益责任纠纷案[(2015)金中民二终字第62号]

8. 冯淑颖与沈阳远望科技有限公司损害公司利益责任纠纷[(2015)沈中民三终字第886号]

9. 深圳市安姆特检测技术有限公司,蒋黎明、柯新红、姜新兵、盛传勇、刘军与周太峰损害公司利益责任纠纷[(2015)深南法民二初字第505号]

表4　2016年涉及董高勤勉义务随机选取的案例情况

案件序号	被 告	诉 由	案件结果	裁判依据
10	执行董事	履行职权不当导致公司损失	胜 诉	《公司法》第20条、第147条
11	监事、财务负责人	滥用职务导致公司损失	胜 诉	《公司法》第147条、第149条
12	执行董事	履行职权不当导致公司损失	败 诉	《公司法》第149条、第150条

10. 湖南汉业房地产开发有限公司与周长春、范小汉损害公司利益责任纠纷案[(2017)湘民终636号]

11. 无锡市新宏仁纺织机械有限公司与王民、薛鲁宁损害公司利益责任纠纷案[(2017)苏02民终837号]

12. 成都蜀韵园文化传播有限公司、陈晓冬损害公司利益责任纠纷案[(2016)川01民终11401号]

表5　2017年涉及董高勤勉义务随机选取的案例情况

案件序号	被　告	诉　由	案件结果	裁判依据
13	执行董事	履行职权不当导致公司损失	败　诉	《公司法》第147条第1款、第148条、第216条
14	执行董事	滥用职务导致公司损失	败　诉（二审改判）	《公司法》第20条、第147条第1款、第149条、第152条
15	总经理	履行职权不当导致公司损失	胜　诉	《公司法》第149条、第151条

13.北京新月长城投资管理有限公司诉马生辉损害公司利益责任纠纷案[（2017）沪01民终12579号]

14.宫波、孙超损害公司利益责任纠纷案[（2017）皖01民终7360号]

15.李兆洲、广州泓动广告策划有限公司损害公司利益责任纠纷案[（2018）粤01民终1318号]

通过这些裁判说明我国司法裁决中勤勉义务之一般裁判路径可概括为：首先，公司实际存在客观的损失须进行明确，且董事与高管的行为与损失之间是具有因果关系的，在此过程中须排除公司存有过错及市场风险导致的损失的情形；其次，考虑的是董事与高管的决策内容和程序是否违反法律或章程（在部分案例中的裁判依据为公司章程）；最后，侧重审查董事与高管的行为本身和决策过程是否谨慎合理，而不考虑其主观决策目的和出发点是否正确，重点强调董事与高管是否履行职权不当或者懈怠渎职。而且须特别说明的是，法官在裁决时基本上仅做形式审查，对是否违反勤勉义务并做实质性审查。法院仅依法律、行政法规及章程等认定董事与高管是否尽到勤勉义务，实际上还是一种浅层次表面化的合规义务性审查。而且我国勤勉义务的司法裁判路径在地域上也是存有差异性的。从地域上看，经济较发达的东部沿海城市多为败诉案例，而经济相对落后的中西部城市胜诉案例则占相对多数，一定程度上可以说明商业氛围与环境越浓厚，对勤勉义务的要求就越低，审查标准就越来越宽松。

同时这也暴露了目前我国司法实践的局限性，主要表现为：（1）整体案例数量较少结果下的预设与研判工作乏力。在我国目前的司法裁判中明确运用勤勉义务的法理进行裁判的案例屈指可数，多为笼统裁定是否违反勤勉义务而未进行详细的说理，这就容易在规则的预先安排与实证效果的统筹上出现偏差。（2）标准不统一导致的地区成效良莠不齐。勤勉义务的具体判断标准中，对谨慎、注意、尽职的审查标准含糊不清，甚至于与忠实义务之标准有所混同，侧重审查董事的行为本身和决策过程是否谨慎合理，至少表明我国倾向于采用的是客观标准,各地法院的法官业务能力与专业认知水平也各异,司法效果也就会出现良莠不齐的局面。(3)规制不确定性制约实施细则之推进。英美法国家对于董事勤勉义务法律规定的发展基本上都是建立在判例法路径之上,我国各个法院在勤勉义务的适用上自由裁量权较大,且互不干涉,最高人民法院也缺乏指导性案例与司法解释,这些因素无疑为勤勉义务审查标准的统合增加了障碍,也增强了司法规制的不确定性与不可预期性。(4)配套之软文化建设尚付阙如。从更宏大的视阈联动统筹,董事勤勉义务制度的完善应辅助董事勤勉文化的培育,而现行的框架中在这方面存有较为明显的短板。

因此,本文试图对整体案例较少结果下的预设与研判工作乏力、标准不统一导致的地区成效良莠不齐、规制不确定性制约实施细则的推进、配套的硬制度供给和软文化建设尚付阙如等问题进行梳理与分析,以内外统一联动为契机,从制度、文化、细则三个维度展开叙事,对如何实现公司治理过程中董事行为激励与失职问责的价值平衡进行思考。

二、董事勤勉义务标准之域外法分析及启示

董事勤勉义务制度源于英美法系,而我国在移植此项制度时又借鉴了成熟的大陆法系国家的经验成果,笔者将对主要国家及地区的有关勤勉义务的审查标准进行比较分析,以期借鉴有益经验,进而完善我国制度。

(一)英美法上的董事勤勉义务

董事的义务具体包括两类。勤勉义务(duty of diligence)或称注意义务(duty of care)①与忠实义务(duty of loyalty)一起,在公司法体系中是信义义务(fiduciary duties)的一体两翼。② 勤勉义务主要是指管理者在公司治理之中应当以注意谨慎之适当行为以防止损害公司的行为发生;忠实义务主要是指管理者在公司治理之中应当将自己的利益置于公司利益之下。③ 从信义义务的概念框架来看,起源于英国衡平法的信义义务基于信托理念中董事与公司的“受托人”(trustee)关系。④

在传统上,董事的忠实义务与勤勉义务又存在较为明显的差异。忠实义务倾向于对义务人品德上的要求,通常和义务人的角色、职位相联系;而勤勉义务倾向于对义务人能力上的要求,防止其因消极怠工、偷懒、注意不足而造成公司

① 本文中“勤勉义务”与“注意义务”通用。

② 罗培新:《我国公司高管勤勉义务之司法裁量的实证分析》,载《证券法苑》2010年第2期。

③ 施天涛著:《公司法论》(第二版),法律出版社2006年版,第379页。

④ 张捷:《英美公司董事信义义务的起源与启示》,载《世界经济情况》2007年第12期。

的利益损失。在实践的司法过程中，审查违反勤勉义务之尺度也较为宽松，笔者认为，法律对于义务人的品格上要求是严苛的，因为任何一名董事在对公司履行义务时品德上都应当保证是无瑕疵的，而对能力上每个人基于自己的学识、经历等方面都会有所差异，所以与能力相对应的勤勉义务的审查标准就会较忠实义务较为宽松。在对义务人的制度约束上，两者的出发点并无明显差异，都是为了维护公司与股东的利益。在经济学的意义上，两者在本质上都是由于存在代理成本和利益冲突的问题，因而降低了投资者的福利。① 在事实上对两者进行界限鲜明的区分是较难做到的。所谓“勤勉义务”，一般而言就是要求董事能以处理个人事务的态度认真尽心的处理公司所涉及的事务。

1. 英国法上董事勤勉义务之判断标准

判例法的发展演化是英国公司法上董事勤勉义务的来源。英国的公司法作为独立的部门之于普通法系而言历史悠久，法院是以确认适当注意公司职责的义务为公司董事而独有。② 这其中经典的判例之于董事勤勉义务判断标准是 Re City Equitable Fire Insurance 一案，③主观判断标准作为该案的经典阐述对此做出了较为合理妥当的说明，该判例所确立的以董事实际具有的知识和经验为标准之勤勉义务判断依据的主观标准，④这说明了如果在董事的权限范围内其认真履行职责，并根据其经验与理论已经尽可能的关注到合理期待之注意义务，且为公司的利益真诚着想，就可以认定董事履行了公司法上的法定义务，而不能苛求每一位董事都具有特定的经验与知识。

除判例法范畴之外，英国在其制定法中对此也多有关注，主要表现在公司法与破产法领域。1986 年的《英国破产法》第 214 条第 4 款有规定。⑤ (a)项被视为客观标准，并且将其确认为首要位置，成为最低标准之于所有董事履行职责之具备。只有在客观标准不能适用的情况下才可以考虑主观标准，即只适用于董事管理能力较高的情形，以他们所具有的特定知识、经验与技能来衡量其是否履行了勤勉义务之所必须。⑥ 但是，由于不断发展之英国司法实践，该标准的适用

① 参见[美]弗兰克·伊斯特布鲁克、丹尼尔·费希尔著：《公司法的经济结构》（第二版），罗培新、张建伟译，北京大学出版社 2014 年版，第 103 页。

② 参见[美]威廉姆·爱伦著：《公司法和公司治理初论：当代中国公司法中新增勤勉信义义务的前景和问题展望》，黄婕、许世夺译，载《法律适用》2006 年第 3 期。

③ 参见张明澍著：《英国公司法经典案例》，法律出版社 1998 年版，第 155 ~ 156 页。

④ 参见刘敬伟：《董事勤勉义务判断标准比较研究》，载《当代法学》2007 年第 5 期。

⑤ 董事必须按合理勤勉人的标准行事，合理勤勉之人具有：(1)一个与董事履行同样职能的人所具有的、可合理期待的一般知识、技能和经验；(2)该董事所具有的一般知识、经验与技能，该标准实质上是主观与客观相结合的折中标准。

⑥ 参见刘敬伟：《董事勤勉义务判断标准比较研究》，载《当代法学》2007 年第 5 期。

范围也趋向扩大到所有董事，其具体的界定标准与尺度也趋于客观化。尽管客观标准与主观标准存在一定的差异，但总的来说，董事们在英国公司法的指引下仍然遵循的是勤勉义务的一般性审查性标准，因为针对重大过失行为时董事才需要负责，这是根据英国破产法、公司法的规定来把握的，对轻微以及一般过失通常是不需要承担责任的。实质意义上的商业判断规则在英国也是存在的，[①]董事违反勤勉义务的行为法官是有权免除的，除却诚实合理行为的部分抑或是全部责任之外。[②]

2. 美国法上董事勤勉义务之判断标准

美国的董事勤勉义务标准经历了一个复杂的阶段，具体而言从严格到一般的勤勉，进而再演化到宽松的一般勤勉方式。这与19世纪时美国法院在勤勉义务标准问题上借鉴类似于信托法上的受托人勤勉义务规定是有关的，具体要求金融机构董事须“具有与处理自己事务之人一样的注意与谨慎”，[③]这是一种严格意义上的勤勉标准，要求管理人注意通常所采用的谨慎标准之于自己事务执行，一般过失行为就成为董事应负责的对象。美国特拉华州高级法院在1985年通过Smith v. Van Gorkom一案中认定公司董事违反了勤勉义务，因其在公司出售的事宜上存在重大过失，进而判决由被告董事向原告股东支付230万美元的赔偿金。该案直接导致了美国公司董事勤勉义务标准的变革——由严格转换到宽松的一般董事勤勉义务标准。随后特拉华州在1987年修订后的公司法中明晰了公司章程的自治地位对于减轻或免除董事违反勤勉义务的责任制度，该规定不断为其他各州所引鉴。[④]《美国示范商业公司法》第8.30条和第8.31条的规定集中体现了宽松的一般勤勉标准，[⑤]其中，关于董事履行勤勉义务时行为标准的规定是在第8.30条，关于董事违反勤勉义务时责任标准的规定是在第8.31条。[⑥]

具体来说，公司董事勤勉义务的判断标准之于美国公司法中，是由联邦成文法和各州判例法之共同组成的体系，以2002年修订的《标准商业公司法》

---

① 参见丁丁著：《商业判断规则研究》，吉林人民出版社2005年版，第284~300页。

② See Vanessa Finch, Company Directors: Who Cares About Skill and Care? 55*Mod. L. Rev.* 201 (1992).

③ *Hun v. Cary*, 82N. Y. 65, 71 (1880). (“the same degree of care and prudence that men prompted by self —interest generally exercise in their own affairs”)

④ 此公司章程自治免责制度较之于英国将免责权集中于法院要宽松得多。当然，美国各州公司法也只是允许公司以章程限制或免除董事重大过失的金钱赔偿责任，而非免除其全部法律责任，在董事涉及非法分配股利、分配或购买公司股份的情形下，董事仍可能面临衡平救济，如禁止令、撤销等的威慑。

⑤ MBCA的相关规定已为美国一半以上的州公司立法所吸收。

⑥ See MBCA section 8.30, section 8.31 (1998 edition).

(Revised Model Business Corporation Act)为代表。① 由上可知,美国制定法中采用尺度是显著之客观标准。然而,这种勤勉义务的客观裁判尺度较为抽象,在司法实践中法官难以操作运用,针对这样的缺陷,商业判断规则被引入美国法。商业判断规则是以非实体性的法院审查进而对勤勉义务进行免责,以及对公司内部事务自治权限予以尊重。② 就商业判断规则的适用条件来说:第一,必须是一个业务决策;第二,董事应当不存在个人利益;第三,合理的注意水平;第四,善意。③ 降低了严格标准之勤勉义务适用是商业判断规则设计的重要特点,与英国法相比而言董事保护力度会更大,这样判断标准之于勤勉义务也更有利于度量与操作,使其先天不足得到了弥补,所以,在具体的实务裁判中,适用该规则的法官也在不断增多。综上所述,美国法是以处于相同职位的人之合理审慎注意为客观标准,再辅之以实务中的商业判断规则进行把握与考量。

3. 澳大利亚法上董事勤勉义务之判断标准

勤勉义务在澳大利亚公司法中被称为注意和勤勉义务(duties of care, diligence and skill),也是针对在具体治理公司进程中董事的渎职与懈怠情形所安排的。④ 对于判断的尺度标准上之于董事勤勉义务,其也经历了一个从古典标准宽松的转变为现代的严格标准之历程。董事个人的具体背景是古典宽松标准之主要考虑因素,即董事实际上的认知水平,而非其应当具有的知识,因而尺度相当宽泛。与之相较现代标准则严格许多,是一个以理性人为参照的客观标准,与董事的个人背景有关。⑤ 澳大利亚现行公司法中所规定的勤勉义务之法定尺度是与现代尺度基本上是一致的,即一个理性人在近似情况下会履行到的勤勉与注意,并加以考虑公司的具体情况和董事在公司中的地位和职责。

(二)大陆法上的董事勤勉义务

1. 德国法上的谨慎义务

《德国股份法》第93条第1款规定:"董事会的成员在其履行义务时,尽到通常及认真的业务执行人之注意。对于其因为董事会内的活动所知悉的机密事

---

① 其第8.30条("董事行为准则")中所确立的董事勤勉义务,其判断的一般标准是(a)董事会的所有成员在履行职责时应(1)善意行事;(2)以其合理的认为符合公司最大利益的方式行事。(b)董事会或者董事会委员会成员,在行使其决策职能或者监察职能时,应当以一名处于类似职位的人在类似情形下合理的认为适当的谨慎来履行其职责。

② See Stephen M. Bainbridge, The Business Judgment Rule as Abstention Doctrine57 Vanderbilt Law Review 83 - 130(2004).

③ 参见邓峰著:《普通公司法》,中国人民大学出版社2009年版,第523页。

④ 参见黄辉:《澳大利亚董事义务制度研究》,载清华大学商法研究中心编、王保树主编:《商事法论集》(2007年第2卷总第13卷),法律出版社2008年版。

⑤ 参见黄辉:《澳大利亚董事义务制度研究》,载清华大学商法研究中心编、王保树主编:《商事法论集》(2007年第2卷总第13卷),法律出版社2008年版。

项和秘密,特别是营业和业务的秘密,其应保持缄默。”由上可知,德国法的界定方式是采用“谨慎义务”来把握的。作为一般性条款的谨慎管理义务,在实践操作过程中可能包含着诸多情形与条款。任何的肤浅行为与马虎行为在履行职责的过程中都可能会造成对这一义务的违反。① 笔者认为,此处所述“马虎行为”是董事懈怠不努力,意指董事没有为履行其职责掌握所需的知识;“肤浅行为”则指董事未遵守通常之谨慎标准,且这一标准是以位于类似管理职位之经理人为参照的。当然对于谨慎义务的适用标准应当是明确与客观的,突出的典型特征应当成为认定的依据:它既受制于正常企业管理对精力和相关知识投入的要求,又受制于在具体情况下对精力和相关知识投入的正常要求。② 这种远高于一般人的勤勉义务注意程度,其实质效果等同于专业人士标准。③

2. 日本法上的勤勉义务

日本作为传统的大陆法系国家,却兼具英美法系与大陆法系的特点之于董事勤勉义务规定方面。④ 这一特点主要集中于日本2006年新修订的《日本公司法》之中,在此法中虽然对于董事负有勤勉义务没有明确规定,但该法第531条明确规定了监事“须以善良管理人的注意,履行其职务”,在《日本公司法》之中,董事、监事与公司之间的关系可以近似委托之法律性质。所以对于董事与监事之勤勉义务类型也应当予以同样的法律规制,而且该法第423条第1款规定股份公司的董事、监事等高级管理人员怠于履行其职责的,应承担公司由此产生的损害赔偿责任,所以对于《日本公司法》上董事与监事的勤勉义务标准应当是符合善良管理人之注意,体现为一种严格勤勉状态下的善管义务。⑤ 但日本公司的董事在违反具体的勤勉义务要求时存在免责情形,这是与德国模式不同之所在。⑥

3. 台湾地区规定之善管注意义务

台湾地区“公司法”第192条规定:“公司与董事间之关系,除本法另有规定

① 参见[德]托马斯·莱塞尔、吕迪格·法伊尔著:《德国资合公司法》,高旭军等译,北京法律出版社2005年版,第163页。

② 参见[德]托马斯·莱塞尔、吕迪格·法伊尔著:《德国资合公司法》,高旭军等译,北京法律出版社2005年版,第163页。

③ 参见梅慎实:《董事义务判断之比较研究》,载《外国法译评》1996年第1期。

④ 本文有关《日本公司法》的条款内容,均参见《日本公司法典》,吴建斌、刘惠明、李涛译,中国法制出版社2005年版,第182~215、268~269页。

⑤ 参见魏振瀛主编:《民法》,北京大学出版社、高等教育出版社2000年版,第692页。

⑥ 如《日本公司法》第425条规定,“董事执行职务善意且无重大过失的,可经股东大会决议,依法免除其第423条第1款下的部分或全部赔偿责任”;第426条规定,“公司可以章程规定,在董事执行职务善意且无重大过失的情形下,经董事会或半数以上其他董事的同意,依法免除其第423条第1款的责任”等。根据该规定,日本公司董事对于其重大过失所致损失,一律承担赔偿责任;对于善意的一般过失,则可依法免除部分或全部赔偿责任。该标准介乎于严格勤勉与一般勤勉之间,故可称之为折中的严格勤勉标准。

外，依民法关于委任之规定。”而台湾地区“民法”第535条关于委任之规定为：“受任人处理委任事务，应依委任人之指示并与处理自己事务为同一之注意，其受有报酬者，应以善良管理人之注意为之。”同时，台湾地区“公司法”第23条第1款对董事的勤勉义务作出了直接规定：“公司负责人应忠实执行并尽善良管理人之注意义务，如有违反致公司受有损害者，负损害赔偿责任。”“公司法”第193条亦对此有规定。[①] 综上所述，台湾地区“公司法”中规制的董事勤勉义务标准应为严格的客观勤勉，理论上不考虑董事个人的技能、知识、灵巧程度等因素，参考其近似能力、资质、性质和类似情形中理性人之尺度要求。

（三）域外法比较之演进启示

以上所述的模式中可以整理归纳为四种董事勤勉义务之标准。最为严格的标准应属在德国模式下之董事勤勉义务要求，董事应具备的注意义务也倾向于监护人之善良注意，作为民事法律后果的承担之于违反勤勉义务也是严苛的，一般性的过失行为都应当算作承担的范围之内。日本模式较之德国的模式略为宽松，在日本模式下，所致公司损失承担赔偿责任仅基于董事重大过失才须承担，可依法减轻或免除赔偿责任对于善意之一般过失而言。而英国的模式又较日本模式尺度更为宽松，在该模式下即使董事存在重大过失，法院仍有权决定减免其赔偿责任的承担根据实际的案件情况。这其中尺度最为宽松的应当属于美国模式，责任承担的程度相较也是最轻的，勤勉义务与忠实义务只要未同时违反，法院就可以依据社会各界普遍接受与适用的商业判断规则对董事重大过失的行为下引起的赔偿责任予以减轻或免除，亦可由公司以章程自治之形式予以规制。

以上五种模式虽然具有各自国家或地区之特殊性，但仍可统筹归纳一些普遍特点。从董事勤勉义务标准在以上国家与地区的历史演进过程来看，存在一个由逐渐宽松转为逐渐严格、由较低义务标准过渡到较高的义务标准、再到更宽松尺度标准的演化过程。虽然以上不同五种模式是在有差异化的法系国家之下产生，演进的历程也各具特点存在差异，这是由于每一种模式之标准都与其对应国家或地区特有的法律传统土壤与商业文化氛围有着密切的关系。

对于我国立法层面的公司制度完善而言，不同差异与演进路径分析有着一定借鉴作用。首先，就演进过程中英美法系关于董事勤勉义务之规定来说是存在一个由宽松渐进到严格，再回转到宽松之旋转式演进路程，而现行的宽松制度较之以往力度更大。如起先明确的标准是不涉及董事任职资格与业务能力水平的绝对主

---

① 台湾地区“公司法”第193条规定对此有规定：“董事会执行业务，应依照法令章程及股东会之决议。董事会之决议，违反前项规定，致公司受损害时，参与决议之董事，对于公司负赔偿之责；但经表示异议之董事，有记录或书面声明可证者，免其责任。”

观层面之勤勉义务尺度，之后客观标准才逐渐结合其中，进而对责任标准与行为标准两者进行区分把握，使对于董事不遵循勤勉义务时产生责任之例外情形在法律规范层面予以明晰，然后再配合以实质意义或形式意义上之商业判断规则进行规制，避免相应的民事责任较为严苛之承受于董事，从而影响其商业活动过程中的积极性与主动性。其次，在大陆法系传统的成文法国家与地区——德国、日本及中国台湾地区而言，无论在立法层面上勤勉义务是否进行直接规定，更大比例上勤勉义务都可以归纳为是善管义务之细化义务类型，全面完善的善管义务规定将有利于勤勉义务标准更具现实的可操作性与针对性。概言之，随着两大法系之间的不断借鉴与融合，尤以美国作为世界首屈一指的经济强国，内生的法律制度也存在较大的张力之于对外扩张的背景下，受此影响部分大陆法系国家及地区的制度结构安排也逐渐合理化。实际中勤勉义务的制度安排却与韦伯所论一个能促进经济发展的形式理性的法律制度应是可计算的理论相背离。相较之下，大陆法系国家及地区关于勤勉义务制度规则的灵活性与可操作性仍逊于海洋法系等国。最后，资本市场、企业文化与法律制度由于受到了勤勉义务的不同标准影响也差异明显。资本主义契约自由主义商业精神下高度发达的资本市场与成熟的诉讼救济制度是与一般抑或是宽松的勤勉义务标准相对应。对应着对企业管制相对较多的特点，德国等国家严格的勤勉标准之下资本市场发展程度与国力存在不匹配的情形，以及在董事责任追究的法律传统上存在重视公法责任而轻视私法责任的法律传统。① 介于一般勤勉与严格勤勉之间就是折中的严格勤勉标准，在资本市场培育与企业文化发展等方面全面学习美国经验法则的一种进路思考。②

法律制度在经历或长或短时间的重复博弈之后会逐渐趋于均衡。③ 笔者在把握以上模式的共通点之后总结认为，勤勉义务的制度规制应当结合本国或地区的商业氛围与法律传统，较为宽松的制度体系可能更有利于适应当前供给侧改革思路下的商事活动运行。勤勉义务的一般客观标准应以理性人（reasonable person）标准④为核心，包含三个层面：（1）善意；（2）注意到处于类似职位的谨慎

---

① 在德法等国，针对董事的民事诉讼案件很少见，即使董事受到民事索赔，也常可依据代理理论将其责任归于公司而免责。参见黄辉：《澳大利亚董事义务制度研究》，载清华大学商法研究中心编、王保树主编：《商事法论集》（2007 年第 2 卷总第 13 卷），法律出版社 2008 年版，第 168 页。

② 参见任自力：《公司董事的勤勉义务研究》，载《中国法学》2008 年第 6 期。

③ 参见雷振斌：《科斯定理的悖论与公共选择的成本》，载《光华法学》编委会编：《光华法学》2010 年第 5 辑。

④ 理性人并非一个理性或完美的人，而是一个只具备社会中一般人所拥有的经验知识和逻辑推理能力的普通人。主观的理性人标准以内在的心理因素为标准，采用更加具体的行为标准；客观的理性人标准以外在因素为标准，采用更为一般的行为标准。参见叶金强：《信赖合理性之判断：理性人标准的建构与适用》，载《法商研究》2005 年第 3 期。

人应当考虑到一切情形与环境;(3)须为公司之妥当利益进行合理的利益确信。

三、我国董事勤勉义务审查之完善路径思考

(一)制度供给——引入商业判断规则

随着董事会中心主义在现代公司治理中发挥着越来越大之作用,董事的权责也越发重要。董事会作为公司重要的治理决策机关与执行机关,需要面临较为变化多端的商业风险,收益与风险成正比,因此,为了在董事激励与董事问责制度间保持平衡,引人商业判断规则是较为必要的。从产生演化的进路来看,法院确立审查董事注意义务标准的过程是产生商业判断规则之来源。

首创于美国的商业判断规则(Business Judgement Rule),一般认为最早可溯及至美国路易斯安那州最高法院1829年判决之Percy v. Millaudon案。法院认为如果一项决策的错误是谨慎的人可能触碰的,就不能要求董事承担责任。在性质上属于判例法规则,①因为商业判断规则是在法院的判决中逐渐形成的一种规则,并没有普遍的正式的法典化,因此对它的理解也是见仁见智。比如,有学者总结出美国对商业判断规则的三种主要解释即美国特拉华州最高法院判例法之解释模式、《标准公司法》模式和美国法律协会(American Law Institute, ALI)《公司治理原则》模式。由于三种模式概念差异较小,仅介绍目前国内学者在探讨董事问责标准问题时普遍认可的模式,即ALI模式。② 著名的美国联邦第二巡回法院就曾清晰的承认:“任何公司决策时存在的时空背景,在数年后的法庭上都不可能重构,最不适当的方法就是以事后诉讼的方式评价公司商事决策。”商业判断规则是一项排除司法审查的标准,由判例逐渐形成的普通法规则,蕴含了司法之克制与宽容,也体现了对董事商事活动的尊重,为董事大胆性决策实验提供了安全港。③

笔者在中国裁判文书网上输入检索条件——案由:损害公司利益责任纠纷 裁判 日期:2006-01-01 TO 2018-04-17 全文检索:商业判断规则,发现了5个依据商业判断规则判决违反董高勤勉义务的案件,并进行了梳理。

(图3为依据商业判断规则判决违反董高勤勉义务的案件年份分布图2006~2018年)

---

① 参见张昊、李震东:《论董事责任的豁免机制》,载《重庆工商大学学报》2006年第4期。

② 根据ALI《公司治理原则》第4.01条(c)的规定我们可以对商业判断规则的定义作如下归纳,董事在做出决策时只要符合:(1)在该商业判断的事务中无利害关系;(2)在当时情况下可以合理地相信所知悉的有关商业判断事项的范围是恰当的;(3)理性地认为该商业判断符合公司最佳利益,则可免受司法审查,从而得以免责。

③ 参见朱羿锟著:《董事问责:制度结构与效率》,法律出版社2012年版,第99页。

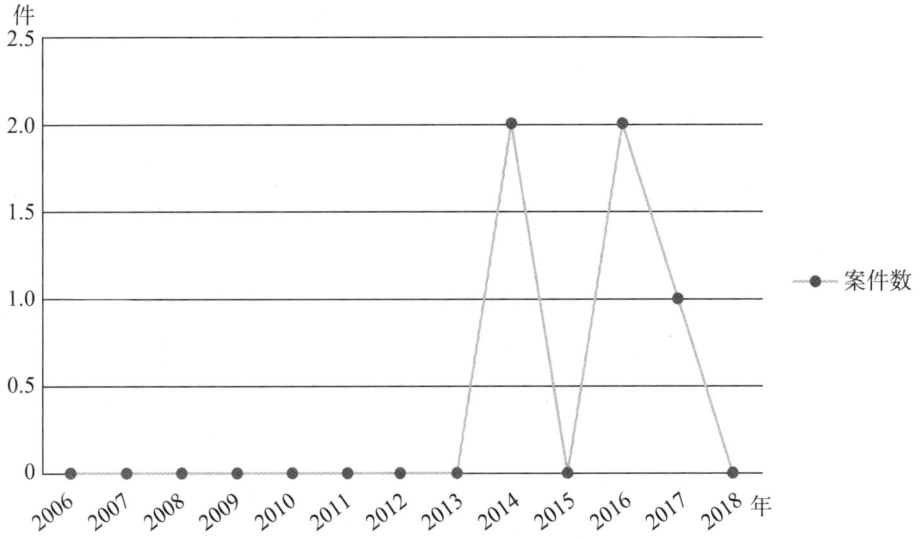

图 3　根据商业判断规则判决违反董高勤勉义务的案件数

表 6　2006～2018 年依据商业判断规则判决违反董高勤勉义务的案件情况

案件序号	被 告	诉由案件	案件结果	裁判依据
1	董事总裁	履行职务不当导致公司损失	败 诉	《公司法》第 147 条、第 148 条
2	控股股东、董事、高级管理人员	滥用职权导致公司损失	败 诉	《公司法》第 20 条第 2 款、第 21 条、第 147 条、第 151 条
3	经理、董事	履行职务不当导致公司损失	败 诉	《公司法》第 147 条、第 148 条
4	执行董事	履行职务不当导致公司损失	败诉（二审改判）	《公司法》第 20 条、第 147 条、第 149 条、第 152 条
5	董事、总经理	滥用职权导致公司损失	败 诉	《公司法》第 147 条、第 148 条、第 149 条

1. 上诉人南京润晖文化传媒有限公司与被上诉人谷春宁、范加飞损害公司利益责任纠纷一案[（2016）苏 01 民终 3047 号]

2. 宁波开元华城置业有限公司监事会与杭州开元房地产集团有限公司、孔伟良等损害公司利益责任纠纷案[（2014）浙甬商初字第 4 号]

3. 吴永毛、戴利国等与乐方华、岱山县利华投资发展有限公司损害公司利益责任纠纷[（2016）浙 02 民终 3332 号]

4. 宫波、孙超损害公司利益责任纠纷二审民事判决书[（2017）皖 01 民终 7360 号]

5. 厦门海洋南方塑料容器有限公司与邓惠芳、王恺、深圳博特尔投资有限公司、深圳博特尔投资有限公司博罗分公司损害公司利益责任纠纷案[（2014）深南法民二初字第598号]

通过以上案例梳理我们有以下两点把握：（1）进行司法裁判时适用了商业判断规则的案件，在司法裁判的标准上尺度把握较为宽松，无一例外，原审原告都为败诉；（2）适用了商业判断规则进行裁决的法院主要集中在我国东部地区，可见与商业环境氛围也许有一定的关联性。

商业判断规则背后的核心逻辑是法院拒绝过多介入公司内部管理决策，一是因为商业决策适当与否的审查非常困难，事实上许多法官对公司治理相关领域并不了解，没有具体的业务能力来判定该商业决策是否合理；二是由于公司董事与高管决策失误所导致的损失往往是金额巨大的金钱损失，如果他们因为一般的过失就要承担如此重大的责任，那会使其在做出决策时畏手畏脚，只能做出规避风险且最保守的决策，而不是适应公司发展的最优决策，更严重的后果是不会有人愿意担任董事职务。

市场对公司管理层形成一种激励机制，能力较差的董事及公司其他高管将被市场淘汰，而法官与市场之间并不存在类似关系，所以让董事基于良好职业善意下的商业决策免于司法的干预，比让他们经受那些从未经历过市场压力的法官之裁判，更为妥当。① 因此，将商业判断规则与董事一般标准下之勤勉义务相结合，体现这种制度安排优势，在一方面可以促进董事更为妥当地履行责任，另一方面通过商业判断规则又可以在一定层面上使其免责，从而在董事激励与董事问责之间达成平衡，这也就是商业判断规则的价值所在。

考虑到市场竞争机制和商业决策本身的性质及我国司法实践已经存在依据商业判断规则进行裁判的现状，可以在考虑借鉴商业判断规则之同时达到限制法官对董事商业决策活动干扰的效果。当然，我们并不能一味照搬机械套用美国的商业判断规则，在此制度的移植和改良上还有赖于最高人民法院出具司法解释及树立指导性案例等方式。

（二）其他健全董事勤勉义务审查路径之思路：文化建设与规则精细

第一，在文化构建中应形成“分片”管理思想与董事企业文化素质培育。区域立法是可能同时必要的，这可以从理论予以阐述或证明。② 不同的经济发展

① 参见[美]弗兰克·伊斯特布鲁克、丹尼尔·费希尔著：《公司法的经济结构》（第二版），罗培新、张建伟译，北京大学出版社2014年版，第94～100页。

② 参见陈光：《我国区域立法得以实现的理论分析与制度改进》，载《光华法学》编委会编：《光华法学》（第5辑），法律出版社2010年版。

地区,商业环境的氛围也会有所不同,法官的裁判思路亦会有所侧重。比如,在经济欠发达地区,鉴于其实际发展水平,就不能对公司高管的勤勉义务设立过高的标准,以免损害公司的成长与长期发展。最高人民法院可以采取"分片"管理的思想,在总体规划中突出地方特点,在实践中可以以江浙沪地区为重点,积极建立勤勉义务司法审查的路径试点,再根据各地区实际情况进行逐渐推广。此外,影响商业氛围的董事企业文化培育可以更好地塑形董事的内在道德要求与职业操守,形成内力与外力结合的目的,在文化建设上此内容也不容忽视。

第二,在规则精细上主要应针对不同行业和职位要求,建立不同程度的勤勉义务标准。如对于专业性高具有不可替代性的职位,其勤勉义务适用条件可以相应提高,对于专业性较低具有可替代性的职位,其勤勉义务适用条件可以相应降低,以适应公司运行的需求。对此,法律、行政法规、部门规章、公司章程可以对勤勉义务作出细化的具体规定,法律法规层面的规则精细应当结合行业协会自治内容予以明确法律效力,可以有效节约成本,而且在精细类型的过程中可以对不同行业职位的董事违反勤勉义务的行为进行有效甄别与责任承担。尤其是公司章程在实务中已有部分案例是依公司章程所作出的裁判,由此可见一斑。

一种利益分配方案如果能够提高社会的整体福利水平,那么,在经济学家看来就是有效率的,而在法学家看来它就是合乎公平的。① 在我国公司法将信义义务作为一项强制性规则进行调整的背景下,类似于特拉华州公司法授权章程免除或限制董事信义义务的做法也许并不可行,但是我们却可以借鉴美国公司法中类似的诸多做法,在司法实践中放宽对勤勉义务的审查,减轻董事的责任压力,在董事激励与董事问责之间达成平衡,使董事们可以更加积极大胆地为公司发展出谋划策。

四、结 语

董事勤勉义务的司法审查标准之所以具有模糊性与难以界定性,是受公司治理下公司、股东利益与董事利益冲突所致,发生了价值碰撞,从而具体须在董事激励与董事问责之间达成平衡。作为体例内容丰富、架构清晰的制度体系,公司董事的勤勉义务裁判标准之明晰会影响细化的制度供给。作为公司管理架构的核心——董事,其决策行为是公司运行之导引。规范制度细则适用路径之明确,健全公司董事勤勉义务的司法审查进路,实现董事行为激励与制约的平衡,以促进达到股东利益、公司利益与董事利益的协调,对解决我国公司法司法实践

① 参见杨圣坤、冯婕:《政府立法成本与效益分析初探》,载《光华法学》编委会编:《光华法学》(第五辑),法律出版社 2010 年版。

的困境与立法完善有着积极的推动。

引入商业判断规则进行制度供给，形成"分片"管理思想与董事价值培育的文化体系，建立针对不同行业和职位要求之规则精细。可能在一定限度内实现法律价值的现实平衡，既可以保护公司、股东的利益不受董事违反勤勉义务行为的侵害，又可以激励董事积极地参与决策。商业判断规则应当可以作为董事权责统一价值平衡之优势进路。但是，同时需要注意的是，商业规则的引入与适用应结合"分片"管理思想，在江浙沪地区先行试点，不可全面展开。立法层面之规则精细应当结合行业协会自治内容予以明确法律效力，这样也可以节约立法运行的成本，而且在精细类型的过程中可以对不同行业职位之董事违反勤勉义务的行为进行有效甄别与追责。

Research on the Judicial Review Standard of Directors' Duty of Diligence

—From the Perspective of Empirical and Comparative Analysis

Zhou Chunguang

Abstract: For a long time, the issue of judicial review standards concerning directors' diligence obligation in corporate governance mechanism has been rather difficult. The fuzziness and difficulty in defining the applicable standards are reflected in both empirical and theoretical studies. Generally speaking, the way, scope and legal consequences of directors' breach of duty of diligence will be restricted and influenced by the standards of judicial review of directors' duty of diligence. After sorting out the judicial cases, the current directors' duty of diligence is mainly dominated by formal review. There are some problems such as poor behavior presupposition and judgment, inconsistent standards, uneven regional results, uncertain regulation restricting the promotion of implementation rules, supporting hard system supply and soft culture under the fact that there are fewer cases. Problems such as the lack of construction still exist. The design of judicial review standard of directors' diligence duty is based on the protection of the interests of company and shareholders, and has the purpose of encouraging directors to participate in corporate governance. Examination criteria need to be constructed from three dimensions: system arrangement, reference to business judgment rules, ensuring the orderliness of internal control mechanism and avoiding excessive involvement of judicial activities; culture construction, adopting the idea of "piecewise" management, developing directors'corporate culture system; fine rules. According to different industries and job requirements, different incentive mechanisms should be distinguished, and different degrees of diligence obligation rules should be established. Judicial procedure can only provide remedies after the event. The key to cure the problem lies in prevention beforehand. Only by combining closely with a broader perspective, can we better grasp the standards of diligent obligation review adapted to the needs of development, explore the regulatory path guided by dispute settlement, and realize the balance between director's behavior incentive and dereliction of duty and accountability in the process of corporate governance.

Key words: diligence obligation applicable standard comparative analysis value balance

网络人格侵权的法律保护路径探析
——基于204份判决书的实证分析

■ 魏大平*

［内容摘要］ 随着社会和经济的高速发展，智能手机和互联网普及程度急速提高，给人们带来了前所未有的方便和快捷。同时网络环境也给人格侵权行为提供了温床，基于网络环境的开放性、即时性、虚拟性等特性，在现实社会中可能只会掀起一丝涟漪的人格侵权行为，在网络环境中就成为一场来势凶猛的暴风雨。本文以网络人格侵权的特殊性、类型化分析为出发点，以204份网络人格侵权纠纷判决书为分析样本，借鉴国内学者的研究成果和国外相关立法经验，对网络人格侵权的有关理论进行分析，进而提出对于我国网络人格侵权救济和人格权保护的建议。

［关键词］ 人格权　人格侵权　言论自由

人格权利的保护，在如今个人意识超强、科学技术飞跃、信息传播急速的社会，具有重要的意义。网络人格侵

* 魏大平，四川省成都市中级人民法院法官助理（挂职），四川省彭州市人民法院法官助理。

权中的人格权是特指在网络环境中的和网络息息相关的人格权，是人格权在网络环境下的扩展和延伸。受人格权本身的特性、网络的复杂性，以及落后网络技术手段跟不上日新月异的网络社会的发展，再加之我国现行的立法不够完善等因素影响，网络环境中人格权的保护面临着严峻形势。

一、逻辑前提：我国网络人格侵权理论分析

（一）网络人格侵权理论争点

1. 网络人格侵权的概念

学界通说认为，对于网络侵权行为，是指在网络环境中，行为人利用网络环境的特征，主观上具有过错或过失（法定），权利主体的合法民事权益因此被侵害，行为人因此负担法律民事责任的违法行为。由此可知，网络人格侵权，是在网络环境中的发生的，各种侵害他人人格权益的违法行为的总称。这里的他人，按照民法通则及民通意见，一般是指自然人、法人、其他组织。与现实社会相比，网络人格权在主体、客体、范围都有一定的局限性和独特性，加之部分民事权利能力内容专属于自然人，是基于自然人的天然属性，不能由法人或其他组织享有。也就是说法人的权利能力本质上指的是财产能力，原则上不具有身份能力，而法人的人格权只有在遭受不法侵害并造成财产损害时，才可以要求侵权人赔偿损失；如仅造成非财产损害，被侵权人只能够通过非经济性的措施进行救济，比如停止侵害、赔礼道歉等。"法人或者其他组织以人格权利遭受侵害为由，向人民法院起诉请求赔偿精神损害的，人民法院不予受理。"[①]这是最高人民法院司法解释的观点，加上学界通说，法人和其他组织不能提起精神损害赔偿。[②] 而在司法实践中，不管是传统人格侵权或是网络人格侵权，被侵权人在寻求司法救济时，往往都是向侵权人请求精神损害赔偿。综前所述，笔者认为，网络人格侵权中的"他人"应当根据具体侵权客体来确定适格的权利主体，一般情况下不包括法人和其他组织。

2. 网络人格侵权责任主体

在网络人格侵权的构成理论中，学界对责任主体的争议比较大。学界通说认为，网络人格侵权主体有两大类，即"网络用户""网络服务提供者"，我国《侵权责任法》第36条也明文规定了该内容。通过对法律条文的理解可知，网络用户，即是指使用互联网的自然人用户，同时，网络用户还应当包括使用互联网的法人用户及其他组织用户，也就是我们平常所称的"网民"。而网络服务提供者

---

① 国务院法制办公室编：《新编中华人民共和国常用法律法规全书》，中国法制出版社2011年版。

② 参见庞伟伟：《论人格权法独立成编的必要性——以既有规范为中心》，载《中国政法大学学报》2018年第4期。

这一概念就比较难以定义，且争议较大。较权威的是杨立新教授的限定性解释，网络服务提供者特指网络内容服务提供者。[①]

（1）网络服务提供者。网络服务提供者这一概念，目前在学界有较大的争议，未能达成一致的认同，主要有以下几种认识。

杨立新教授对《侵权责任法》第36条中网络服务提供者做出的是限定性解释：网络内容服务提供者。[②] 根据杨立新教授的观点及学术界的主流观点，可以对网络服务提供者做出分类，大致有三种类别：网络服务提供者（提供技术等帮助，促进互联网信息传播）、网络内容服务提供者（用互联网向网络用户发布信息）和网络信息获取者（通过互联网获取信息的网络用户）。[③]网络服务提供者按照其具体职能可以分为：网络服务商ISP；网络接入服务商IAP（互联网联线服务、分配IP地址等）；通过设立网站提供信息服务的网络内容提供者IAP（各类门户网站）；提供数据库等服务的在线服务提供商。

笔者认为，杨立新教授的限定性解释在司法实践中较易适用，即仅指网络内容服务提供者，并应按照其具体职能进行分类，将不属于此解释范围内的归为其他，以便于认定侵权主体并确定适格被告，保证司法实践的顺利进行。

（2）除了上文中提到的侵权主体以外，笔者认为黑客、非网络用户或网络服务提供者（如教唆他人在网络环境中侵犯人格权的人）应当认定为网络人格侵权主体并区别于网络用户这一概念。

央视曾在“3·15”晚会上报道了无线网络安全问题。也就是比较流行黑客利用WiFi窃取WiFi使用者的隐私进行人格侵权，甚至导致被侵权人的财产利益受损。黑客是英文Hcaker的音译，从砍、劈发展成为非法侵入他人网络并破坏的行为。现在，“黑客”泛指对计算机（包括手机等设备）信息系统进行非授权访问的人员。[④] 黑客在一定意义上可以纳入网络用户的范围，但笔者认为，由于黑客行为的技术性，其行为非常隐秘而难以取证，因此区别于一般网络用户进行认定更有利于保护被侵权人的合法权益。

非网络用户或网络服务提供者，其在实施侵害他人人格权益的行为时通常借助某种工具（包括人），多数存在于间接网络人格侵权中。这一类主体在《侵权责任法》对网络侵权的规定当中并未提及，只是最高人民法院在司法解释中对

① 杨立新：《〈侵权责任法〉规定的网络侵权责任的理解与解释》，载《国家检察官学院学报》2010年第4期。

② 参见杨立新：《〈侵权责任法〉规定的网络侵权责任的理解与解释》，载《国家检察官学院学报》2010年第4期。

③ 参见薛虹著：《网络时代的知识产权法》，法律出版社2000年版。

④ 参见李克东：《黑客行为及其法律责任分析》，载《科技信息·学术研究》2008年第23期。

“网络服务提供者的教唆与帮助行为”作出了规定,但显然不够完整。因此,笔者认为,应当用类推的方法,将该类主体认定为网络侵权主体,并在相关法律规定中予以补充。

(二)网络人格侵权的特殊性分析

通过对网络人格侵权相关概念的理解,可以知道,网络人格侵权,其侵权行为必须发生在特定的环境之下,即网络环境。人格侵权行为发生在不同的时间、空间,是网络与传统的人格侵权比较的重要连结点。从本质来说,网络与传统的人格侵权具有基本的一致性,因为从两者主要的表现形式上来看:一方面,都是在侵害他人人格权益时,行为人主观上存有过错,导致承担侵权责任成为必然结果;另一方面,基于法律规定,即使行为人并没有主观上的过错,但也应当承担侵权责任的侵权行为。由于互联网可以将数个处于不同地域的并且具有相对独立功能的互联网终端系统(计算机、手机等)借助基础的通信设备连接起来,从而构建出论坛、空间、博客、微博、电子邮件等各种网络平台,这样一来,就使不同的用户间能够不受时空的限制交流共享各种信息资源,也就使网络人格侵权行为突破了时空和地域的限制;而传统的人格侵权由于受其传播、传播工具、传播载体等限制,其时空和地域局限性较大。由此可知,网络人格侵权的特征部分符合传统人格侵权特征的同时,还具有与传统人格侵权不同的与互联网、网络空间特征息息相关的特殊性。

1. 网络人格侵权的发生地点具有特定性

这是指网络人格侵权必须是发生在互联网、网络环境中(包括各种以各种使用网络的工具为载体而形成的网络环境,比如计算机互联网络、手机互联网络)。这一特征是认定人格侵权是否属于网络人格侵权性质的首要的、最重要的标准。

2. 网络人格侵权(责任)具有主体特殊性

传统人格侵权(责任)主体与网络人格侵权(责任)主体(网络用户和网络服务提供者)有着较大区别。“网络用户、网络服务提供者利用网络侵害他人民事权益的,应当承担侵权责任。”[①]这是《侵权责任法》明文规定的。

3. 网络人格侵权(责任)具有认定复杂性

一方面,发生时间和空间的特定性,是网络人格侵权一个特性;另一方面网络空间本身具有的开放性、虚拟性、技术性等特性;加之侵权主体的特殊性,致使在确定侵权(责任)主体时受到极大的限制。面对发生在网络人格侵权行为时,需要确定和考虑的是:承担侵权责任的主体是谁?是直接侵权还是间接侵权?责任主体具体应当承担何种侵权责任?具不具有免责的事由等。而这一切在司

① 国务院法制办公室编:《新编中华人民共和国常用法律法规全书》,中国法制出版社2011年版。

法实践中却困难重重，基于网络的虚拟性和技术性而取证困难、耗时长、侵权危害的大小和范围不易确定等等，就使侵权主体责任认定极其复杂和困难。

4. 网络人格侵权的客体具有局限性

根据具体人格权的客体范围，人格权可分为精神性与物质性两大类。[①] 通常来说，以生命权、身体权、健康权的具体人格权益为主的以一定的物质利益为载体，即人的身体上的人格利益，即物质性的人格权。与物质性相对应的精神性的人格权包括姓名权、隐私权等，是以精神性人格利益为客体的具体人格权益。基于网络空间的特性，网络人格侵权就其侵犯的客体只能是精神性的人格权。因此，网络人格侵权行为侵犯的客体较于传统人格侵权来说，具有局限性。

5. 网络人格侵权行为对被侵权人造成的影响超越时空和地域的限制，传播速度极快，影响极大，且不易消除。

6. 网络人格侵权的信息传播方式、传播工具的多样性

传播方式包括视频、语音、图像、书面、口头等。传播工具（载体）包括微信、微博、QQ、论坛、博客、电子邮箱、传统纸媒的网络客户端等。

7. 网络服务运营商"避风港"的原则

通过《侵权责任法》第36条的法律规定可知网络服务运营商担责的两种情况：一是如果网络服务提供者明知行为人发布的是违法犯罪的信息，同时侵害了他人合法的人格利益，他要承担的是一种连带的法律责任；二是网络服务提供者接到权利人通知，未采取相应的必要措施的（不作为），其对扩大部分的损失要负法律责任。这施加给网络服务提供者审查义务，保护普通公民的人格权，但事实上，这种归责原则是无效的。[②]

（三）网络人格侵权的类型化分析

依据不同的标准，网络人格侵权可以分为不同的类型，在此，主要讲述以下几种网络人格侵权。

1. 根据网络人格侵权（责任）主体的不同，我们可以将网络人格侵权分为网络使用者侵犯人格权；网络服务提供者侵犯人格权。网络使用者这个概念在法律法规上并没有具体的定义和解释，其外延非常大，而随着互联网技术和网络空间的发展，网络使用者也有了更多的内涵，笔者认为网络使用者是通过各种互联网设备连接互联网并使用互联网的所有人，网络使用者造成的人格侵权一般以发帖、转载、下载等方式为主。网络服务提供者（一般包括网络服务供应商和平

① 参见郭明瑞、房邵坤著：《民法》（第三版），高等教育出版社2010年版。

② 参见姜旭东：《论网络服务提供者在第三方侵权行为中的责任——基于法经济学的视角分析》，载《光华法学》编委会编：《光华法学》（第六辑），法律出版社2011年版。

台服务提供商)主要是通过其服务而侵犯人格权,多数为间接侵权。

2. 根据侵权行为侵犯的客体(具体的人格权)的不同,可以分为侵犯姓名权;侵犯肖像权;侵犯名誉权;侵犯隐私权;侵犯名称权等。这一分类是以侵犯的具体人格利益不同来划分,其意义在于采取有针对性的救济措施来保护各项具体人格利益。

3. 根据侵权(责任)主体的人数多少,可以分为单独人格侵权;共同人格侵权。单独人格侵权,是指侵权主体只有一人的侵权行为,这种形态的人格侵权的侵权人单一,在网络环境中比较少见。共同人格侵权,是指侵权人为二人及二人以上的侵权行为,是网络人格侵权经常出现的形态。

4. 根据侵权的作用各不相同,可以将其分为直接人格侵权;间接人格侵权。直接人格侵权是指侵权人以自己的直接行为侵害他人人格权益的侵权行为,如直接在网络中发表诽谤他人的言论。间接人格侵权是指侵权人借助某种媒介而侵害他人人格权益的侵权行为,如教唆他人在网络中窃取他人的隐私并发布、购买水军对侵害他人名誉的报道进行转发扩散等行为。

二、现实考量:网络人格侵权的司法实践样态分析

(一)我国网络人格侵权司法实践样态

为审视网络人格侵权在司法实践中呈现的现实状态,本文采用实证研究方法,在中国裁判文书网上检索出近年来相关判决书204份作为研究样本。[①] 204份判决书中,均系以《侵权责任法》第36条作为裁判依据对网络人格侵权行为作出裁判。实证考察详细情况如表1所示。

表1 我国网络人格侵权类型化分析情况

<table>
<tr><th colspan="4">划分依据</th><th>案件数量(件)</th></tr>
<tr><td rowspan="5">主 体</td><td colspan="2" rowspan="2">侵权人</td><td>网络使用者</td><td>176</td></tr>
<tr><td>网络服务提供者</td><td>96</td></tr>
<tr><td rowspan="3">被侵权人</td><td rowspan="2">自然人</td><td>名 人</td><td>63</td></tr>
<tr><td>素 人</td><td>91</td></tr>
<tr><td colspan="2">法人(其他)</td><td>53</td></tr>
</table>

① 为确保检索判决书结果的相关性、周延性,笔者在中国裁判文书网上以"人格权纠纷"作为案由,"《中华人民共和国侵权责任法》第36条"作为裁判依据,"一审"作为审判程序,"2017"作为裁判年份,检索出近年来全部的相关案件判决书共计270份,剔除其中无关、重复、无效的66份判决书,有效的判决书研究样本共计204份,涵盖了华北、华东、华南、西南等地理区域。

续表

划分依据			案件数量(件)
客 体	姓名权		1
	肖像权		64
	名誉权		155
	隐私权		5
	名称权		0
侵权作用方式	直接侵权		174
	间接侵权		63
裁判结果	支持诉请	停止侵害	36
		消除影响	22
		恢复名誉	15
		赔礼道歉	147
		赔偿损失	145
	驳 回	部分驳回	153
		全部驳回	39

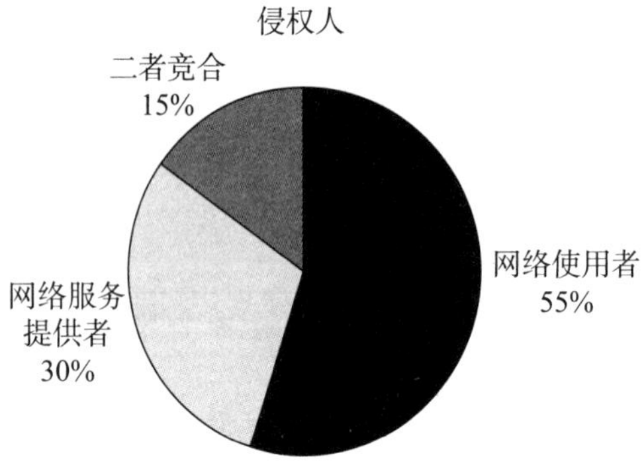

图1　侵权人类型比例

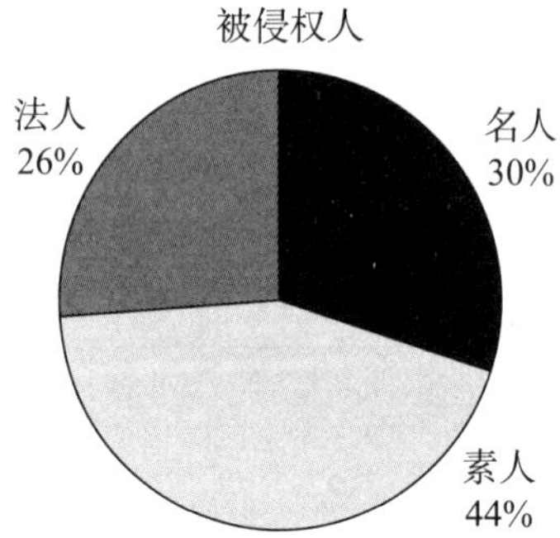

图2　被侵权人类型比例

通过图1、图2可以得知诉讼中被诉的侵权人主要集中为网络使用者，即被侵权人单独起诉网络使用者的占比达55%，网络使用者与网络服务提供者同时被诉仅占15%。被侵权权人中，自然人占比高达74 %，其中名人占比达30%。

从图3可知，网络人格侵权纠纷中最多的是名誉权侵权纠纷，共155件，占比高达67%。其次是肖像权纠纷，共64件，占比28%。隐私权、姓名权、名称权侵权纠纷数量分别为5件、1件、0件。

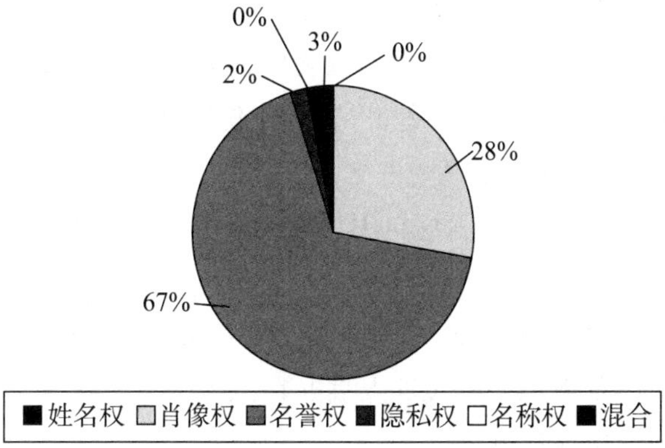

图3 侵权客体类型比例

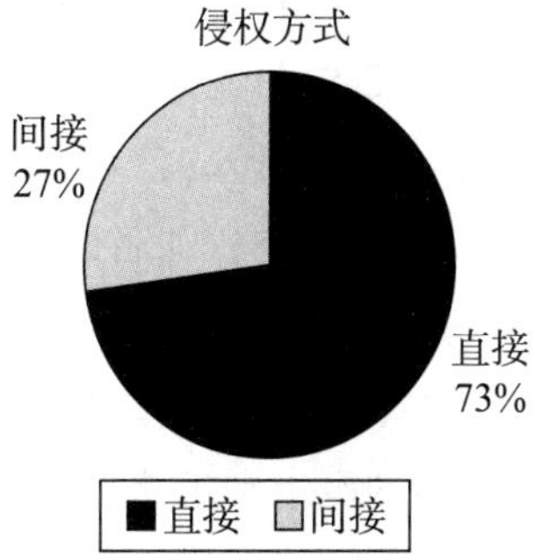

图4 侵权方式类型比例

根据图4显示可知,直接侵权的纠纷共计174件,占比为74%,为网络人格侵权纠纷中主要的侵权方式。

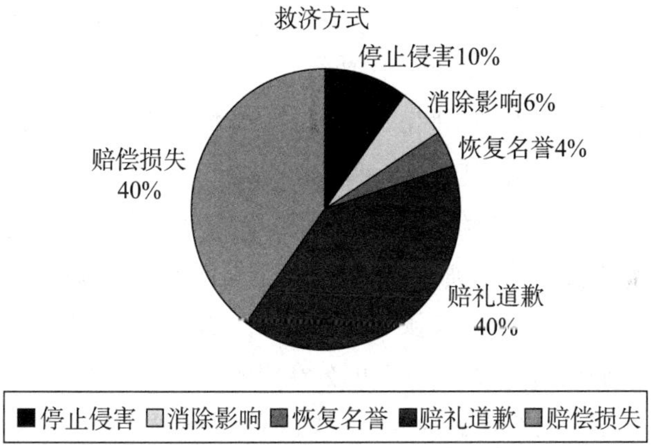

图5 救济方式类型比例

从侵权救济方式而言,网络人格侵权纠纷中,最常使用的是赔礼道歉和赔偿损失,均各占比40%,停止侵害占比为10%,而消除影响和恢复名誉则很少出现,且就算出现也并非主要的救济方式,反而更倾向为救济要达到的目的。

(二)网络人格侵权保护与自由言论的冲突

合作与冲突是人类社会交往关系的两种基本形态。① 笔者通过对204份网络人格侵权纠纷判决的分析,发现网络人格侵权的救济面临着一个问题:人格权

① 参见陈光:《我国区域立法得以实现的理论分析与制度改进》,载《光华法学》编委会编:《光华法学》(第五辑),法律出版社2010年版。

保护与言论自由的冲突。两者的冲突表现主要有三：一是公民对政府的知政权与政府官员的网络人格权之间的冲突；二是公民的言论自由与社会公众人物（如影视体育明星、文学艺术家、科学家）的网络人格权之间的冲突；三是公民的言论自由与普通公民的网络人格权之间的冲突。[①] 在204份判决书样本中，被侵权人为名人（公众人物）的判决数量为63件，占比为30%，受侵害的具体人格权多为肖像权和名誉权。本文着重对网络言论自由与公众人物网络人格权之间的冲突进行阐述。

1. 两者的冲突是基于一个概念"公众人物"且随着媒体（电视广播、报纸杂志等）的诞生和迅速发展而产生。随着网络的飞速发展并在人类生活中扮演了重要角色，两者的冲突显得更加突出和紧迫。

2. 公众人物这一概念来源于西方国家的司法实践，第一次在我国司法实践中使用是在2002年12月，上海市静安区人民法院对范志毅名誉侵权的判决中。[②] 依据公众人物的特征，可以将其划分为两大类，即完全和有限公众人物。一方面，完全公众人物，是指著名的、引起注意、对公众有说服和影响的能力，并常在大众媒体出现的人士；另一方面，有限公众人物，指在争议问题解决时，希望影响舆论，从而置身于争论中的人士。[③]

3. 与网络人格侵权保护不同的是，相对于人格权益来讲，言论自由在价值取向上更关注社会公共利益，其在很大程度上是为了保护社会舆论，保护社会公共利益。由于公众人物社会地位与社会资源优于一般普通人，因此，他们对自己人格权受侵害的容忍度则应当高于一般普通人，在网络人格权的保护标准应与一般普通人作出区别。所以，笔者认为作为公众人物肯定享有其人格权益，只是公众人物相对于普通民众来说，其拥有的公众资源和利益要多得多，也就是说公众人物享有的权利多，所以，其就应当承担更多的义务，尤其在言论自由方面，这样才能保证主体之间的权利平等。

（三）我国网络人格侵权法律保护问题审视

由于人格权属于民法调整和保护的私权利的属性，所以我国目前对人格侵权保护的法律主要体现在民法中，尤其是侵权责任法。虽然对于传统的人格侵权保护的法律规定已经比较完善和科学，但是，对于网络这一新兴事物出现和极速发展而导致的日益增多的网络人格侵权行为则层出不穷，而以前仅仅针对现实生活中的人格权保护而制定的相关法律则不能够完全对网络人格侵权进行保

---

① 参见李先波、杨建成：《论言论自由与隐私权之协调》，载《中国法学》2003年第5期。

② 参见《法制日报》2002年12月19日版。

③ 杨士林：《"公众人物"的名誉权与言论自由的冲突及解决机制》，载《法学论坛》2003年第6期。

护和救济,这也使在网络人格侵权的保护形势极其严峻。具体而言当下我国网络人格侵权法律保护面临的问题有以下几个方面。

1. 网络环境高度发展,网络人格侵权态势高压

智能手机和互联网在我们生活中快速普及,给人类之间的交往、信息的获取和传播带来了前所未有的方便和快捷。2017 年年初,最新的第 39 次《中国互联网络发展状况统计报告》公布:(1)截至 2016 年 12 月,中国网民规模达 7.31 亿人,相当于欧洲人口总量,互联网普及率达到 53.2%;(2)手机网民占比达 95.1%,截至 2016 年 12 月,我国手机网民规模达 6.95 亿人,增长率连续三年超过 10%。[①] 也正因为这样,近几年我国网络人格侵权的形势越发严峻,造成的危害非常严重,不仅对被侵权人造成精神上甚至身体上的损害,更是对社会公共秩序的破坏。

高度成熟的网络环境为人格侵权行为肆虐提供了沃土,其虚拟性、开放性等特点,导致可能在现实社会中只会掀起一丝涟漪的人格侵权行为,在网络环境中就成为一场来势凶猛的暴风雨。总之,受人格权本身的特性、网络的复杂性以及网络技术手段和立法滞后性等因素影响,网络环境中人格权的保护形势很严峻。一方面,从网络环境本身来说,其具有的虚拟性、匿名性、开放性、即时性、便捷性、快速传播性导致人格侵权行为快速扩散并造成严重后果。另一方面,从网络用户来讲,个人素质不高,法律意识不强,大多数情况下并没有鉴别网络消息的真实性的能力,进而致使行为人侵权内容加速传播,致使侵权范围扩大,侵权后果更加严重。

2. 网络人格侵权保护法律体系不健全

通过对中国目前有关网络社会的立法及司法适用研究发现,我国网络人格侵权保护的相关立法主要有以下几个明显的特点:第一,立法的层次比较低;第二,立法的内容不成体系;第三,宣言性的法律条款多;第四,能真正产生法律实效的可能性小。同时,关于人格权保护的立法也是捉襟见肘,加上人格权本身具有一定抽象性、网络人格权的局限性等特点,网络人格侵权事件屡见不鲜,在维权过程中困难重重,阻碍着网络环境的健康发展,更不利于社会主义法治文明建设和市场经济的健康发展。

3. 网络人格侵权责任认定难,法律保护实效可能性小

相对于传统人格侵权来说,网络人格侵权在责任认定上存有非常大的困难并存在很多难以认定的因素。在现实社会的传统人格侵权案件中,由于侵权主

---

① 参见《第 39 次中国互联网络发展状况统计报告》,载中国互联网络信息中心网,http://www.cnnic.net.cn/hlwfzyj/hlwxzbg/hlwtjbg/201701/t20170122_66437.htm。

体的身份比较容易确定，侵权行为发生地明确，管辖权容易确定，适用的法律也比较清楚，因此，传统人格侵权的法律责任能够得到有效的落实，也能维护被侵权人的合法权益。而在网络社会中的人格侵权中，侵权责任的认定却是举步维艰，主要体现在以下几个方面：

（1）网络人格侵权的违法成本低，追责的成本较高；网络人格侵权行为极易也经常发生，这是基于网络空间的特性，且目前法律对此的惩罚力度较低，也很少有被侵权人追究侵权人的责任。例如，“艳照门”事件中的侵权人并未被法律惩罚，网络红人“凤姐”等的照片被人过度 PS 和恶搞未被追责。而真正在向侵权人追责时，由于花的时间成本和经济成本极高，很多被侵权人放弃维权。

（2）对网络人格侵权责任主体的认定比较困难；网络空间具有隐蔽性且传播方式多，致使责任主体类型非常多样，而且单个网络人格侵权行为往往会涉及多个不同种类的责任主体。前文已经对责任主体的类型展开了讨论，此处不再赘述。加之主体的隐蔽性和多数网络侵权影响不可遏制性，因此在司法实践中，责任主体的认定具有极大的复杂性和持续性，而这也就致使责任主体难以认定。例如，虽然“艳照门”事件已过去多年，但其涉及的他人隐私的信息仍在网上流传，并且其涉及的侵权主体数量和类型之多，也就导致其的责任主体难以认定。

（3）网络人格侵权责任主体的管辖权难以确定；这一特点在学界和司法界中已经被讨论了多年，而且也已经有了基本定论。由于网络环境中的侵权责任主体借助网络空间突破空间的限制而具有极大跨地域性（跨国内地域、跨国际地域等），司法实践中对侵权责任主体的管辖权的确定上，存在很大的争议和困难。

（4）网络人格侵权责任适用的法律较难以确定；纵观我国现行的法律体系，目前对网络侵权责任专门作出了规定的是《侵权责任法》第 36 条，其中规定了责任主体和担责方式，但要适用于网络人格侵权责任，仍是远远不够。除此之外，《宪法》规定“中华人民共和国公民的人格尊严不受侵犯”，“禁止用任何方法对公民进行侮辱、诽谤和诬告陷害”。《宪法》还对公民住宅、通信自由、通信秘密予以根本保护。《宪法》规定“公民、法人享有名誉权，公民的人格尊严受法律保护，禁止用侮辱、诽谤等方式损害公民、法人的名誉”。“捏造并散布虚伪事实，损害他人的商业信誉、商品声誉，给他人造成重大损失或者有其他严重情节的，处二年以下有期徒刑或者拘役，并处或者单处罚金。”这是《刑法》的内容，此外，《刑法》对人格权益保护的规定还有第 243 条、第 246 条、第 253 条、第 364 条。最高人民法院法《关于审理名誉权案件若干问题的解释》第 2 条、第 3 条、第 5 条、第 6 条、第 7 条、第 9 条均对名誉权做了相关解释，《关于确定民事侵权精神损害赔偿责任若干问题的解释》中确定了隐私权；《互联网信息服务管理办法》第 15 条第 8 项规定：“互联网信息服务提供者不得制作、复制、发布、传播含有侮辱或诽谤他人,侵害他人合法权益内容的信息。”我国《互联网电子公告服务管理规定》第1条规定“不得利用互联网侵害公民、法人和其他组织的合法权益”。因此,在司法实践过程中,对网络人格侵权责任的法律适用可能会使传统人格侵权面临法条竞合或者刑事附带民事等法律适用的难题而更加复杂。

三、路径探析:网络人格侵权的法律保护进路

(一)网络人格侵权法律保护的比较分析

在网络人格权的保护模式上,目前世界各国无论在事务方面亦或是学术理论上,基于本身实际情况和利益取舍,各自都选择适合自己的保护模式。尽管各国的模式不尽相同,但总的来说,可将现有的模式分为两大类,即行业自律主导和法律规制主导两种。当然也存在有的国家或地区取两种模式之长,综合的法律保护模式。

1. 美国

美国在保护网络人格侵权时,是采取行业自律模式,通过网络服务提供者的自我约束或者成立行业协会对其进行监督来实现的,并尽力在制定法律和法规时在保障用户隐私权、名誉权等人格权利益与促进网络产业发展之间寻找一个平衡点以协调他们之间的关系,美国在《公正信用报告法》中规定,金融业作为信息使用者收集与获取消费者的个人信息均不需要经过消费者的授权。①

2. 欧盟

欧盟在保护网络人格权方面,尤其是个人信息保护方面,具有严格、完善的法律体系;保护网络用户的隐私权,采取的是与美国的行业自律模式不同的立法模式,如1998年制定的《网络私人资料保护办法》等。但是,欧盟采用的立法模式也有其弊端,即该模式会导致网络服务提供者义务增加,使网络产业的成本提高,甚至在某些方面阻碍了整个网络产业的发展。

3. 日本

日本在针对网络人格侵权保护时,也借鉴了其他国家的模式。一方面,在针对个人信息隐私权保护时,日本制定了现行的《个人信息保护法》,该法的目的是有效保护个人信息和利用。保护个人信息的基本原则和指导方针通过法律明确规定,对国家及地方公共团体的责任义务用法律确定,并在法律中规定了企事业单位应当在使用个人信息时遵守的义务;《关于保护行政机关所持有之个人信息的法律》和《关于保护独立行政法人等所持有人之个人信息的法律》则适用于特殊法人(行使行政职权部门和政府部门);日本主张应根据不同的情况,制定

① 参见王林:《网络环境中的人格权侵权问题研究》,北京工商大学2010年硕士学位论文。

个别法或加强其行业自律，从而加强对非政府部门的管理。[①]

4. 借鉴

笔者认为，以上三种保护模式中，日本对网络人格侵权的保护模式兼有美国的行业模式和欧盟立法模式，是比较折中和科学的，我国的立法应当借鉴其模式。学习日本的保护模式，在加强立法和补充司法解释的同时，加强互联网行业对网络使用者和网络服务提供者的监管，综合利用两者的特点，强化对网络人格侵权的保护。这样一来，以法律规定为前提，辅以行业自身的监督和管理，打击侵权行为，较科学地保护被侵权人的合法人格权益。一方面，我们应当紧跟国际法律发展的趋势；另一方面，我们应当从本国实际情况出发，综合经济、技术等因素建立一套完整的网络人格侵权保护模式或机制。总而言之，以法律规制为主，以行业自律为辅的网络人格侵权保护模式是符合我国实际情况，能够科学、有效地保持社会公共利益，以及互联网行业发展和网络人格侵权保护之间的平衡。在符合我国的国情的基础上，也迎合了国际发展的潮流。

（二）我国网络人格侵权保护的建议

理论的需求最终要融入立法活动中，[②]综合上文中对网络人格侵权的理论、实证、比较分析，笔者认为，立法滞后是我国目前最主要的和亟待解决的问题。虽然，我国《侵权责任法》中对网络侵权作出了规定，但其还远不足以应对司法实践中出现的网络人格侵权案件的使用，也不足以保护网络人格侵权。目前我国法律中，多个法律部门涉及对人格权的保护，在上文中已经列举，不再赘述。但问题是其并没有完整化、系统化，且还有多个具体人格权益在现行法律中并没有准确的法律界定，尤其是隐私权。除此之外，对网络人格侵权的保护还应当从执法、司法、监督、教育等方面着手，形成一个科学完备的保护机制。

1. 在法律中明确网络环境中涉及各项具体的人格权益

网络环境下的人格权主要涉及如下几类：姓名权、名称权、名誉权、隐私权、肖像权、个人信息人格权等。[③]这些权利也只是人格权中的一部分，也就是通称的精神性人格权。要在司法实践中更好地实现对人权权益的保护，就应该将各项权益具化，并在法律中明确规定出来。笔者认为，应当在宪法和民法中将基本的具体人格权（不限于精神性人格权）规定出来。

---

① 参见王亚琼：《人格权网络侵权问题研究》，山东大学2013年硕士学位论文。

② 参见鄢梦萱：《广告领域中国家干预理论的特质及表征》，载《光华法学》编委会编：《光华法学》（第四辑），法律出版社2009年版。

③ 参见王利明：《论网络环境下人格权的保护》，载《中国地质大学学报（社会科学版）》2012年第4期。

2.将人格权在法律中的规定独立编章,并将网络人格权益集中、补充规定

我国现行人格权益保护的立法散布于各个法律条文之间,体系比较散和乱,且规定少、不完善。因此,要想使网络人格侵权益得到更好的保护,首先要对传统侵权涉及的人格权在法律中有充分完善的规定,其次在之下要对特殊、普遍的网络环境中涉及的人格权益进行规定,这样才能有法可依。

3.对确定网络人格侵权的损害进行特殊规定

网络人格侵权事件的泛滥,及各种"人肉搜索"集各路网民之力,将他人的隐私暴露于公众的视野,如著名演员黄某波嫖娼事件中的女主角(非公众人物)信息被曝光,不难想象因此对当事人造成的名誉损失及生活困扰。除此之外,肖像权的侵害在网络环境中也是屡见不鲜的,例如,以网络红人"凤姐""芙蓉姐姐"为代表的各种搞怪的图片,利用她们的某些缺陷来取乐,当然除了她们以外,很多明星也难逃被恶搞的命运,而且还有很多非公众人物的肖像也被自己的朋友们恶搞而出现在难以计数的网民的屏幕之上,尤其是对非公众人物来讲,所造成的精神损害也是难以估量的。但是,虽然网络人格侵权事件泛滥,而实际维权的数量却极少。笔者认为,这正是由于网络人格侵权的损害难以确定,且对于被侵权的网民而言,势单力薄、难以举证和难以找到承担责任的主体等一系列的难题,他们无法通过诉讼的途径保护自己的合法权益,也就不了了之。要使得公民的人格权益在网络中得到切实保护,法律就应当在对损害的确定时照顾被侵权人,例如举证责任倒置就是一个较为合理的方法。

4.网络人格侵权的司法保护机制

目前司法实践中网络人格侵权中救济方式和传统的一样,包括请求赔礼道歉、停止侵害、恢复名誉、消除影响、损害赔偿等方式。[①] 笔者认为,基于网络人格侵权的特点,侵权行为人在责任承担方式上应有别于传统侵权。

(1)停止侵害。网络人格侵权呈现出持续性的特性,这是基于网络人格侵权的侵害并不因为行为人的行为停止而消灭,且侵权主体多为数人的特点。此外,即时性是网络中的人格侵权信息传播的一大特点,停止侵害在实践中就表现为要求侵权人彻底删除侵权信息。综前所述,笔者认为在实践中应当大量采用停止侵害的救济方式。

(2)消除影响和恢复名誉并进。消除影响和恢复名誉,两者在一定程度上是统一的。网络人格侵权对被侵权人造成的通常都是精神上的伤害,侵害的影响在突破时空限制的网络中是很难消除的,而影响的持续显然会继续对被侵权

① 参见国务院法制办公室编:《新编中华人民共和国常用法律法规全书》,中国法制出版社2011年版。

人的名誉造成多次损害。所以，笔者认为，消除影响和恢复名誉两种救济方式应当视具体案情多次适用，并延长适用的保留期限、扩大范围。

（3）赔礼道歉。赔礼道歉毫无疑问是网络人格侵权所必要的救济方式，但其应当有别于传统侵权的赔礼道歉。赔礼道歉分为公开赔礼道歉和私下赔礼道歉，笔者认为，网络中人格侵权中应当统一规定为以公开的方式赔礼道歉，且公开的道歉内容应当发布在多个活跃的网络平台的显眼处，保留时间视侵害后果之严重而定。

（4）赔偿损失。赔偿损失分为财产损失和精神损失，而网络中的人格侵权涉及的赔偿损大都是精神损失，涉及财产损失的比例较小。网络本身的不特定、传播快速性，致使损失的计算存在很大难题，譬如说直接损失和间接损失之间的计算标准。此外，依据我国最高人民法院的司法解释《关于民事侵权精神损害赔偿责任》之规定，人民法院，对于法人或者其他组织以人格权利遭受侵害为由，向人民法院起诉请求赔偿精神损害的，不予受理。[①]综上所述，笔者认为法人及社团组织这类特殊民事法律关系主体是不适用精神损害赔偿金的法律规定的。

5. 引入惩罚性赔偿制度

对于网络人格侵权，应当以网络人格侵权的特性为指导，在现有的人格权保护的基础上，加入惩罚性赔偿的规定并确定其构成要件与赔偿数额。具体而言，惩罚性赔偿的标准应与网络人格侵权社会影响程度相一致。当认定为社会影响恶劣时，[②]即可对侵权人适用惩罚性赔偿。可以在我国《侵权责任法》第 22 条之后增加一条，表述为“利用信息网络侵害人身权益并造成恶劣社会影响的，被侵权人有权请求相应的惩罚性赔偿”。[③] 即从治的角度明确、具体、稳定，才具有操作性。[④] 故社会影响程度、赔偿数额确定，可以通过司法解释或批复的方式进行补充。

四、结 语

伴随着网络的快速发展和普及，网络人格侵权因人格权本身的特性、网络的复杂性、与言论自由之间的冲突、落后网络技术手段跟不上网络发展的节奏，再

---

① 国务院法制办公室编：《新编中华人民共和国常用法律法规全书》，中国法制出版社 2011 年版。

② 社会影响恶劣认定，可参见《最高人民法院、最高人民检察院关于办理利用信息网络实施诽谤等刑事案件适用法律若干问题的解释》第 2 条第 1 款的规定，以侵权信息被浏览和转发的次数作为标准。

③ 参见杜启顺：《新媒体时代我国网络人格权立法的再探索——以引入惩罚性赔偿为探讨视角》，载《传媒》2017 年 7 月上。

④ 参见文海林：《法治体系论》，载《光华法学》编委会编：《光华法学》（第七辑），法律出版社 2013 年版。

加之我国现行的立法不够完善等因素,我国网络人格侵权的保护形势极其严峻。司法实践中出现维权难、判决难等棘手问题,也要求网络人格侵权法律系统化、具体化、细致化。当然,法律始终是制度性的条文,更重要的是网络使用者和网络使用者的意识,知法守法,避免侵犯他人合法权益,而不是规避法律。

Analysis on the Legal Protection Path of Network Personality Infringement

—Empirical Analysis Based on 204 Judgments

Wei Daping

Abstract: With the rapid development of society and economy, the popularity of smartphones and the Internet has increased rapidly, bringing unprecedented convenience and speed to people. At the same time, the network environment also provides a hotbed for personality infringement. Based on the characteristics of openness, immediacy, and virtuality of the network environment, in the real world, only a trace of personality infringement may be set off, which becomes a fierce storm in the network environment. Based on the particularity and type analysis of network personality infringement, this paper takes 204 judgments of network personality infringement disputes as an analysis sample, draws on domestic scholars' research results and relevant foreign legislative experience, and analyzes the relevant theories of network personality infringement. Suggestions for the protection of network personality infringement and the protection of personality rights in China.

Key words: personality rights　personality infringement　freedom of speech

图书在版编目(CIP)数据

光华法学. 第十一辑 /《光华法学》编委会编. --
北京 ：法律出版社, 2019
ISBN 978-7-5197-3660-6

Ⅰ. ①光… Ⅱ. ①光… Ⅲ. ①法学-文集 Ⅳ.
①D90-53

中国版本图书馆 CIP 数据核字(2019)第 139382 号

光华法学(第十一辑)
GUANGHUA FAXUE(DI-SHIYI JI)

杨继文 执行主编

策划编辑 郑 导
责任编辑 郑 导
装帧设计 李 瞻

出版 法律出版社
总发行 中国法律图书有限公司
经销 新华书店
印刷 固安华明印业有限公司
责任校对 李景美
责任印制 张建伟

编辑统筹 独立项目策划部
开本 787 毫米×1092 毫米 1/16
印张 13.5
字数 227 千
版本 2019 年 7 月第 1 版
印次 2019 年 7 月第 1 次印刷

法律出版社/北京市丰台区莲花池西里 7 号(100073)
网址/www.lawpress.com.cn
投稿邮箱/info@lawpress.com.cn
举报维权邮箱/jbwq@lawpress.com.cn
销售热线/400-660-8393
咨询电话/010-63939796

中国法律图书有限公司/北京市丰台区莲花池西里 7 号(100073)
全国各地中法图分、子公司销售电话：
统一销售客服/400-660-8393/6393
第一法律书店/010-83938432/8433　西安分公司/029-85330678　重庆分公司/023-67453036
上海分公司/021-62071639/1636　深圳分公司/0755-83072995

书号:ISBN 978-7-5197-3660-6　　**定价**:56.00 元
(如有缺页或倒装,中国法律图书有限公司负责退换)